ちゃんと歩ける

日光街道 奥州街道

日光道中二十一次
日本橋……鉢石宿

奥州道中十次
宇都宮……白河宿

奥州道中
日光道中
日光御成道
日光壬生道
日光例幣使道
善光寺街道
甲州道中
東海道
陸奥國
下野國
下総國
上野國
信濃國
甲斐國
武蔵國
相模國
駿河國
伊豆國
日光東照宮
白河
白坂
芦野
越堀
鍋掛
大田原
佐久山
喜連川
氏家
白沢
宇都宮
雀宮
石橋
小金井
新田
小山
間々田
野木
古河
中田
栗橋
幸手
幸手追分
杉戸
粕壁
越ケ谷
草加
千住
岩淵
本郷追分
江戸日本橋
鉢石
今市
大沢
徳次郎
鬼怒川
板橋
文挟
鹿沼
奈佐原
楡木
金崎
合戦場
壬生
飯塚
栃木
富田
犬伏
天明
梁田
八木
太田
木崎
境
柴
五料
玉村
倉賀野
高崎
板鼻
安中
松井田
坂本
軽井沢
沓掛
追分
小田井
岩村田
塩名田
八幡
望月
芦田
長久保
和田
下諏訪
小諸
田中
海野
上田
坂城
上戸倉
下戸倉
篠ノ井追分
丹波島
善光寺
屋代
稲荷山
麻績
浅間山
妙義山
新町
本庄
深谷
熊谷
鴻巣
桶川
上尾
大宮
浦和
蕨
板橋
岩槻
大門
鳩ケ谷
川口
利根川
荒川
八ヶ岳
大菩薩嶺
笛吹川
諏訪湖
上諏訪
金沢
蔦木
教来石
台ケ原
韮崎
甲府柳町
石和
栗原
勝沼
駒飼
鶴瀬
阿弥陀海道
黒野田
白野
初狩
花咲
大月
駒橋
猿橋
鳥沢
犬目
野田尻
鶴川
上野原
関野
吉野
与瀬
小原
小仏
駒木野
八王子
日野
府中
布田五ケ宿
上高井戸
下高井戸
内藤新宿
高尾山
黒岳
守屋山
入笠山
釜無山
甲斐駒ヶ岳
国領 上布田 下布田 上石原 下石原
品川
川崎
神奈川
保土ケ谷
戸塚
藤沢
平塚
大磯
小田原
箱根
三島
沼津
原
吉原
蒲原
由比
興津
江尻
府中
丸子
岡部
藤枝
島田
金谷
日坂
掛川
霊峰富士
大井川
富士川
江戸湾
相模灘
駿河湾

五街道と脇街道　概略図

富山湾
若狭湾
犀川
善光寺西街道
青柳
会田
刈谷原
岡田
松本
村井
郷原
洗馬
塩尻
本山
贄川
奈良井
薮原
宮ノ越
福島
上松
須原
野尻
三留野
妻籠
馬籠
木曾
飛騨川
乗鞍岳
御岳山
揖斐川
長良川
中山道
木曽川
美濃國
落合
中津川
大井
大湫
細久手
御嶽
伏見
太田
鵜沼
加納
河渡
美江寺
赤坂
垂井
関ケ原
今須
柏原
醒井
番場
鳥居本
高宮
愛知川
武佐
守山
草津
大津
京三条大橋
山城國
比叡山
琵琶湖
近江國
石部
水口
土山
坂下
関
亀山
庄野
石薬師
四日市
桑名
宮
尾張國
七里の渡し
日永の追分
神戸
白子
上野
津
窪田
椋本
楠原
伊勢別街道
伊勢湾
伊勢國
雲出
松坂
小俣
山田
伊勢参宮街道
伊勢神宮
宇治橋
鳴海
知立
岡崎
藤川
赤坂
御油
吉田
二川
白須賀
三河國
三河湾
姫街道
嵩山
三ケ日
気賀
新居
舞坂
今切の渡し
浜松
市野
見付
袋井
遠江國
遠州灘
天竜川

ちゃんと歩ける

日光街道 奥州街道

日光道中二十一次 日本橋……鉢石宿

奥州道中十次 宇都宮……白河宿

目次

日光道中

武蔵國

江戸日本橋……012
千住……016
草加……020
越ヶ谷……026
粕壁……032
杉戸……036
幸手……040
栗橋……046

下総國

中田……047
古河……050

下野國

野木……052
間々田……056
小山……060
新田……064
小金井……066
石橋……070
雀宮……074
宇都宮……078
徳次郎……086
大沢……092
今市……096
鉢石……100

奥州道中

下野國
宇都宮……104
白沢……110
氏家……114
喜連川……118
佐久山……124
大田原……128
鍋掛……134
越堀……134
芦野……140

陸奥國
白坂……146
白河……150

五街道と脇街道　概略図……002
日光道中・奥州道中解説……006
本書の使い方とお願い……008
五街道と脇街道の成立……010

日光道中解説

慶長五年(1600)「関ヶ原の合戦」に勝利した徳川家康は天下人となった。

家康は天下掌握の根幹は「通信」と「物流」の確保と考え、主要五街道(東海道、中仙道、甲州海道、奥州海道、日光海道)を道中奉行の管轄下に置き、順次街道の整備に取り掛かった。

家康は関ヶ原の合戦から五年後の慶長十年(1605)に将軍職を嫡子の秀忠に譲り、自らは駿府城(東海道)に居を移し「大御所政治」を展開した。

元和二年(1616)一月二十一日家康は鷹狩の帰りに田中城(東海道藤枝)に立ち寄り、ここで興津鯛の天麩羅を食べ過ぎて体調を崩し、四月十七日駿府城で亡くなった、享年七十五歳であった。

死を前にし、家康は重臣達を枕辺に集め「西国のかた(西国諸大名)は心もとなく思へば、我像をば西向に立置べし」との遺言を残した。

家康の亡骸は遺言の通りその日の夜駿府城から久能山に移され、埋葬された。

死後、家康は朝廷より「東照大権現」の神名を賜り、久能山は東照大権現を祭神とする「久能山東照宮」となった。

一周忌の際、亡骸は日光山に移された。一説によると「久能山東照宮」が西国への牽制とすれば「日光東照宮」は伊達への睨みともいわれている。

日光東照宮への日光海道は歴代将軍の社参、諸大名の参詣、そして庶民の物見遊山で賑わい、発展した。

正徳六年(1761)、幕府道中奉行は五街道の名称を統一した。

東海道　海端を通り候に付、海道と可申候

中山道　只今迄は仙之字書候得ども、向後山之字書可申事

奥州道中　是は海端を通り不申候間、海道とは申間敷候

日光道中　右同断

甲州道中　日光道中同断

日光海道は海端の道ではないとの理由で、日光道中と呼ばれるようになった。

これにより「日光道中二十一次」が正式名称となった。

ちなみに「中仙道」は「中山道」と改められた。

幕末、徳川幕府打倒を旗印とする官軍のうち、中山道を進軍する軍勢を「中山道軍」とはいわず「東山道軍」と呼んだ。これは明らかに、幕府の定めた街道名を嫌い、それ以前の「東山道《とうさんどう》」を用いた結果といえる。

その流れから、明治新政府は「日光道中」を「日光街道」と改名した。以上の経緯から本書では街道名を「日光道中」に統一する。

日光道中には厳しい山道や峠道が無く、おおむねフラットであり緩やかな勾配があるくらいで、五街道ウォークデビューにはベストなコース選択といえる。

そして街道沿いには鉄道がたえず併行して走っている為、アクセスに支障がない。

そしてこの街道は一年を通してのウォークが可能なため、四季折々の街道風景が楽しめる。

日本橋を旅立つと、しばらくは都会の中のウォークが続き、食事やトイレに困ることはない。

旅の後半に、荘厳な日光杉並木道に入ると俄然ドラマティックな醍醐味が味わえる。

奥州道中解説

奥州街道は、陸奥《みちのく》を貫き、津軽(青森県)三厩そして蝦夷地(北海道)函館に至るまでの、日本一長大な街道であった。

古代、陸奥《むつ》は「道の奥《おく》の國」と呼ばれ、今の青森、岩手、宮城、福島を包括する広大さであった。

徳川家康は「五街道」の整備に順次着手し、奥州道中は慶長七年(1602)から取り掛かった。

但し、五街道に制定された奥州街道の道筋は陸奥國白河迄であった。

正徳六年(1761)、幕府道中奉行は五街道の名称を統一した。内容等については日光道中の解説で述べた通り。

奥州海道は海端の道ではないとの理由で、奥州道中と呼ばれるようになった。

これにより「奥州道中十次」が正式名称となった。

以上の経緯から本書では街道名を「奥州道中」に統一し、宇都宮宿から白河宿迄とする。

―本書の使い方とお願い―

◉日光道中は、江戸日本橋と日光鉢石宿を結び、奥州道中は宇都宮宿と白河宿を結ぶ日本を代表する街道です。本書は可能な限り、江戸時代の道に沿って歩くことをコンセプトにしています。一部、車の往来が激しい道もありますので、無理をせず計画的に歩かれることをお勧めします。

◉この地図は著者が実際に歩いて調査した独自の情報を掲載しています。今は消えてしまった道筋なども、できる限り（わかる範囲で）紹介しています。

◉宿場間の距離（里）は江戸時代に調査された『宿村大概帳』によるものです。km表示は実測によるものです。

◉目次は宿場名の掲載されているページを指しますが、編集の都合上、前ページより始まる宿場もありますので、ご了承ください。

◉本書に記載したデータは2025年5月現在のものです。ホテルや旅館、コンビニエンスストアなどの施設は変更されることがありますので、事前にご確認のうえご出発ください。

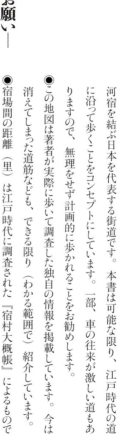

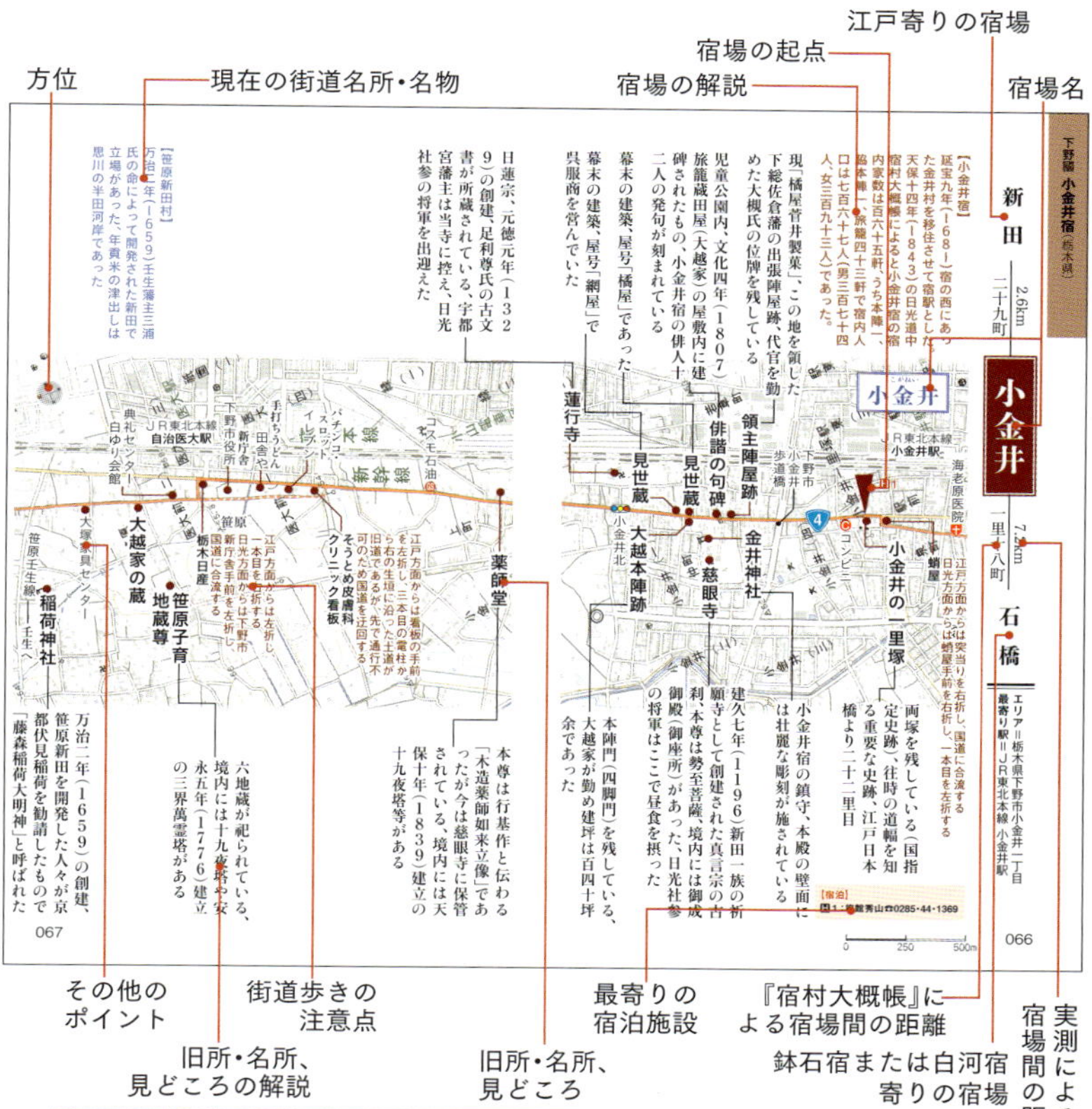

凡例

赤の大文字：宿場の解説 — 日光・奥州道中の道筋

赤の小文字：街道の分岐などの注意点 — 通行不可の日光・奥州道中の道筋

青の文字：現在の街道名所、街道名物 — その他の街道

C コンビニエンスストア　〒 郵便局　＋ 病院

GS ガソリンスタンド　文 学校　信号

H 宿泊施設　× 警察署・派出所

● 街道沿いの旧所・名所、見どころなど

▶ 宿場の起点（実測距離の起点）

＊各宿場の起点は必ずしも宿場の中心を示したものではなく、主要な交通機関、もしくは目標になり易い位置に設置している

五街道と脇街道の成立

●慶長五年（1600）、関ヶ原の合戦に勝利し天下人となった徳川家康は、その基盤を確実なものにする為、まず諸政策に取り掛かった。その一つが「五街道」の整備だ。天下掌握の根幹は通信と物流と考え、いち早く東海道の整備に着手し、順次他の四街道を整備。各街道には物資、通信の継立てを円滑に行なうため、宿場が設けられた。

●五街道とは江戸日本橋を起点にした東海道、中山道、甲州道中、日光道中、奥州道中の五つを指す。幕府は五街道を道中奉行の管轄下に置くことで、直接管理していた。五街道は今で言う国道であり、諸藩が管轄する街道は県道、市道、町道、村道に該当する。

●また、姫街道や伊勢街道、日光御成道、日光壬生通、日光例幣使道、善光寺街道など五街道に付随する主要な街道は、脇街道、また脇往還と呼ばれ、これらも五街道同様、宿駅・一里塚・並木などが整備された。

●本書は五街道のうち日光道中と奥州道中を収録した、街道ウォークのための詳細地図である。

五街道と脇街道の総距離（『宿村大概帳』記載）

【五街道】

◆東海道 五十三次：江戸日本橋～京三条大橋／百二十六里六町一間
◆中山道 六十九次：江戸日本橋～京三条大橋／百三十五里二十四町八間
◆甲州道中 四十四次：江戸日本橋～下諏訪宿／五十三里二十四町
◆日光道中 二十一次：江戸日本橋～鉢石宿／三十六里三町二間
◆奥州道中 十次：宇都宮宿～白河宿／二十一里八町十四間半

【脇街道】

◇姫街道：見付宿～御油宿／十五里十町
◇伊勢参宮街道：日永の追分～宇治橋／十五里三十五町
　伊勢別街道：関宿～津宿／五里十八町
◇善光寺街道：追分宿～善光寺宿／十八里三十町
　善光寺西街道：洗馬宿～篠ノ井追分／十五里三十二町
◇日光例幣使道：倉賀野宿～今市宿／三十一里十町
◇日光壬生道：小山宿～揄木宿／三里三十町
◇日光御成道：本郷追分～幸手追分／十二里三十町

日光道中

江戸日本橋 ➡ 日光鉢石宿

武蔵國 東京都・埼玉県
江戸日本橋〜栗橋 012

下総國 茨城県
中田〜古河 050

下野國 栃木県
野木〜鉢石 052

江戸日本橋

8.8km
二里八町

千住

エリア＝東京都中央区日本橋
最寄り駅＝東京駅

至 京三条大橋

慶長八年（1603）の架橋。昔も今も街道の起点

密通の男女や心中未遂者等が晒された（滝の広場）

関東大震災後、築地に移転した（乙姫広場）

徳川家康は江戸入府直後に参詣。慶長十九年（1614）二代将軍秀忠も参詣し「福徳とはめでたい神号だ」と称賛した

徳川家康の江戸入府に際し、三河より随行した馬込勘解由が名主となり三伝馬取締役を勤めた

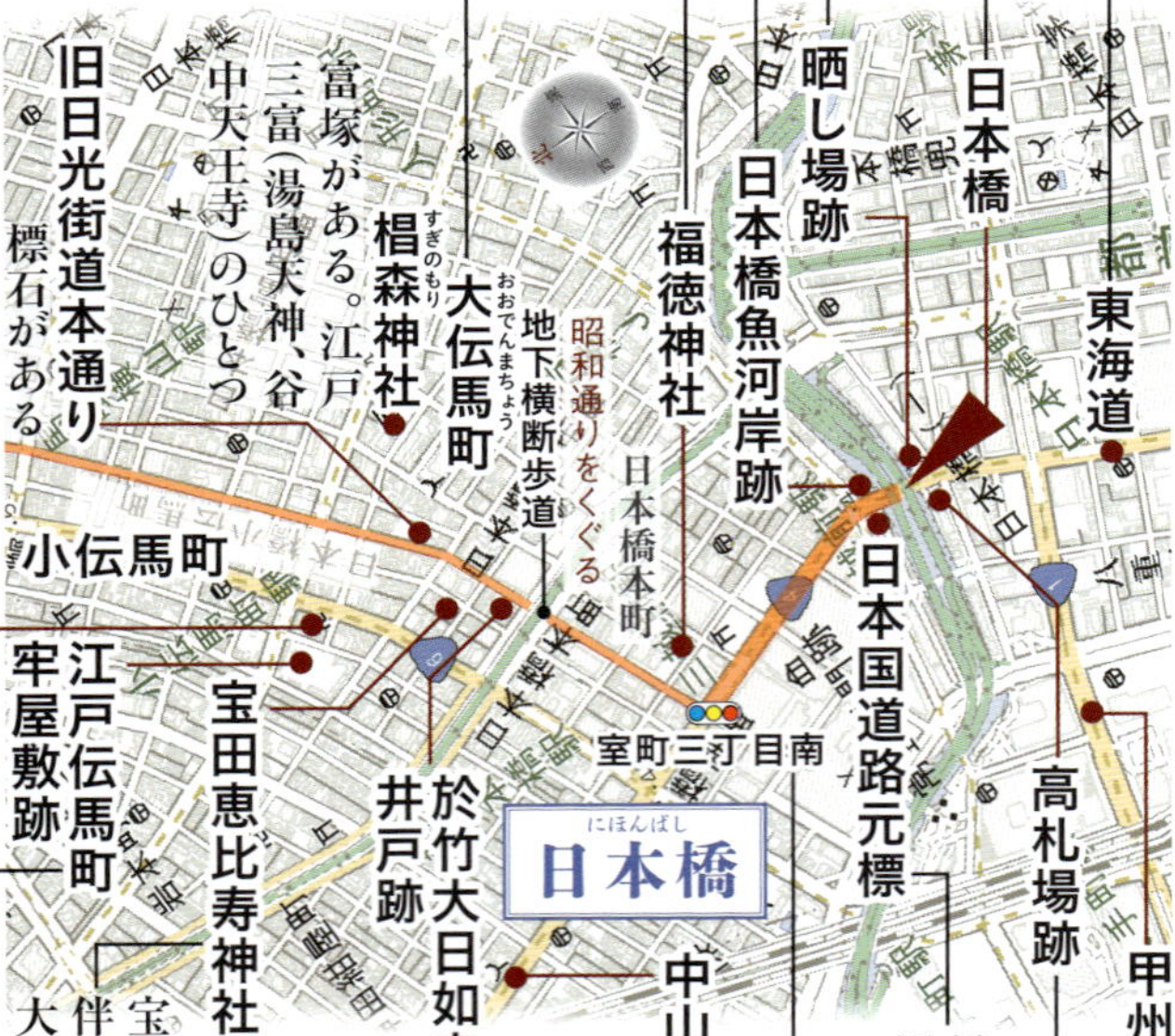
日本橋
東海道
晒し場跡
日本橋魚河岸跡
福徳神社
大伝馬町《おおでんまちょう》
椙森神社《すぎのもり》
富塚がある。江戸三富（湯島天神、谷中天王寺）のひとつ
旧日光街道本通り
標石がある
小伝馬町
江戸伝馬町牢屋敷跡
宝田恵比寿神社
於竹大日如来井戸跡
中山道
日本国道路元標
高札場跡
甲州道中
地下横断歩道
昭和通りをくぐる
日本橋本町
室町三丁目南
日本橋《にほんばし》
0 250 500m

至 下諏訪宿

庶民への掟書（花の広場）

橋中央に埋設されている。元標の複製がある（元標の広場）

江戸方面からは右折する
日光方面からは左折する

至 京三条大橋

承応二年（1653）創業の「小津和紙」の裏。お竹愛用の井戸跡。大伝馬町馬込家の下女「お竹」は大日如来の化身であった。徳川五代将軍綱吉の母「桂昌院」の信仰が篤かった

宝田村の鎮守。江戸城の拡張に伴いこの地に移転した。浅漬け大根の「べったら市」で知られる

広重は名所江戸百景「大てんま町木綿店」でこの界隈を描いている。今も衣料繊維問屋が軒を連ねている

馬市が立ち伝馬用の馬を供給していた。博労達が住んでいたところから、当初は「博労町」と呼ばれた

江戸方面からは突当りを左折する
日光方面からは斜め右に入る

寛永十三年（1636）の架橋。当初は「浅草御門橋」と呼ばれた

江戸城外の城門で「浅草御門」と呼ばれた。振袖火事の時、伝馬町牢屋敷から囚人が脱獄したとの誤報を信じた役人がこの門を閉じたため、二万人以上の犠牲者が出た

蔵前の総鎮守

境内に「浅草文庫跡碑」がある。明治七年（1874）創立の官立図書館跡

吉原帰りの遊客がここで昨夜の首尾を語り合ったという

天領からの年貢米を貯蔵した。勘定奉行の管轄下に置かれ、主に旗本、御家人の給米に供された。「蔵前」の地名由来となった

横山町問屋街
横山町問屋街標識
馬喰町
浅草橋
浅草橋南
神田川
浅草橋
浅草見附跡
浅草橋架道橋
JR総武本線
浅草橋駅
JR総武本線ガードをくぐる
須賀神社
柳橋二丁目
第六天榊神社《さかきじんじゃ》
蔵前一丁目
江戸方面からはY字路を右に進む
首尾の松跡
浅草御蔵跡
武蔵國
隅田川
蔵前神社
榧寺《かやでら》
厩橋
蔵前
須賀橋交番前
浅草橋
天文台跡
松平西福寺
揖取《かじとり》稲荷神社
銀杏岡八幡神社
郡代屋敷跡
大安楽寺
鳥越神社

江戸伝馬町処刑場跡で境内には刑死者を供養する「延命地蔵尊」がある

御蔵造営用の石材を運ぶ船が遠州灘で遭難しかかった時に現れて、船を救った稲荷を祀っている

現「十思公園」。「吉田松陰先生終焉之地碑」がある。幕末松陰は「安政の大獄」で捕えられ斬首となった。園内には「石町時の鐘」がある。処刑はこの鐘を合図に行われ、刑の執行を控えた日は刻限を意図的に遅らせたところから「情けの鐘」と呼ばれた

関東一円の幕府直轄地（天領）を支配した関東郡代の屋敷跡

永承六年（1051）源義家は奥州出征の際、隅田川の川上より流れ着いた銀杏の枝を地面に刺し勝利を祈願した。奥州平定後戻ると銀杏が大きく繁茂していた。この神恩に感謝し八幡宮を勧請した

この地の産土神。「千貫御輿」は江戸一の重さを誇る

伊能忠敬の師匠天文方高橋至時《よしとき》はここで天文観測を行った

武田信玄の娘で家康の側室となった竹姫（良雲院）の菩提寺。彰義隊士の墓がある

駒形どぜう

創業亨和元年（1801）どじょう料理の老舗。文化三年（1806）大火に遭い、それまでの「どぢやう」の四文字では縁起が悪いと「どぜう」の三文字に改称した。店前には久保田万太郎句碑「神輿まつまのどぜう汁すすりけり」がある

浅草寺駒形堂

境内に「浅草観音戒殺碑《かいさつ》」がある駒形堂から十町余の川筋内での魚介の殺傷を禁じたもの。この地は浅草寺の観音像が隅田川から示現した霊地であった

姥ケ池跡

花川戸公園内に「姥ケ池之旧跡」碑がある。一軒家に姥と娘が住み、旅人を泊めて石枕に寝かせ、夜中に石を落として殺し金品を奪っていた。ある時観音が若者に化身して宿泊すると、娘が心惹かれて寝床に入ったのを知らず、姥が石を落とし娘は死んでしまった。姥は悪行を悔み池に身を投げて果てた

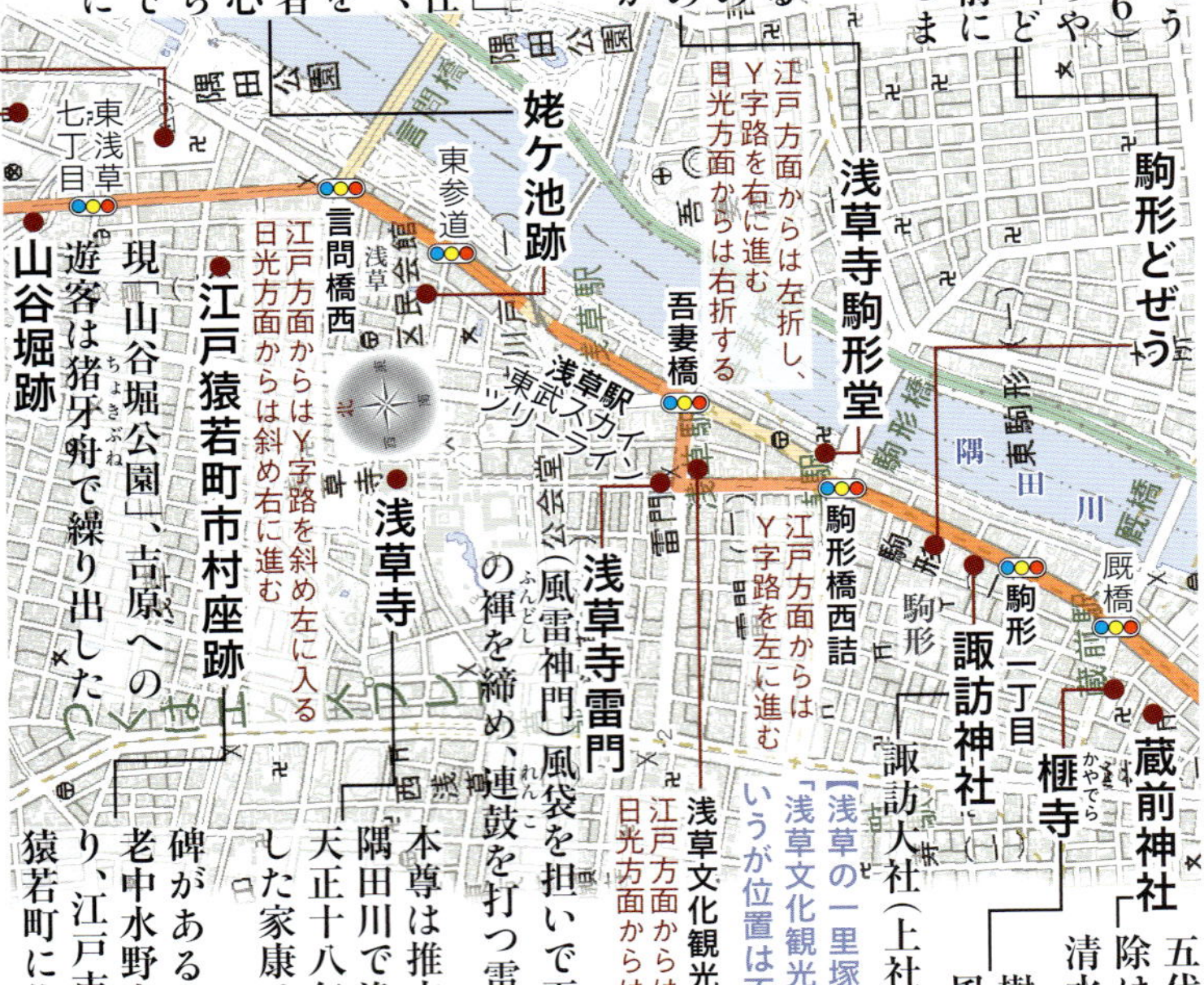

東浅草七丁目
言問橋西
東参道
吾妻橋
駒形橋西詰
駒形一丁目
厩橋
隅田公園
言問橋
隅田川
駒形橋
東駒形
浅草駅 東武スカイツリーライン
江戸方面からは左折し、Y字路を右に進む 日光方面からは右折する
江戸方面からはY字路を斜め左に入る 日光方面からは斜め右に進む
江戸方面からはY字路を左に進む

蔵前神社

五代将軍綱吉が江戸城鬼門除けの守護神として京の石清水八幡宮を勧請したもの

榧寺《かやでら》

樹齢千年の榧は享保の台風で倒れてしまった

諏訪神社

諏訪大社（上社）の分霊を勧請したもの

【浅草の一里塚】「浅草文化観光センター」辺りにあったともいうが位置は不明。江戸日本橋より一里目

浅草文化観光センター

江戸方面からは突当りを右折する 日光方面からは左折する

浅草寺雷門

（風雷神門）風袋を担いで天空を駆ける風神像と虎の褌《ふんどし》を締め、連鼓《れんこ》を打つ雷神像が祀られている

浅草寺

本尊は推古天皇三十六年（628）隅田川で漁網にかかった聖観音像。天正十八年（1590）江戸に入府した家康は浅草寺を祈願寺とした

江戸猿若町市村座跡

碑がある。天保十二年（1841）老中水野忠邦の「天保の改革」により、江戸市中にあった芝居小屋が猿若町に集められた

山谷堀跡

現「山谷堀公園」、吉原への遊客は猪牙舟《ちょきぶね》で繰り出した

0 250 500m

待乳山聖天《まつちやましょうでん》

商売繁盛、夫婦和合にご利益があり、水商売の信仰が篤いところから「聖天は娘の拝む神でなし」といわれた

【振袖火事】
明暦三年(1657)、恋患いで亡くなった娘の「振袖」を護摩供養したところ、火焔となって燃え上がり、江戸城をはじめ市街地の大半を焼失し、十万人の犠牲者を出す大火となった

駿馬塚

路地の奥。康平年間(1058～65)源義家が陸奥へ出征する際、この地で愛馬「青海原」が絶命、ここに葬った

東禅寺

境内に江戸六地蔵のひとつ、宝永七年(1710)造立の銅造地蔵菩薩坐像(都有形文化財)がある

泪橋

小塚原刑場に引き立てられる罪人と身内の者がここで泪の別れをした

回向院

安政の大獄で斬首された吉田松陰の墓や「観臓記念碑」がある。明和八年(1771)蘭学者杉田玄白等が刑死者を解剖し「解体新書」を翻訳した

東浅草一丁目
今戸
浅草交番前
東浅草二丁目
清川
日本堤
東京ガス
南千住駅前歩道橋
跨線橋
南千住駅 東京メトロ日比谷線
南千住駅 JR常磐線
南千住

今戸神社

境内に新選組一番隊長「沖田総司終焉之地」碑がある。労咳を患った総司はこの地で亡くなった。享年二十五歳。並びに「今戸焼発祥之地」碑がある。江戸を代表する素焼の陶磁器であった

春慶院

新吉原の名妓二代目高尾太夫の墓がある。墓石には遺詠「寒風にもろくもくつる紅葉かな」が刻まれている。万治三年(1660)陸奥仙台藩主伊達綱宗の意に従わなかったために斬殺された

見返り柳

新吉原帰りの遊客が後ろ髪を引かれ、この柳の所で遊郭を振り返ったという。人形町にあった遊郭(元吉原)は「振袖火事」で全焼、この地に移転し二町四方の廓が形成され「新吉原」と呼ばれた

小塚原刑場跡

処刑された屍体は放置され一帯には死臭が漂っていた。「首切り地蔵」は寛保元年(1741)刑死者供養のために造立されたもの

コツ通り

街道筋は刑場にちなみ「コツ(骨)通り」と呼ばれた

円通寺

彰義隊士の墓がある。境内には弾痕を残す上野寛永寺の「黒門」が移築されている

西光寺

本尊は「笹団子如来」と呼ばれる。団子を笹の枝に刺して供えると病に霊験あらたかという

千住

江戸日本橋 8.8km 二里八町 ― 千住 ― 9.7km 二里八町 草加

エリア＝東京都足立区千住2丁目
最寄り駅＝北千住駅

【千住由来】荒川で「千手観音」が漁網にかかったとか、足利義政の愛妾「千寿」の出生地であった等を地名の由来としている

千住《せんじゅ》
南千住
千住大橋
隅田川
千住大橋駅
京成本線
ガード
くぐる
足立市場前
千住橋戸町
千住仲町商店街
江戸方面からは斜め右に入る
日光方面からは国道に合流する
江戸方面からは国道に合流する
日光方面からはY字路を左に進む
0 250 500m

誓願寺 家康が腰掛けたという榎があった

千住大橋 文禄三年（1594）隅田川で最初に架けられた橋

奥の細道矢立初めの地碑 芭蕉は深川から舟で千住に着き、「奥の細道」へ旅立つ際に、矢立初の句「行く春や鳥啼き魚の目は泪」を詠んだ

芭蕉像 生誕三百六十年記念に建立されたもの

芭蕉句碑 「鮎の子のしら魚送る別哉」

西新井大師道標 「旧日光道中」「是より西へ大師道」と刻まれている

千住高札場跡 標石がある

西光寺

素盞雄《すさのお》神社 境内には「小塚原」の地名由来となった小塚（瑞光石）や大銀杏、文政三年（1820）建立の「芭蕉旅立記念碑」等がある

熊野神社 千住大橋架橋に際し成就祈願し、完成後に残材で社殿の修理が行われた

隅田川 墨田川、角田川とも書かれた

橋戸稲荷神社 土蔵造りの本殿扉の内側に漆喰鏝《こて》絵で「親子狐」が彫刻されている

道標 「右国道四号」「左旧日光道中」と刻まれている

元やっちゃ場南詰 青物問屋が軒を連ね「やっちゃい」のセリ声が響いていた

河原稲荷神社 やっちゃ場の鎮守。狛犬は足立区内で最大のもの

源長寺 将軍鷹狩りの際に御膳所となり脇本陣を兼ねた

慈眼寺 三代将軍家光は江戸城北方鎮護の祈願寺と定め、「葵の紋」の使用を許した

不動院

千住の一里塚跡
標石がある。江戸日本橋より二里目

森鴎外旧居跡
「橘井堂《きっせいどう》森医院」跡

金蔵寺
「天保の飢饉」の餓死者を供養する無縁塔や飯盛女の供養塔がある

千住高札場由来解説板
千住本町公園内

横山家住宅
伝馬屋敷の面影を残している。地漉《じす》き紙問屋であった

道標
旧水戸街道の追分道標「北へ旧日光道中」「東へ旧水戸佐倉道」

名倉医院
「骨接ぎの名倉」で知られた

江戸方面からはY字路を左に進む
日光方面からは突当りを右に進む

道標
旧下妻道道標「北西へ旧日光道中」「北へ旧下妻道」

分岐
江戸方面からは突当りの土手下道を左に進む
日光方面からは斜め右に入る

往時は一面の草原であった。荒川放水路は大正十三年（1924）に開削された人工河川

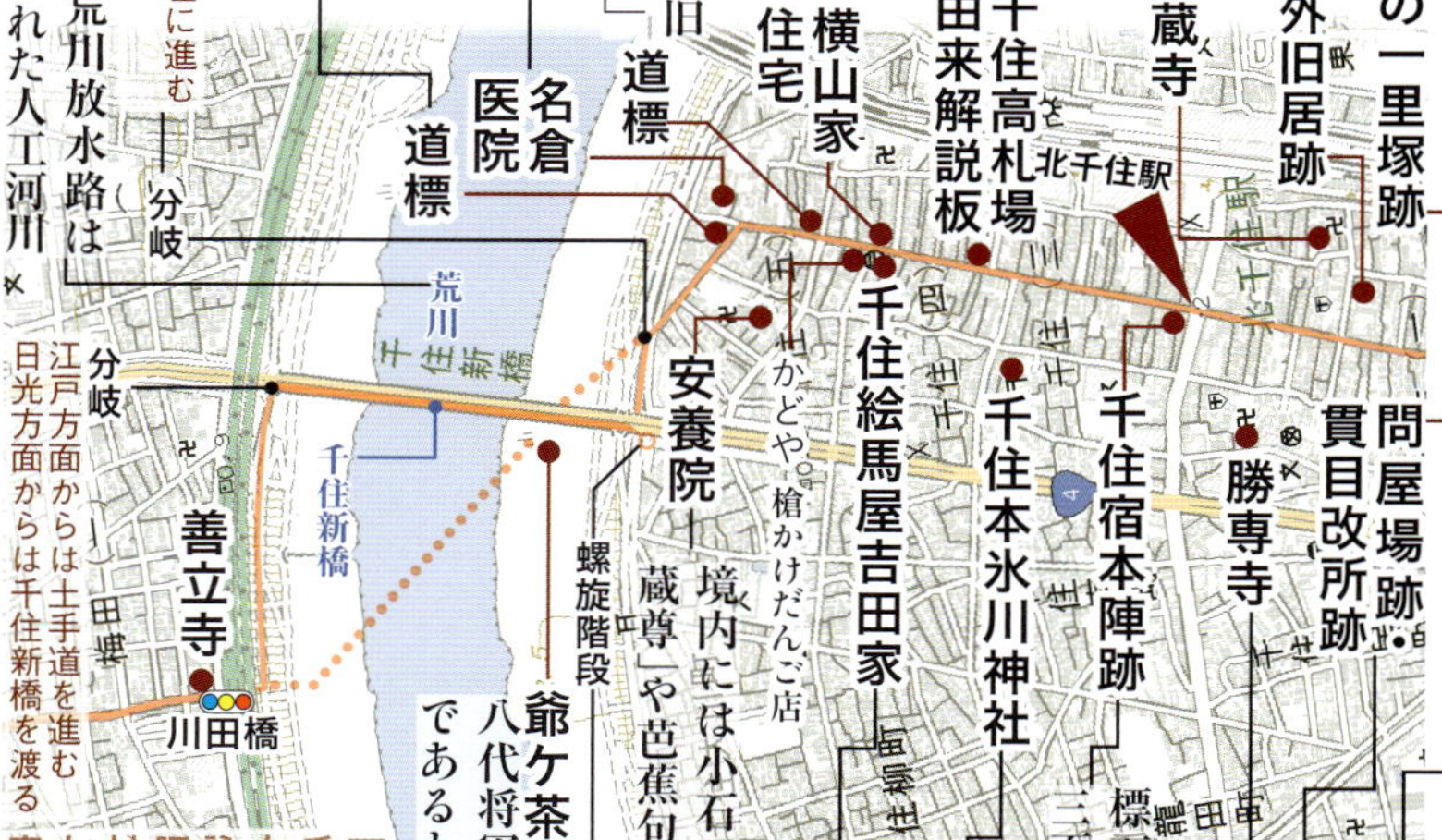

彰義隊戦死者や飯盛女の供養塔がある

問屋場跡・貫目改所跡
標石がある。貫目改所は問屋場が扱う荷の重量を検査した

勝専寺
将軍鷹狩の際、御膳所となった

千住宿本陣跡
標石がある。秋葉一郎兵衛が勤めた。敷地三百六十一坪で建坪は百二十坪であった

千住本氷川神社
芭蕉句碑「春もや丶けしきと丶のふ月と梅」がある

千住絵馬屋吉田家
絵馬をはじめ地口行燈や凧などを描いてきた際物《きわもの》問屋

安養院
境内には小石で叩くと願いが叶うという「かんかん地蔵尊」や芭蕉句碑「ゆく春や鳥なき魚の目は泪」がある

螺旋階段
江戸方面からは橋上に出る
日光方面からは土手下道に下る

爺ケ茶屋跡
八代将軍吉宗が鷹狩の際に休息し、光沢が見事であると褒めた「光茶銚（釜）」が名物であった

【千住宿】
千住宿は飯盛り旅籠が軒を連ね「愛想よき千住女郎衆に袖ひかれわらじとくとく泊る旅人」と詠われ、水戸街道や下妻道の分岐を控え大いに賑わった。天保十四年（1843）の日光道中宿村大概帳によれば千住宿の宿内家数は二千三百七十軒、うち本陣一、脇本陣一、旅籠五十五軒で宿内人口は九千九百五十六人であった

分岐
江戸方面からは土手道を進む
日光方面からは千住新橋を渡る

「右旧日光道中」「左東武鉄道旧線路跡」と刻まれている

小右衛門新田を開発した渡辺小右衛門が故あって同僚の高橋伴右衛門を討ち、霊を慰める為に倉稲魂《うかのみたま》大神を祀ったもの

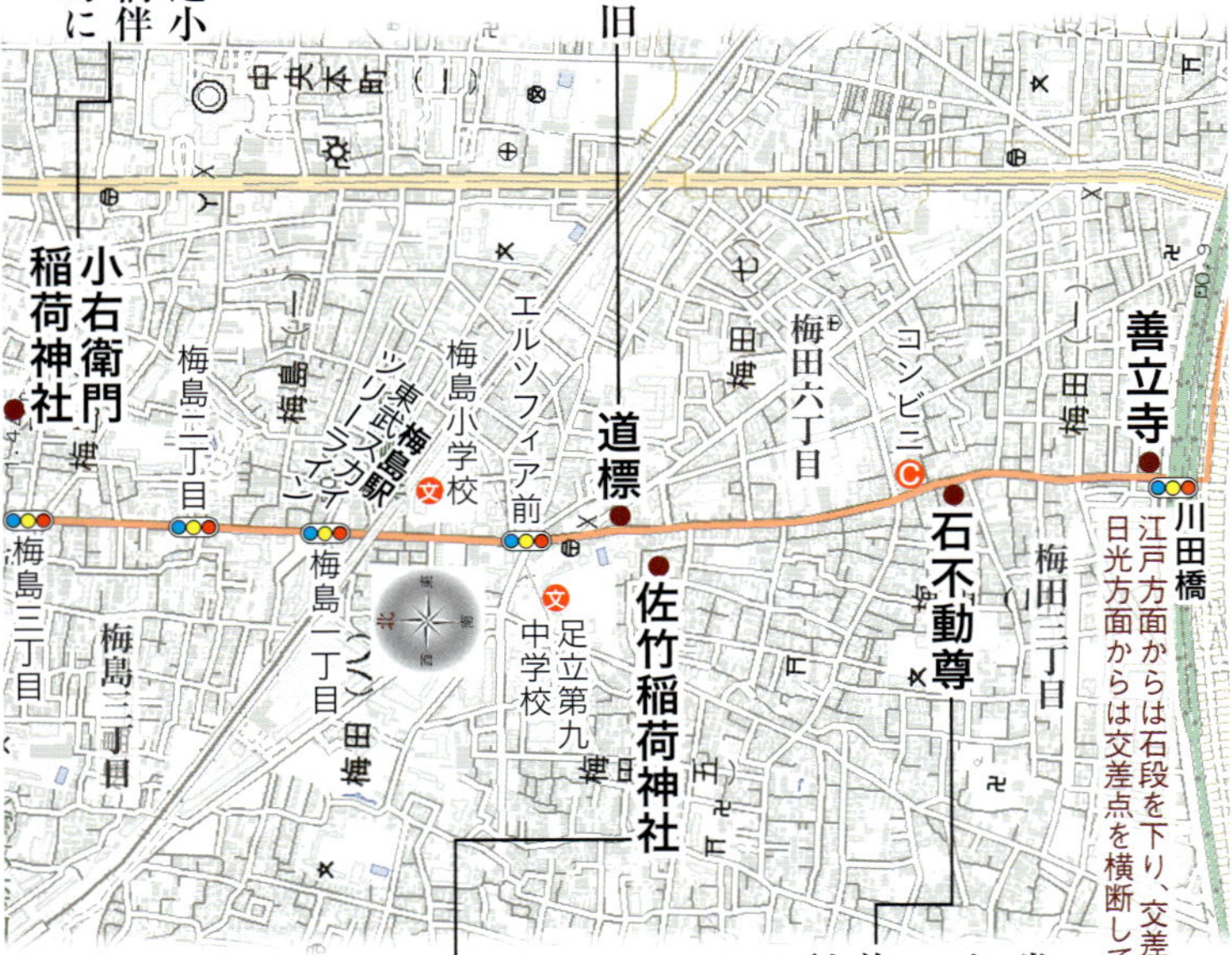

善立寺
川田橋
石不動尊
コンビニ
梅田六丁目
梅田二丁目
道標
佐竹稲荷神社
エルソフィア前
足立第九中学校
梅島小学校
梅島駅
東武スカイツリーライン
梅島一丁目
梅島二丁目
梅島三丁目
小右衛門稲荷神社
中央本町（一）
0
250
500m

江戸方面からは石段を下り、交差点を横断して旧道に復帰する
日光方面からは交差点を横断して石段を上り、土手道を左に進む

堂内に耳の病に霊験あらたかな石造耳不動尊像が安置されている。堂前の石標「子育八彦尊道是より二丁行」は咳にご利益がある明王院（赤不動）への道標。傍らの地蔵尊は荒川の土手にあったもの

秋田藩主佐竹侯の抱《かかえ》屋敷跡で参勤の際の休息所であった。稲荷社は屋敷神として祀られたもの。イボ取りに霊験あらたかなところから「いぼ稲荷」と呼ばれた

【梅田村】

この地は海に面した河口であった。そこを埋め立て新田が開かれたところから「埋田」と呼ばれ、転訛して「梅田」となった

標柱がある。二代将軍秀忠、三代将軍家光が鷹狩りや日光社参の際に安穏寺に立寄った

【六月の一里塚】島根鷲神社前交差点辺りにあったともいうが位置は不明。江戸日本橋より三里目

「増田橋跡　北へ旧日光道中」「西へ旧赤山道」と刻まれている。見沼代用水に架橋されていた

【竹ノ塚村名主】世襲名主河内氏は代々困窮民の救済や用排水路の整備に努め、寛政八年(1796)当主河内久蔵は苗字帯刀の褒賞を受けた

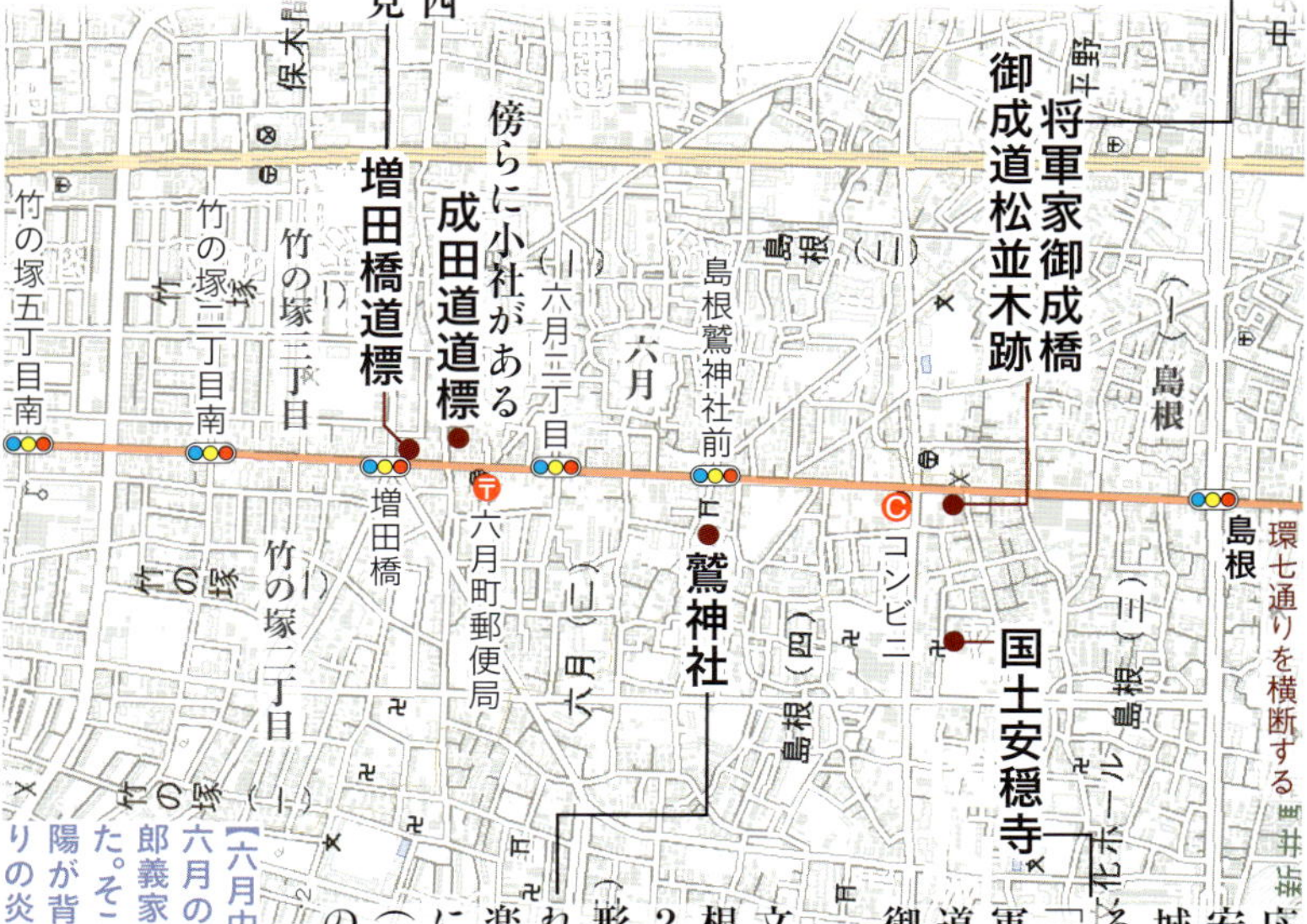
将軍家御成橋
御成道松並木跡
島根(一)
島根(二)
島根
平野
島根鷲神社前
六月二丁目
六月
傍らに小社がある
成田道道標
増田橋道標
竹の塚三丁目
竹の塚四丁目南
竹の塚五丁目南
竹の塚
増田橋
六月町郵便局
コンビニ
鷲神社
六月(二)
島根(四)
島根(三)
竹の塚(二)
竹の塚二丁目
竹の塚(一)
国土安穏寺
環七通りを横断する

応永十七年(1410)の創建。安穏寺八世日芸上人が「宇都宮城釣天井事件」を予言したところから徳川家の祈願寺となり「葵の紋」の使用が許された。将軍専用の御成門が建てられ御成道が造られた。境内には「家光公御手植之松」がある

文保二年(1318)の創建で島根村の鎮守。享和二年(1802)建立の明神型石鳥居は区有形文化財指定。神楽殿で奉納される「島根囃子」と「島根神代神楽」は区無形文化財指定。社殿脇には「将軍石」がある。享保六年(1721)八代将軍吉宗が巡遊の際に腰掛けたという

【六月由来】六月の炎天下、奥州征伐に向かう八幡太郎義家は野武士に道を遮られ進退窮まった。そこで「岩清水八幡」を祈念すると、太陽が背に回り無事撃破できた。西にゆかりの炎天寺や六月八幡神社がある

千住

9.7km 二里八町

草加

9.0km 一里二十八町

越ケ谷

エリア＝埼玉県草加市住吉一丁目
最寄り駅＝東武スカイツリーライン草加駅

【草加宿】

当初、この地一帯は沼地が多く街道は大きく迂回していた。大川図所は幕府に願い出て千住〜草加間をほぼ一直線に結ぶ新道を開削し、慶長十二年（１６０７）草加宿を創設した。天保十四年（１８４３）の日光道中宿村大概帳によると草加宿の宿内家数は七百二十三軒、うち本陣一、脇本陣一、旅籠六十七軒で宿内人口は三千六百十九人（男千六百九十三人、女千九百二十六人）であった。宿並は天明四年（１７８４）と明治三年（１８７０）の大火で灰燼に帰してしまった

保木間村の鎮守。淵江領を支配した千葉氏の陣屋跡で守護神の天神社を祀ったもの。脇宮の疱瘡大神は天然痘に霊験あらたかという

小塚原刑場の刑死者の菩提を弔っていた。境内に無縁塔がある

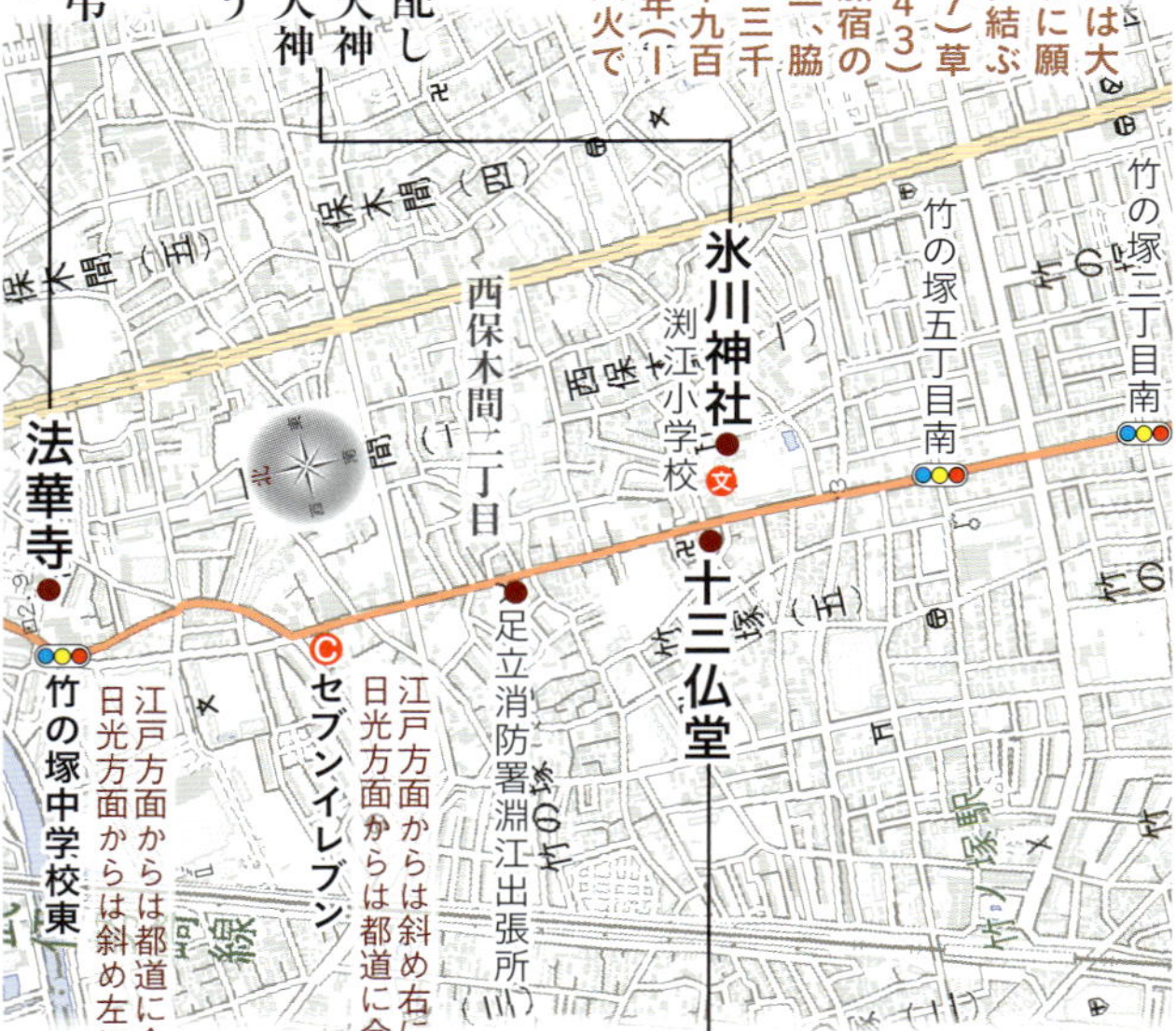
江戸方面からは斜め右に入る 日光方面からは都道に合流する
江戸方面からは都道に合流する 日光方面からは斜め左に入る

行基作と伝わる虚空蔵菩薩像を安置している。厨子内の飯綱権現像は明治六年（1873）高村東雲の作

【宿泊】（P22）
H1：埼玉屋旅館☎048・922・4141（建て替えのため休業中）
H2：東横イン草加駅西口 ☎048・920・1045
H3：ホテル朋泉 草加 ☎048・928・7700

0 250 500m

東京都と埼玉県の境。流末は綾瀬川に落合う

瀬崎村の総鎮守。天保十三年（1842）の再建。神殿彫刻は市指定文化財。社殿裏には富士塚や力石がある

真言宗豊山派。本尊は阿弥陀如来。山門前に元禄四年（1691）と正徳三年（1713）建立の青面金剛像庚申塔、境内には元禄四年（1691）造立の六地蔵がある

【草加の一里塚】石関医院辺りにあったともいうが位置は不明。江戸日本橋より四里目

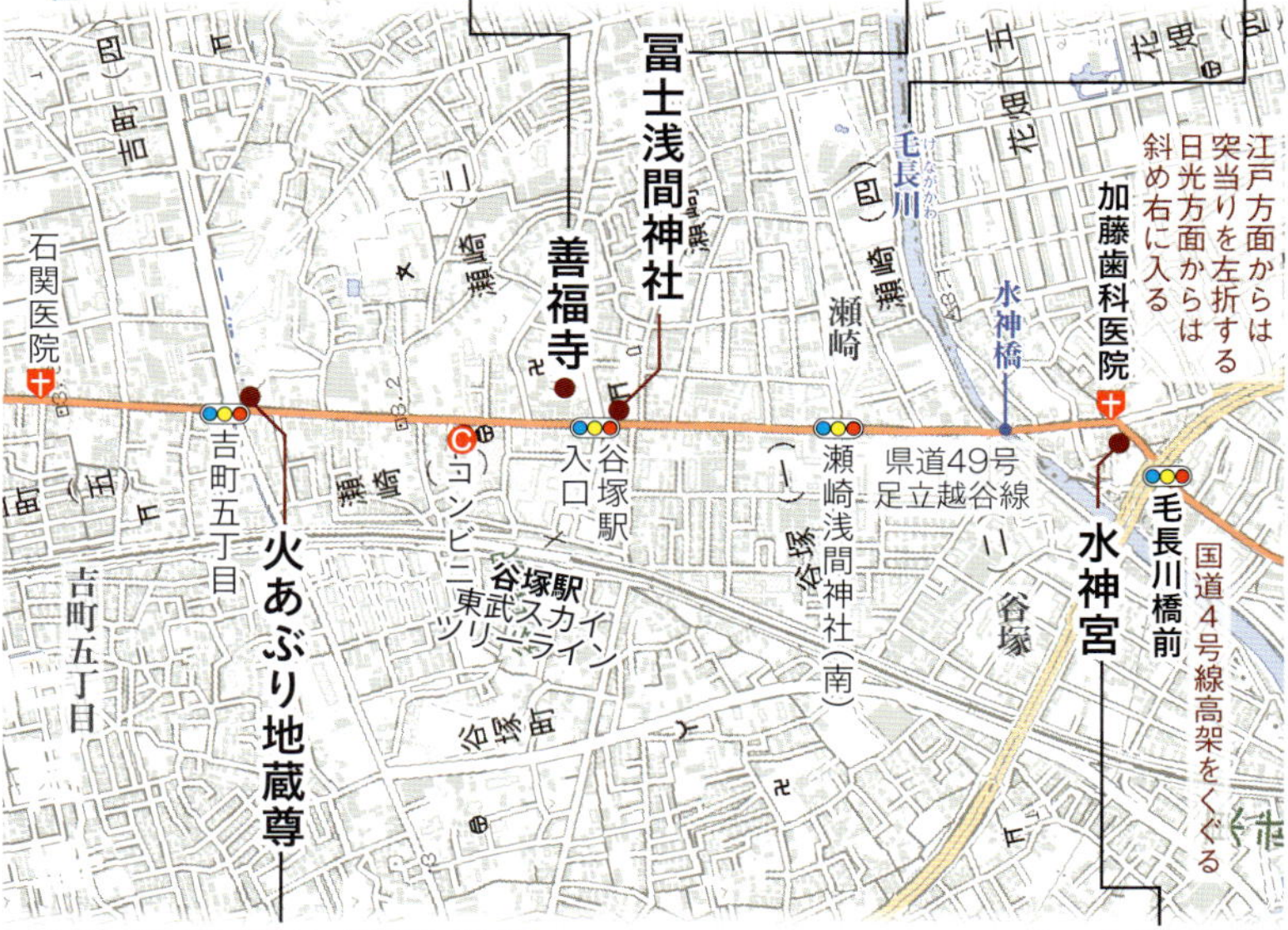

冨士浅間神社
善福寺
火あぶり地蔵尊
水神宮
石関医院
加藤歯科医院
江戸方面からは突当りを左折する日光方面からは斜め右に入る
毛長川《けながかわ》
水神橋
県道49号足立越谷線
吉町五丁目
谷塚駅入口
瀬崎浅間神社（南）
毛長川橋前
国道4号線高架をくぐる
谷塚駅
東武スカイツリーライン
コンビニ
吉町
瀬崎
谷塚
谷塚町
花畑

剛なる者が釣りをしていると蛇が襲ってきた。これを斬り殺すが毒臭に冒され亡くなってしまった。水神宮は殺された蛇を祀っている

【草加由来】瀬崎村は沼沢地であった。家康の通行に際して柳の木や茅を束ね、縦横に埋め込んで新道を造った。家康は「草も役に立つものだ」と褒め、この地を「草加」と名付けた

奉公中の娘に母危篤の知らせが届き、主に暇を願い出たが許されなかった。そこで主の家が火事になれば仕事が休みになり家に帰れると思い込み放火してしまい、「火あぶりの刑」となった。村人が憐れみ供養のために地蔵を祀った。堂脇には弘化五年（1848）建立の馬頭観音像がある

浄土宗。元禄十四年（1701）の創建。旅籠武蔵屋が抱えた飯盛女の墓がある

火伏盗賊除の守護神

正面「日光街道」側面「葛西道」と刻まれている

「草加町道路元標」「埼玉縣」と刻まれている

草加宿下三町の鎮守。獅子頭雌雄一対は市指定有形文化財

明治初期建築の町屋造りで国登録有形文化財

明治四十四年（1911）建立の道路元標がある

大川図書《ずしょ》の子孫で谷古宇村の名主を勤めた大川弥惣右衛門家に二度宿泊した

明治天皇草加行在所碑

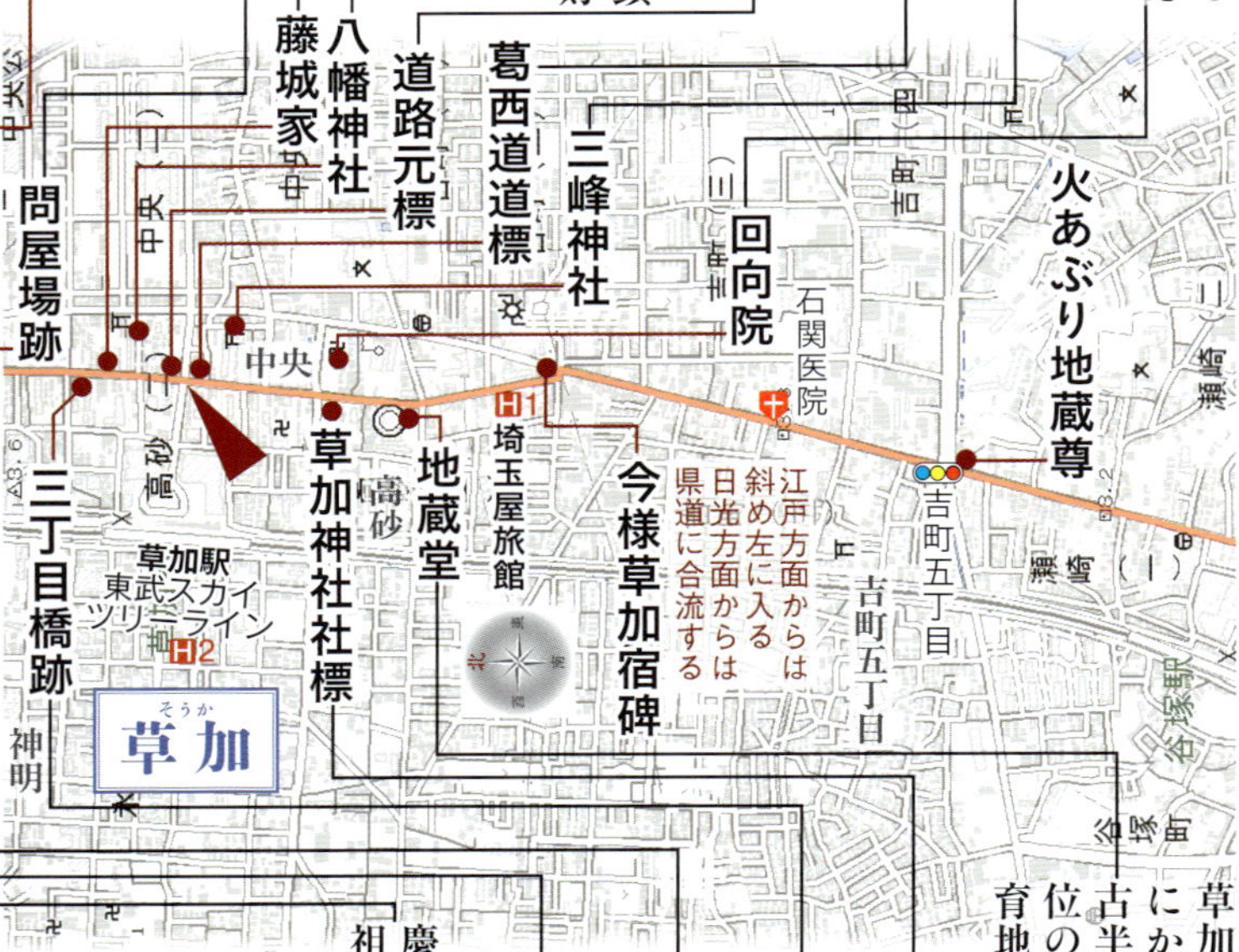
火あぶり地蔵尊
回向院
三峰神社
葛西道道標
道路元標
八幡神社
藤城家
問屋場跡
三丁目橋跡
草加神社社標
地蔵堂
今様草加宿碑
H1
埼玉屋旅館
石関医院
江戸方面からは斜め左に入る
日光方面からは県道に合流する
吉町五丁目
中央
高砂
瀬崎
谷塚駅
谷塚町
神明
草加駅
東武スカイツリーライン
H2
草加《そうか》

草加市役所の敷地は幕末から明治にかけての豪商大和屋跡。主の浅古半兵衛は江戸店を出し、全国二位の質屋であった。地蔵堂には「子育地蔵菩薩立像」を安置している

大宮氷川神社を勧請し、南草加村の鎮守とした

「三町目橋」と刻まれた標石がある。板橋であった

宝暦四年（1754）まで大川家が勤めた

南草加村渋沼の鎮守であったが、この地に移り四丁目の氏神となった

慶長十一年（1606）草加宿開祖大川図書の創建で墓がある

久野家住宅。安政二年（1855）の江戸大地震に耐えた町屋

草加宿の総鎮守で市神社であった。五と十の付く日に「六斎市」が立った

0 250 500m

宝暦四年（1754）清水家が大川家より本陣職を譲り受けた

茶屋風造りの休憩所がある

芭蕉の門人で「奥の細道」に随行し「曽良旅日記」を著した

おせん公園内。草加松原で茶店を営む「おせんさん」が「売れ残った団子はつぶして天日に干し、焼くといい」と教えられたのが「草加せんべい」の由来とされる

神明町交差点を江戸方面からは左折する
日光方面からは右折する

草加松原遊歩道歩道橋（太鼓橋）。「奥の細道」の一節「矢立の初めとして」に因んで命名された

大雨の度に川筋が変わるところから「あやし川」と呼ばれたが伊那忠次によって堤が整備され流路が安定した。綾瀬川は隅田川に落合い、江戸に通じる重要な水路であった

【草加松原】

綾瀬川沿いの松並木は天和三年（1683）関東郡代伊那半右衛門が綾瀬川を改修した際に植栽したもの。「千本松原」と呼ばれ名所であった

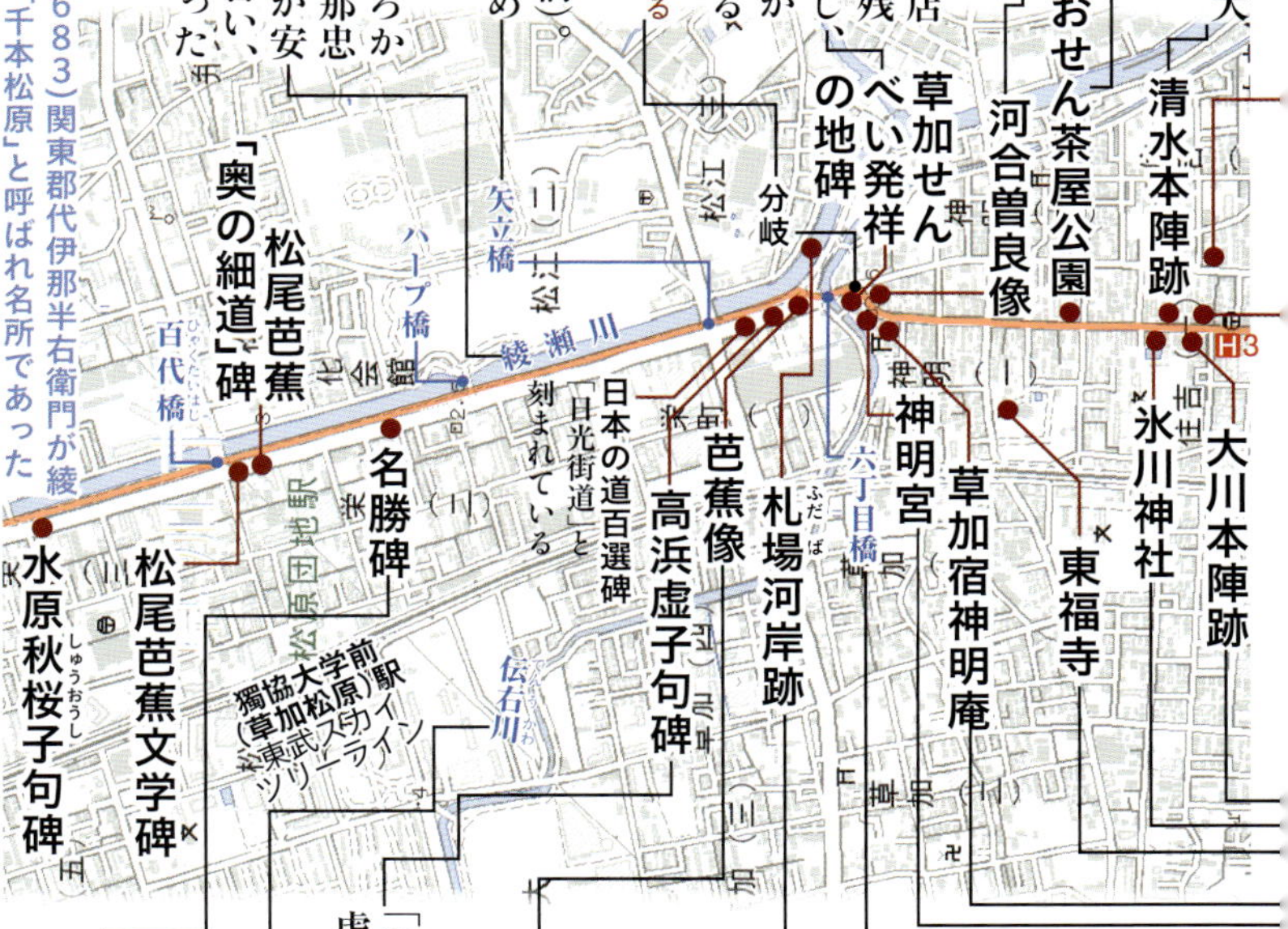

清水本陣跡
おせん茶屋公園
河合曽良像
草加せんべい発祥の地碑
分岐
大川本陣跡
H3
氷川神社
東福寺
草加宿神明庵
神明宮
札場《ふだば》河岸跡
六丁目橋
芭蕉像
高浜虚子句碑
日本の道百選碑
「日光街道」と刻まれている
矢立橋
ハープ橋
綾瀬川
名勝碑
松尾芭蕉「奥の細道」碑
百代橋《ひゃくたいはし》
松原団地駅
伝右川《でんうがわ》
獨協大学前〈草加松原〉駅
東武スカイツリーライン
松尾芭蕉文学碑
水原秋桜子《しゅうおうし》句碑

長さ十二間、幅三間の板橋であった

札場屋野口甚左衛門の私河岸で江戸との舟運が盛んであった。傍らに正岡子規句碑「梅を見て野を見て行きぬ草加まで」がある。高浜虚子と草加を訪れた

江戸方面からは綾瀬川沿いの遊歩道を進む
日光方面からは県道に出る

元禄二年（1689）四十六歳の芭蕉は門人の曽良を伴い「奥の細道」に旅立った

「順礼や草加あたりを帰る雁」虚子は正岡子規に師事した

流末は綾瀬川に落合う

「おくのほそ道の風景地 草加松原」と刻まれている。文化勲章受章者ドナルド・キーンの揮毫

「奥の細道」草加の章段「月日は百代の過客にして、行かふ年も又旅人也」が刻まれている

草加松原遊歩道歩道橋（太鼓橋）。「奥の細道」草加の章段に因んで命名された

草加松原の北端。人と自然が環となり治水に取り組む姿をシンボリックに表現したもの

蒲生大橋の草加寄りに立場があり「出茶屋」と呼ばれた

高橋藤助の私河岸が復元されている。江戸への年貢米の積み出しが行われ、維新後も舟運が盛んであった

東塚を残している。塚上には榎が繁茂し愛宕社が祀られ、塚下には地蔵尊が並ぶ。江戸日本橋より五里目。塚の前には旧道痕跡がある

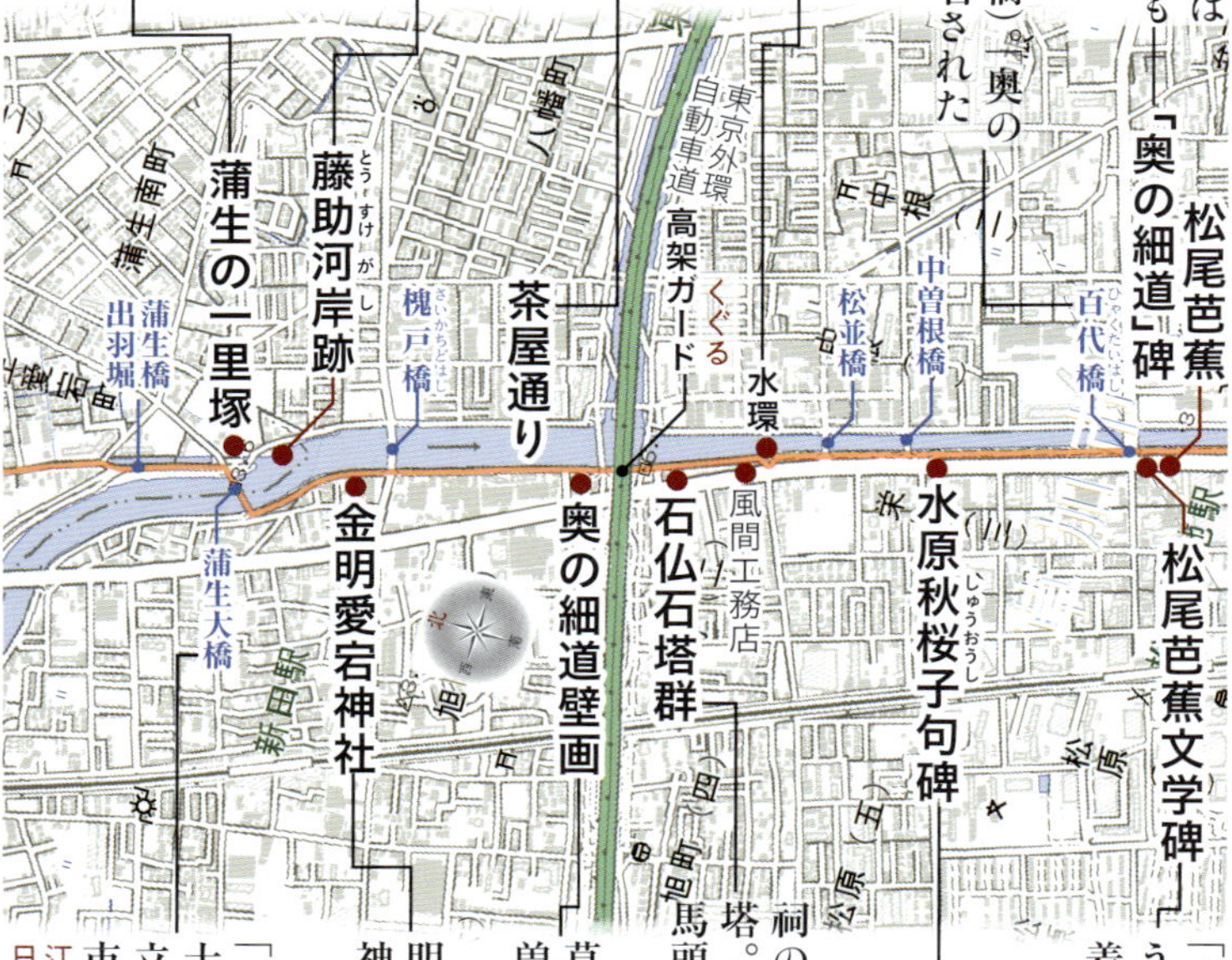
松尾芭蕉「奥の細道」碑
百代橋《ひゃくだいばし》
中曽根橋
松並橋
水環
くぐる
高架ガード
東京外環自動車道
茶屋通り
槐戸橋《さいかちどばし》
藤助河岸跡《とうすけがし》
蒲生の一里塚
蒲生橋
出羽堀
蒲生南町
蒲生大橋
金明愛宕神社
奥の細道壁画
石仏石塔群
風間工務店
水原秋桜子《しゅうおうし》句碑
松尾芭蕉文学碑
新田駅
旭町
中根
八幡町
松原

「奥の細道」の一節「その日ようやく草加という宿にたどり着にけり」が刻まれている

「草紅葉草加煎餅を干しにけり」。秋桜子は高浜虚子に師事した

祠の中に水神、青面金剛像庚申塔。寛政七年（1795）建立の馬頭観世音像が安置されている

草加宿にたどり着いた芭蕉と曽良の旅姿が描かれている

明治四十年（1907）旭氷川神社に合祀された

「大橋土橋」と呼ばれ、長さ十二間四尺、幅二間一尺で足立郡（草加市）と埼玉郡（越谷市）の境であった

江戸方面からは渡り詰を左折する
日光方面からは渡り詰を左折する

0 250 500m

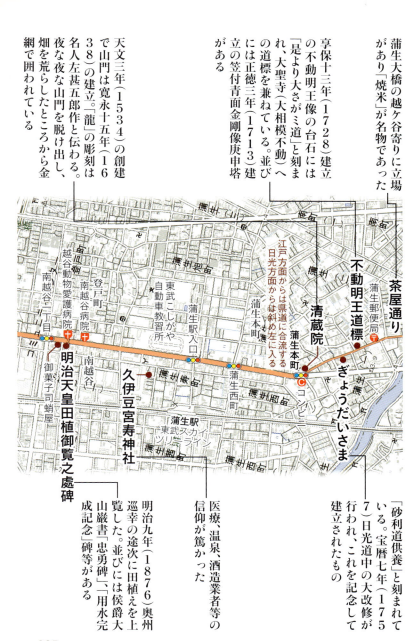

蒲生大橋の越ケ谷寄りに立場があり「焼米」が名物であった

享保十三年（1728）建立の不動明王像の台石には「是より大さがミ道」と刻まれ、大聖寺（大相模不動）への道標を兼ねている。並びには正徳三年（1713）建立の笠付青面金剛像庚申塔がある

天文三年（1534）の創建で山門は寛永十五年（1638）の建立。「龍」の彫刻は名人左甚五郎作と伝わる。夜な夜な山門を脱け出し、畑を荒らしたところから金網で囲われている

茶屋通り
不動明王道標
清蔵院
江戸方面からは県道に合流する
日光方面からは斜め左に入る
蒲生郵便局
蒲生本町
コンビニ
ぎょうだいさま
蒲生西町
蒲生駅
東武スカイツリーライン
久伊豆宮寿神社
蒲生寿町
蒲生駅入口
東武こしがや自動車教習所
蒲生旭町
蒲生本町
登戸町
南越谷病院
越谷動物愛護病院
南越谷二丁目
南越谷（一）
御菓子司蛸屋
明治天皇田植御覧之處碑

「砂利道供養」と刻まれている。宝暦七年（1757）日光道中の大改修が行われ、これを記念して建立されたもの

医療、温泉、酒造業者等の信仰が篤かった

明治九年（1876）奥州巡幸の途次に田植えを上覧した。並びには侯爵大山巌書「忠勇碑」、「用水完成記念」碑等がある

草加

一里二十八町 9.0km

越ケ谷

二里三十町 10.0km

粕壁

エリア＝埼玉県越谷市大沢一丁目
最寄り駅＝東武スカイツリーライン北越谷駅

【越ケ谷宿】

二と七の付く日の「六斎市」は近郷商圏の中心であった。天保十四年（1843）の日光道中宿村大概帳によると宿内家数は千五軒、うち本陣一、脇本陣四、旅籠五十二軒で宿内人口は四千六百三人（男二千二百七十二人、女二千三百三十一人）であった。宿並は明治七年（1874）と同三十二年（1899）の大火で灰燼に帰してしまった

墓所に「千徳丸供養五輪塔」がある。天正十年（1582）武田勝頼が自刃すると、家臣が遺児の千徳丸を瓦曽根村に連れて帰り、潜居したが早世してしまった

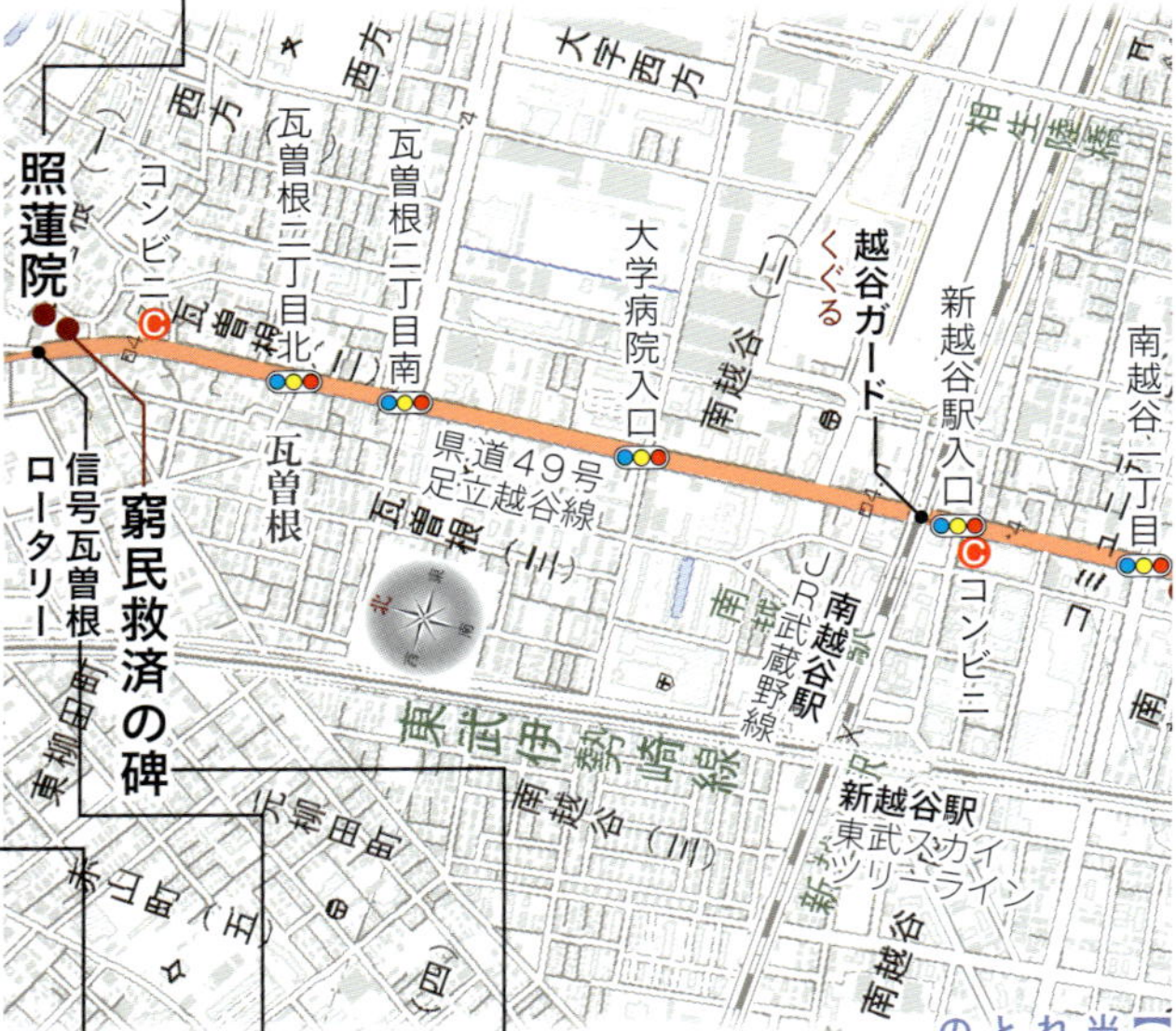

照蓮院
窮民救済の碑
信号瓦曽根ロータリー
越谷ガードくぐる
コンビニ
瓦曽根二丁目北
瓦曽根二丁目南
大学病院入口
新越谷駅入口
南越谷一丁目
県道49号足立越谷線
南越谷駅
JR武蔵野線
新越谷駅
東武スカイツリーライン
東武伊勢崎線

【瓦曽根村】

当初は「川原曽根」と書かれたがいつしか「瓦曽根」となった。村内に紀州藩の「鷹狩り場」があった

【宿泊】
H1：河内屋旅館☎048･964･2076
H2：ホテルグランワイズ越谷 ☎048･960･2277

瓦曽根村の名主中村彦左衛門は飢饉に備え、金子を幕府御貸付所に預け入れ、天明年間（1781〜89）の凶作の際に元利金を払い下げて窮民に分け与えた

江戸方面からはY字路を左に進む
日光方面からは県道に合流する

文和二年（1353）の創建で越ケ谷宿新町の鎮守。御神燈は文政七年（1824）の建立

0 250 500m

東京雷門、大宮等への距離が刻まれている

【越ケ谷の一里塚】越谷二丁目交差点辺りにあったともいうが位置は不明。江戸日本橋より六里目

会田五郎兵衛が勤めた

「太物荒物店塗師屋市右衛門」跡。蔵造りの商家と蔵を残している。漆を扱い、後に太物（綿、麻織物）を商った

蔵造りの商家を残している

本町の鎮守で二と七の付く日に「六斎市」が立った

徳川家康、秀忠の鷹狩りの休泊所であった。明暦三年（１６５７）の「振袖火事」で江戸城が全焼すると、急遽越ケ谷御殿を解体し、江戸城の復興にあてた

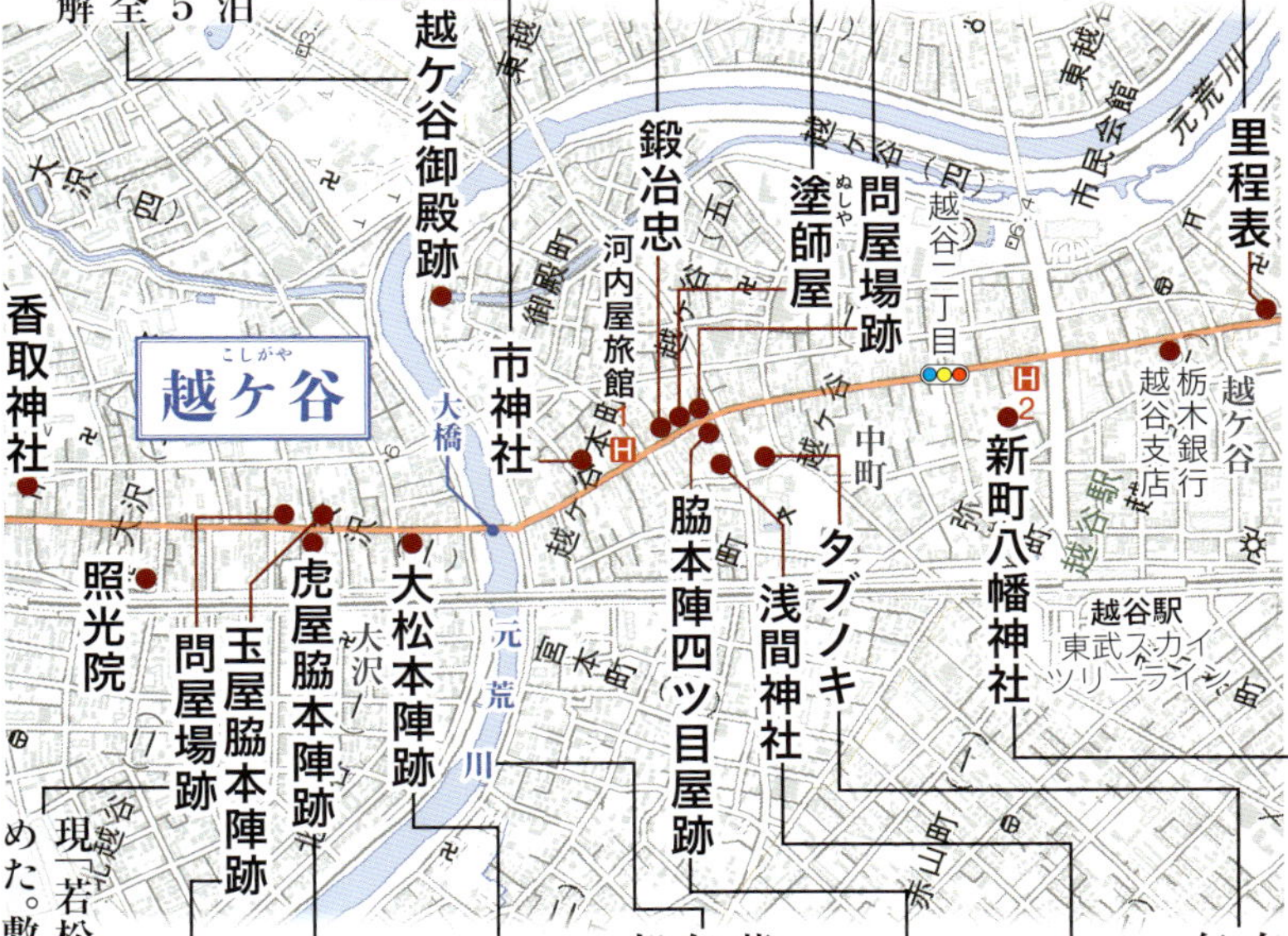

有瀧家の黒板塀内。樹齢四百年以上で市指定天然記念物

懸仏は市指定有形文化財工芸品。境内のケヤキは樹齢六百年で市指定天然記念物

現「木下半助商店」。浜野家が勤めた

荒川の本流であった。明暦元年（１６５５）高欄付の板橋が架橋され「境板橋」と呼ばれた

現「きどころパン」、「大松屋福井権右衛門」跡。福井家が勤め問屋名主を兼ねた

現「三枡屋」辺りで、山崎次兵衛が勤めた

現「深野造園」、深野彦右衛門が勤めた

現「若松屋印刷」。江沢太郎兵衛が勤めた。敷地奥に鬼瓦等を残している

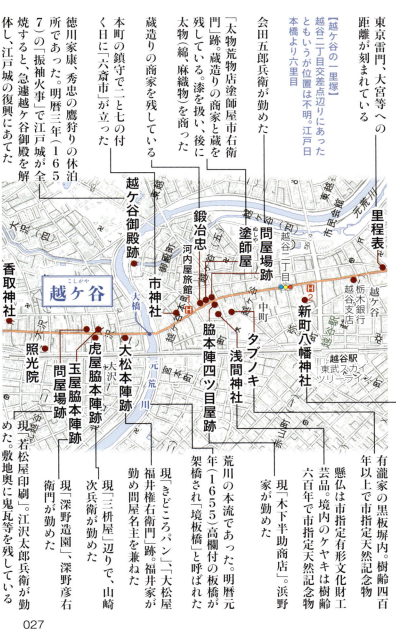

大沢の総鎮守。慶応二年（1866）建立の奥殿外壁には紺屋の作業風景が精巧に彫刻されている。越ケ谷は染物業が盛んであった

【越ケ谷由来】
武蔵野台地の麓（腰）にあたる低地（谷）から「腰谷」となり、転訛し「越ケ谷」となった

曹洞宗。享保五年（1720）の創建。門前の大乗妙典一千部供養塔は元文五年（1740）の建立。境内の出世大黒天は嘉永元年（1848）の造立

【大林村】
桃の産地であった

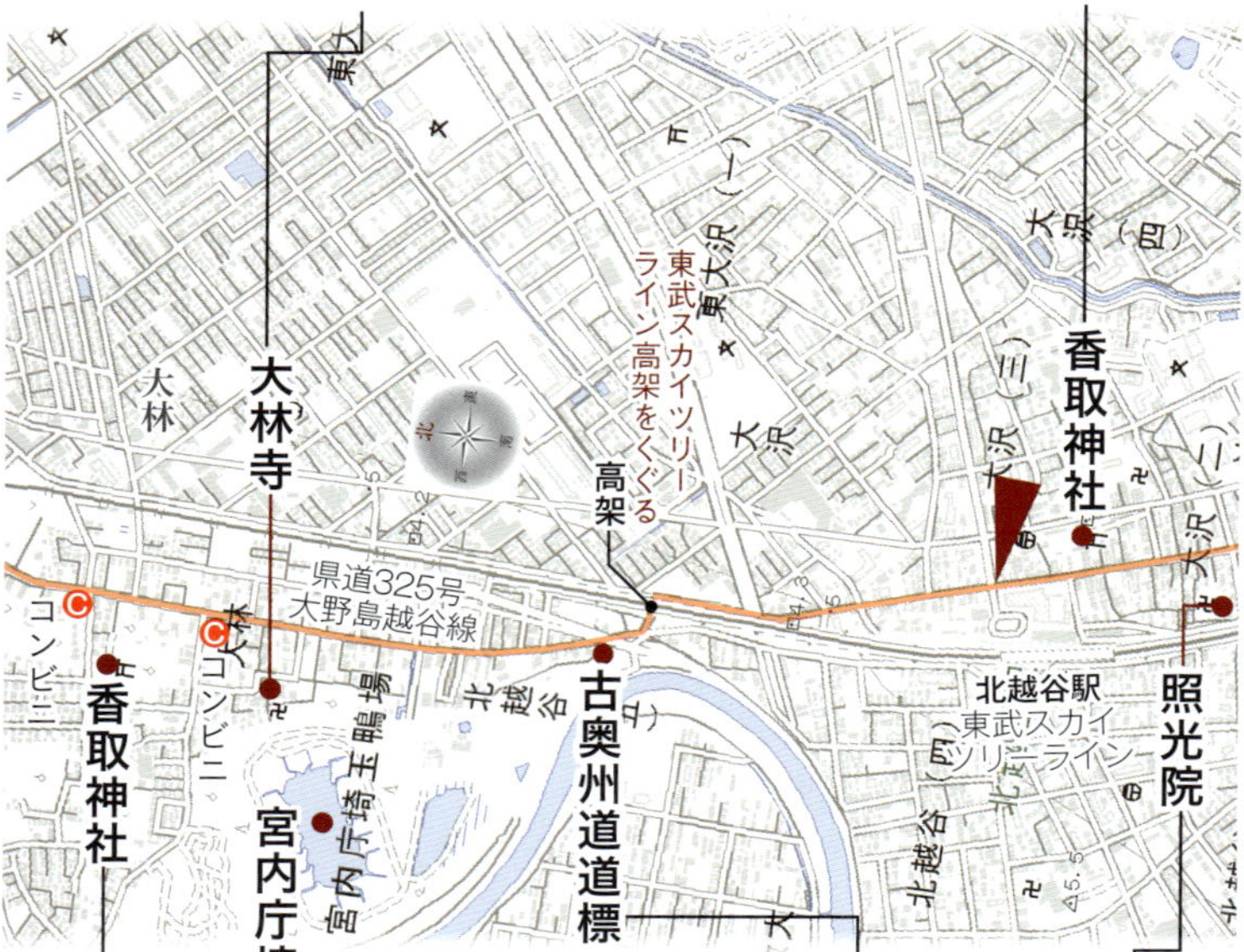

真言宗。梵鐘は安永八年（1779）の鋳造。明治十年（1877）大沢小学校が開校された

青面金剛庚申塔は道標を兼ね「右じおんじ　のじま道」と刻まれている

鴨の飛来が少なくなった東京浜離宮の代替として明治三十七年（1904）皇室用の遊猟場として建設された。約11万7000㎡の敷地の中に約1万2000㎡の鴨池がある

大林村の鎮守。境内には青面金剛像庚申塔、猿田彦大神庚申塔、猿田毘古大神庚申塔等がある

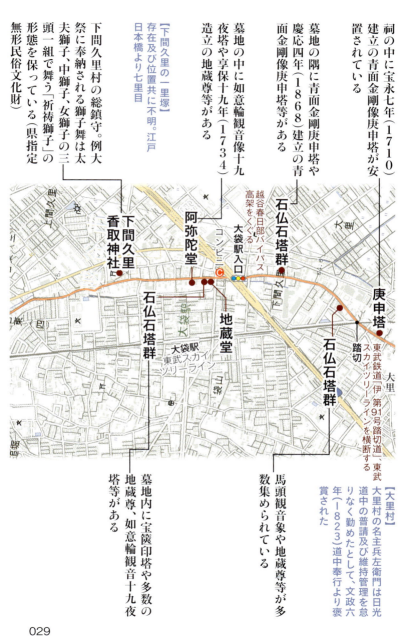

祠の中に宝永七年(1710)建立の青面金剛像庚申塔が安置されている

墓地の隅に青面金剛庚申塔や慶応四年(1868)建立の青面金剛像庚申塔等がある

墓地の中に如意輪観音像十九夜塔や享保十九年(1734)造立の地蔵尊等がある

【下間久里の一里塚】存在及び位置共に不明。江戸日本橋より七里目

下間久里村の総鎮守。例大祭に奉納される獅子舞は太夫獅子、中獅子、女獅子の三頭一組で舞う「祈祷獅子」の形態を保っている(県指定無形民俗文化財)

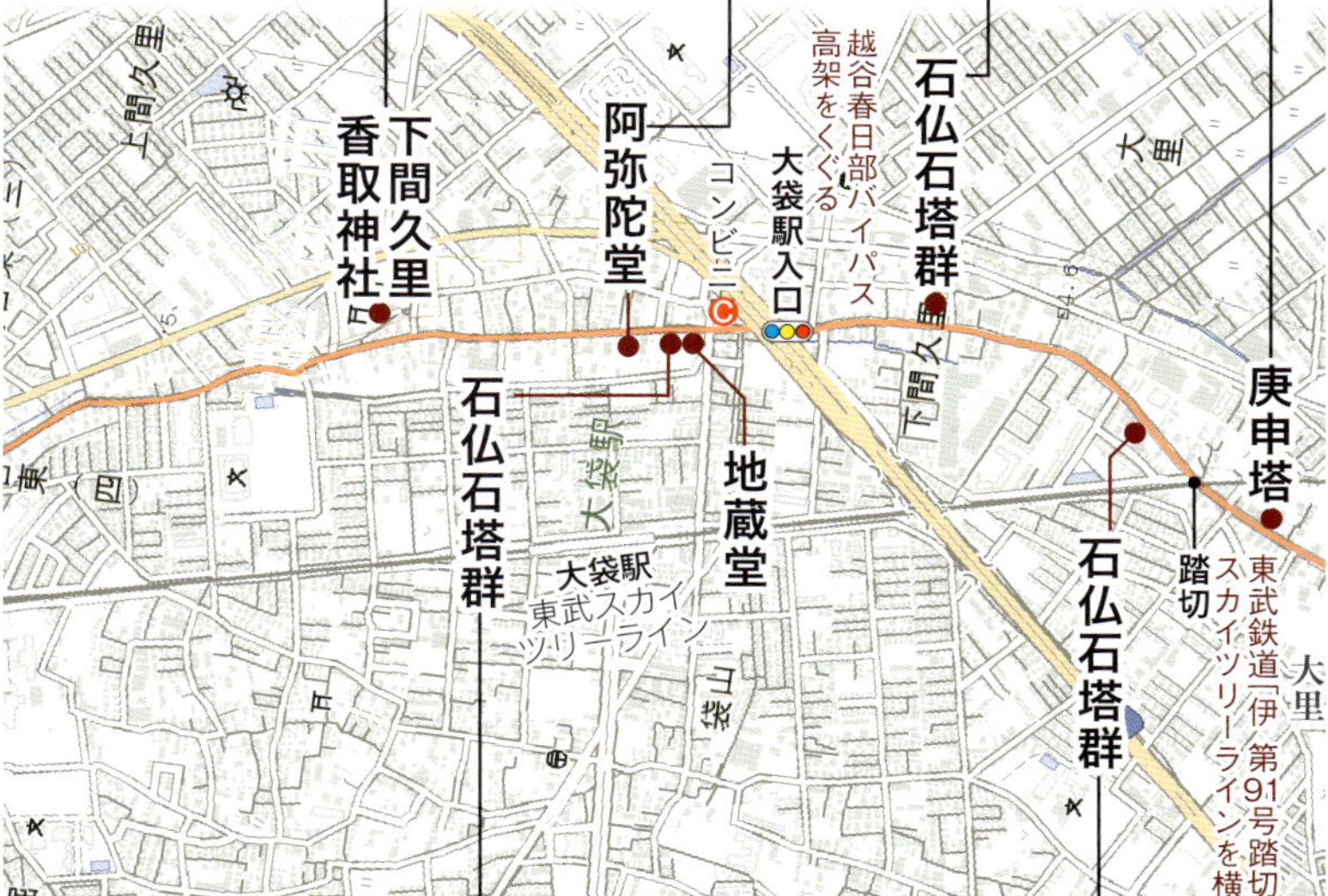

庚申塔
踏切
石仏石塔群
大里
大里
下間久里
石仏石塔群
越谷春日部バイパス高架をくぐる
大袋駅入口
コンビニ
阿弥陀堂
下間久里香取神社
上間久里
石仏石塔群
地蔵堂
大袋駅
大袋駅
東武スカイツリーライン
袋山
東武鉄道「伊 第91号踏切道」、東武スカイツリーラインを横断する

【大里村】大里村の名主兵左衛門は日光道中の普請及び維持管理を怠りなく勤めたとして、文政六年(1823)道中奉行より褒賞された

馬頭観音象や地蔵尊等が多数集められている

墓地内に宝篋印塔や多数の地蔵尊、如意輪観音十九夜塔等がある

元は千間堀と呼ばれた。埼玉県越谷市と春日部市の境

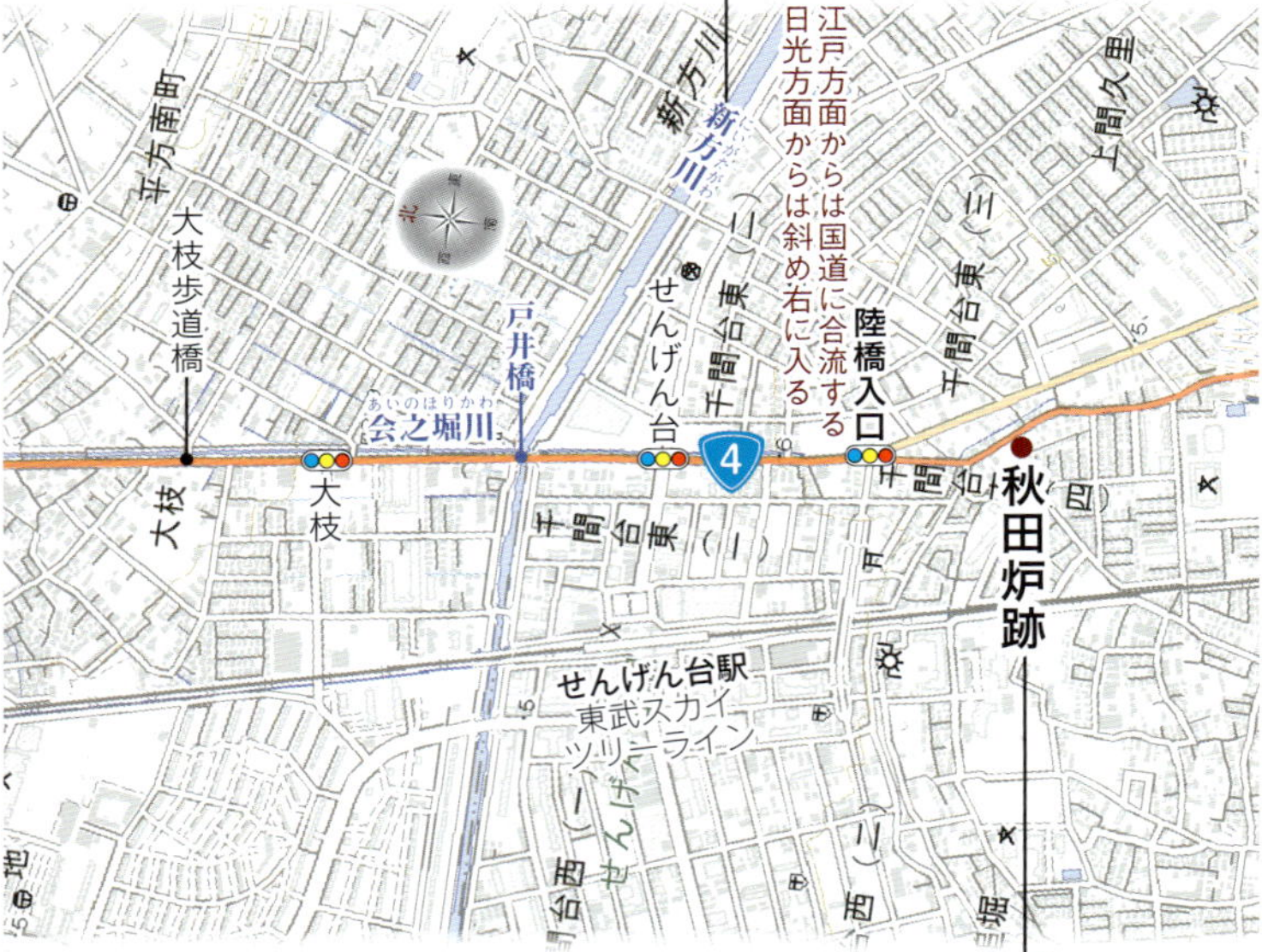
平方南町
大枝歩道橋
大枝
大枝
会之堀川《あいのほりかわ》
戸井橋
新方川《にいがたがわ》
新方川
江戸方面からは国道に合流する
日光方面からは斜め右に入る
せんげん台
千間台東(二)
陸橋入口
千間台東(三)
上間久里
千間台東(四)
千間台東(一)
4
秋田炉跡
せんげん台駅
東武スカイツリーライン
千間台西(二)
0
250
500m

この辺りは「間久里の立場」で八軒の茶屋が軒を連ねていた。中でも「秋田屋」(松が聳える上原家)には参勤の秋田藩佐竹侯が必ず立ち寄り名物の「鰻蒲焼」に舌鼓を打った。秋田屋には藩主専用の座敷「秋田炉《しゅうでんろ》」があった

大枝村の鎮守。五穀豊穣の神として崇められている

元は雷電社と称していたが明治初年に現在の社号に改めた。境内には富士浅間宮大権現を祀る富士塚がある

浄土宗。境内には享保六年（1721）造立の三界萬霊地蔵尊や「生信忍譽」と刻まれ「金精様」と呼ばれる男石がある。子宝に恵まれない婦人がこの石に腰掛けると授かるという

利根川の本流であったが、江戸時代初期、東遷事業により江戸湾から鹿島灘に注ぐ河川に付け替えられた。「大落《おおおとし》」とは農業排水を落と（流）すとの意

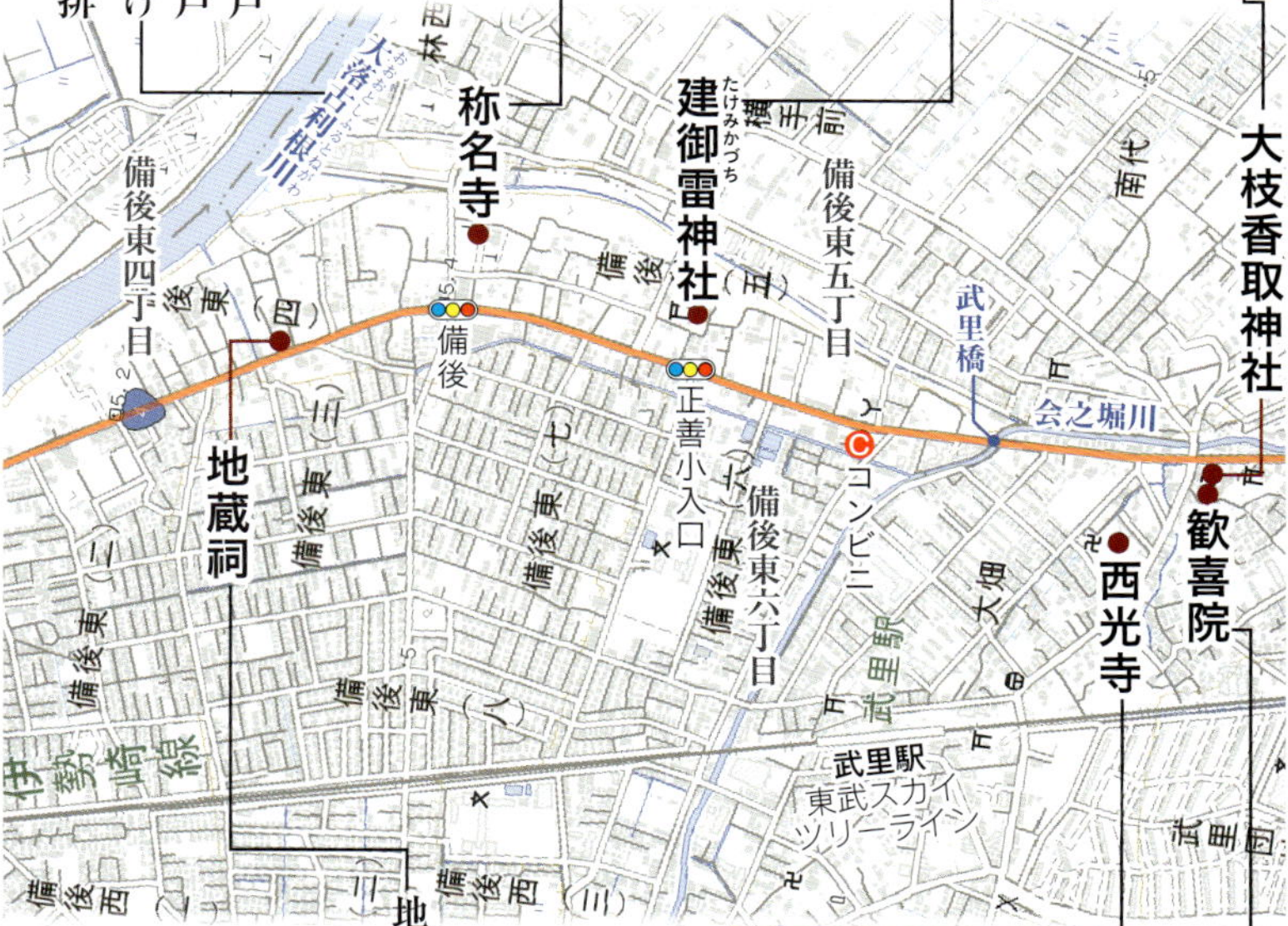

真言宗豊山派。「武里観音」として広く知られている

【大畑村】
鎮守香取社の祭礼は村の若者達が笛や太鼓で「やったりやったり」と踊るところから「やったり踊り」といわれる

浄土宗大畠山。参道口に地蔵尊や天保六年（1835）建立の庚申塔があり、境内には宝暦四年（1754）建立の普門品供養塔がある

地蔵立像二体が安置されている

【備後由来】
弘法大師が備後國（広島県）から観音像を移す際に行方不明となったが、この辺りで見つかったところから当地を「備後」と命名した

越ケ谷
二里三十町 10.0km

粕壁

一里二十一町 6.6km
杉戸

エリア＝埼玉県春日部市粕壁東二丁目
最寄り駅＝東武スカイツリーライン・東武野田線 春日部駅

【粕壁宿】

粕壁宿は古利根川の舟運により江戸と結ばれ、諸物資の集散地として栄え、毎月四と九の付く日に「六斎市」が立ち大いに賑わった。天保十四年（1843）の日光道中宿村大概帳によると粕壁宿の宿内家数は七百七十三軒、うち本陣一、脇本陣一、旅籠四十五軒で宿内人口は三千七百一人（男千七百九十一人、女千九百十人）であった

「史跡備後一里塚跡」碑がある。江戸日本橋より八里目

「三蔵渡し」と呼ばれる渡船場があった。昭和八年（1933）有料の木橋が架けられ「賃とり橋」と呼ばれた

備後の一里塚跡
善巧寺《ぜんぎょうじ》
藤塚橋
一の割駅入口
緑町６丁目
緑町
緑中前
コンビニ
緑町
藤塚橋
備後（北）
一ノ割駅
東武スカイツリーライン
東武伊勢崎線
4
0
250
500m

浄土真宗本願寺派。境内には親鸞聖人旅姿の像がある。聖人は平安末期の承安三年（1173）京に生まれ、九歳で仏門に入り比叡山で修行し、法然上人の弟子となり、後に浄土真宗の宗祖となった

【宿泊】
H1：ホテルカスカベ☎048・761・3411
H2：やまや新館 ☎048・734・1211

粕壁宿の市神として信仰され牛頭天王社と呼ばれた。境内には文政二年（1819）建立の猿田彦大神塔等がある

伝芭蕉宿泊の寺碑「廿七日夜カスカベニ泊ル江戸ヨリ九里余」がある

粕壁宿の鎮守。新田義貞の鎌倉攻めに功があった春日部時賢《ときかた》が鎌倉鶴岡八幡宮を勧請したもの。境内の大ケヤキは御神木で樹齢約六百年

神社前には下喜蔵河岸《しもきぞうかし》があった。境内のイヌグスは樹齢六百年

標柱がある。宝暦四年（1754）まで名主関根助右衛門が勤めた

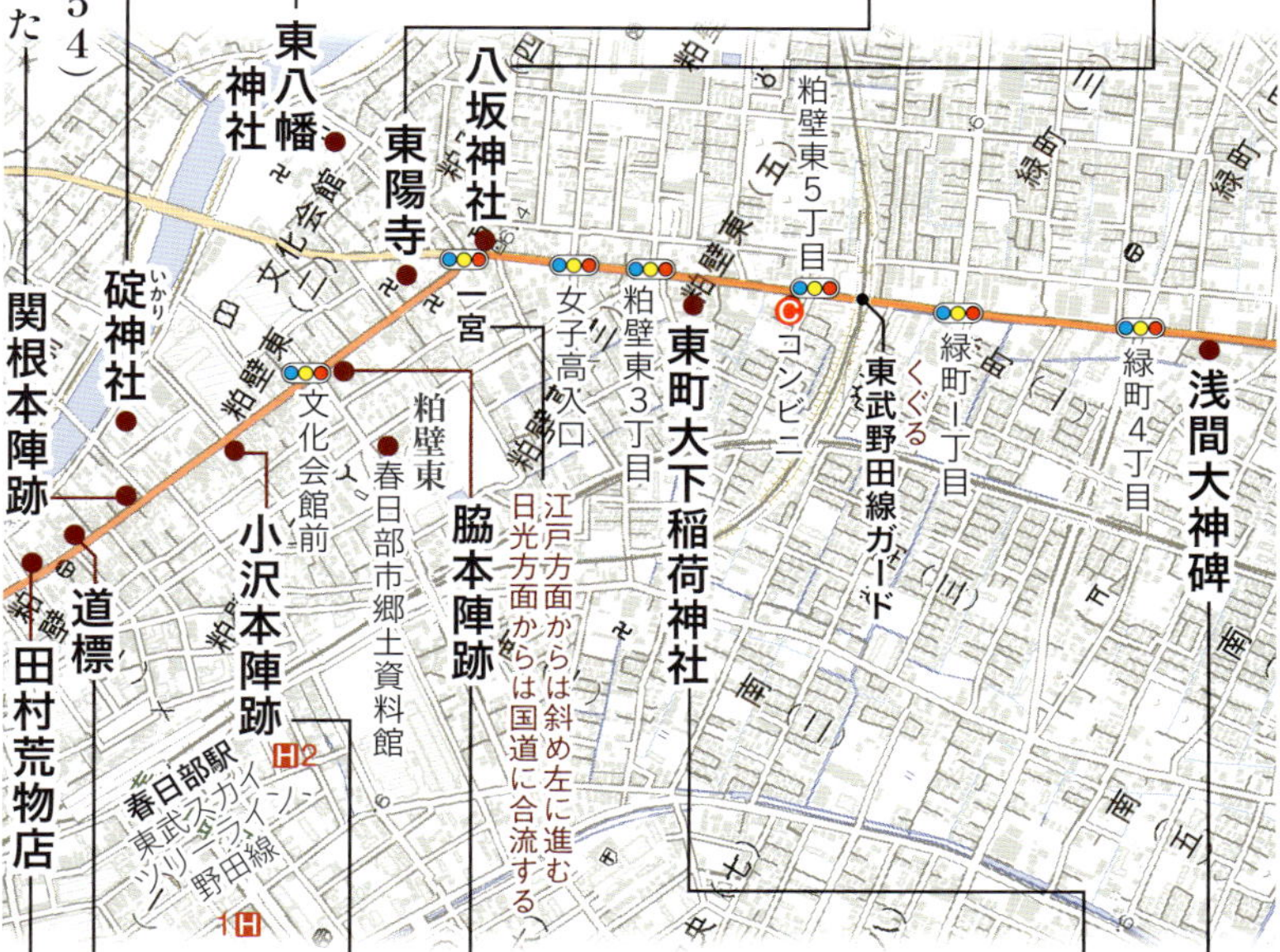

八坂神社
東陽寺
東八幡神社
碇《いかり》神社
関根本陣跡
道標
田村荒物店
小沢本陣跡
脇本陣跡
東町大下稲荷神社
浅間大神碑
粕壁東5丁目
コンビニ
東武野田線ガード
くぐる
緑町一丁目
緑町4丁目
女子高入口
粕壁東3丁目
一宮
文化会館前
文化会館
粕壁東
春日部市郷土資料館
江戸方面からは斜め左に進む
日光方面からは国道に合流する
春日部駅
東武スカイツリーライン
野田線
緑町

明治三十一年（1898）の建碑

境内には庚申塔等がある

「御本陣高砂屋彦右衛門」跡の標柱がある。幕末本陣となり明治天皇昼食所となった

現「群馬銀行」辺り。文化六年（1809）から嘉永二年（1849）まで本陣を勤めた

天保五年（1834）建立の道標「西南いハつき（岩槻）北日光 東江戸右之方陸羽みち」がある

裏に豪壮な家屋と蔵を残している

標柱がある。文政九年（1826）三枚橋に移転した

戦前まで浜島家が米穀商を営んでいた。明治時代前期築の土蔵（国登録有形文化財）を残している

元旦の歳旦祭には千貫神輿の渡御が行われる。御神燈は文政十年（1827）の建立

永禄元年（1558）の創建。境内には寛政四年（1792）建立の青面金剛庚申塔がある

「史蹟小渕一里塚跡」碑がある。江戸日本橋より九里目。傍らに天保三年（1832）建立の庚申塔がある

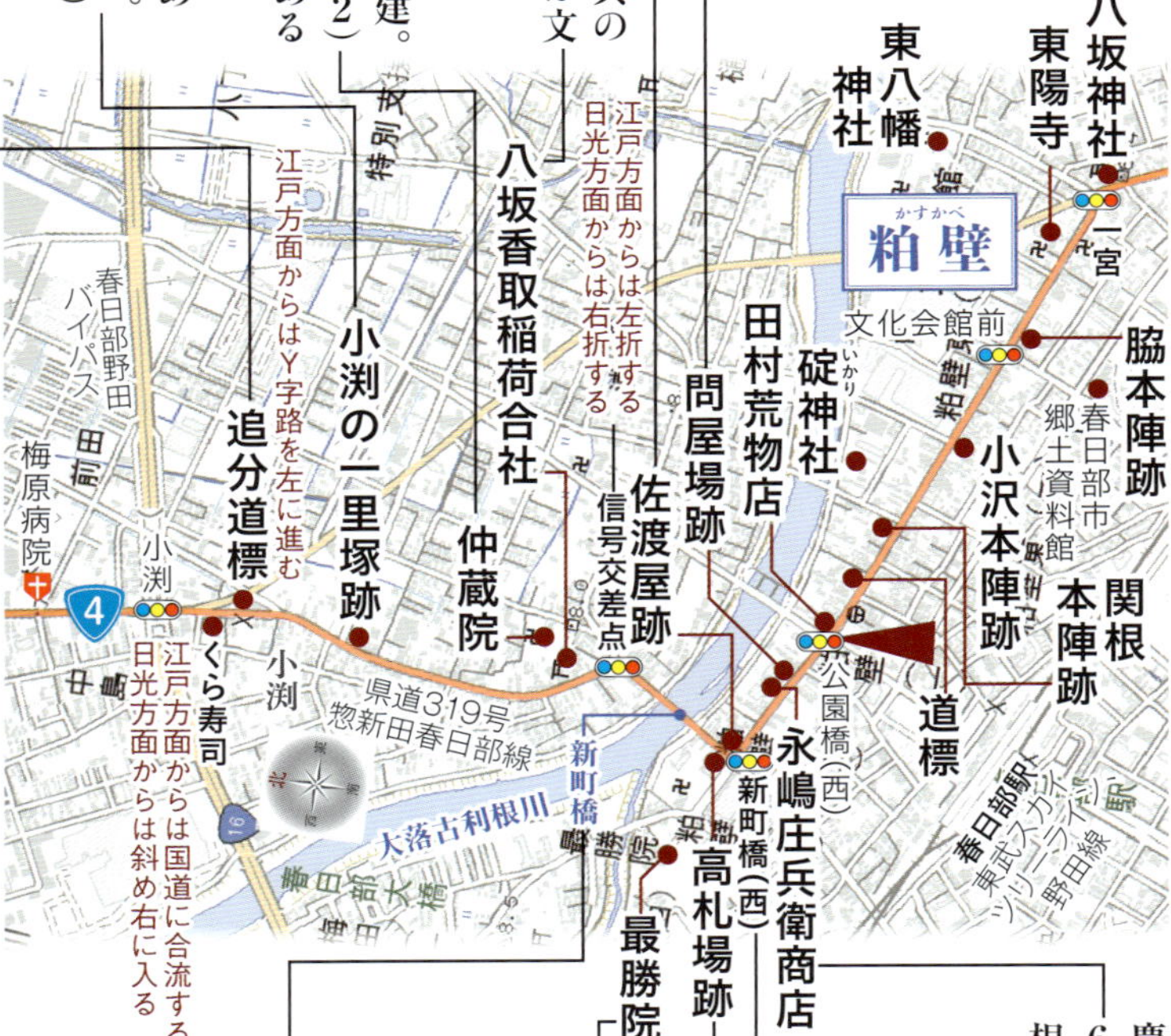

慶長年間（1596～1615）創業の米問屋。屋根に鍾馗像をのせている

江戸方面からは右折する
日光方面からは左折する

標柱がある

日光東照宮に移葬される三代将軍家光の亡骸が仮安置された。境内には「春日部」の地名由来となった春日部重行公の「墳塚」がある

長さ六間、幅三間の板橋で高欄付であった。上流には上喜蔵河岸《かみきぞうかし》があった

0　250　500m

関宿往還追分。宝暦四年（1754）建立の道標「青面金剛、左日光道」、宝永六年（1709）建立の道標「左方あふしう（奥州）道、右方せきやと道」がある

春日部市と杉戸町の境で、「北緯36度線地球儀」モニュメントがある

【杉戸由来】日本武尊が東征の折に杉の茂る湊に上陸。これを「杉門」と呼び、転訛して「杉戸」となった

境内には寛政六年（1794）建立の青面金剛像庚申塔等がある

江戸方面からは歩道橋手前を斜め左に入る
日光方面からは国道に合流する

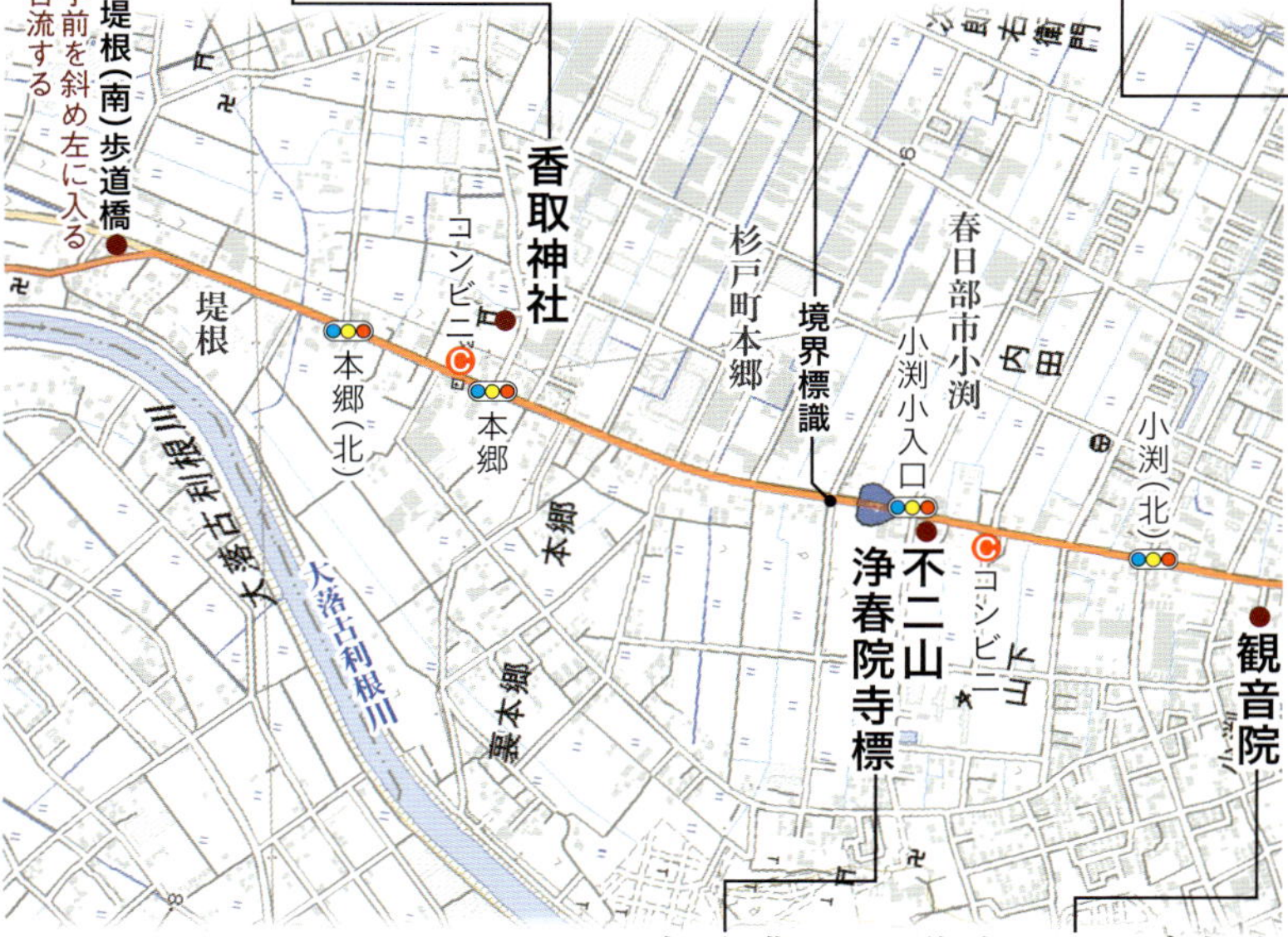

堤根(南)歩道橋
香取神社
堤根
本郷(北)
コンビニ
本郷
杉戸町本郷
境界標識
春日部市小渕
小渕小入口
内田
小渕(北)
コンビニ
不二山浄春院寺標
観音院
大落古利根川
本郷
裏本郷
山下

本尊の聖観音は「こぶとり観音」とも呼ばれイボ、コブ、アザにご利益がある。楼門（仁王門）は市指定有形文化財。境内には芭蕉句碑「毛《も》のいへば唇寒し秋の風」がある。「奥の細道」紀行の芭蕉は当寺に宿泊したともいう

曹洞宗。開基は一色《いっしき》宮内大輔《くないだいすけ》公保で幕府から寺領十石の御朱印を拝領した

【小渕村】当初は幕府領、元禄十二年（1699）より一部が旗本酒井氏の知行地となった。小渕には古利根川と冬の季節風で出来た河畔砂丘がある

粕壁

6.6km 一里二十一町

杉戸

5.8km 一里二十五町

幸手

エリア＝埼玉県北葛飾郡杉戸町杉戸二丁目
最寄り駅＝東武スカイツリーライン 東武動物公園駅

【杉戸宿】元和二年（1616）近郊の郷村を集めて宿場を創設した。五と十の付く日に「六斎市」が立ち、近郷商圏の中心地となった。天保十四年（1843）の日光道中宿村大概帳によると杉戸宿の宿内家数は三百六十五軒、うち本陣一、脇本陣二、旅籠四十六軒で宿内人口は千六百六十三人（男七百八十九人、女八百七十四人）であった

真言宗智山派日照山。慶安二年（1649）の中興で本尊は伝教大師作の馬頭観世音菩薩像。境内には文永七年（1270）建立の板石塔婆や元文五年（1740）建立の青面金剛像庚申塔がある。明治の世になると新知学校となった

高野家が立場茶屋を営んだ、什器類が残されている

江戸方面からは歩道橋手前を斜め左に入る
日光方面からは国道に合流する
0
250
500m

曹洞宗で本尊は阿弥陀如来。街道沿いに道標を兼ねた庚申塔「左日光」「右江戸」がある。天明四年（1784）堤根の村民四十二人が建立したもの

【堤根村】当初幕府領、天保七年（1836）以降は旗本平岡氏の知行地となった。杉戸宿の助郷村であった

鹿島神宮からの勧請。武神であるところから武家の崇敬が篤かった

【清地村】当初幕府領、元禄十一年（1698）以降は旗本酒井、三宅、高田、能勢氏の知行地となった。杉戸宿の助郷村であった

民家の生垣の中に案内板がある。北塚は堤根村地内、南塚は清地村地内で塚木は共に榎であった。江戸日本橋より十里目

三本木の鎮守。境内の手水石は文政二年（1819）の建立

旧屋号「豊島屋」。創業文政五年（1822）銘酒「杉戸宿」の蔵元

本尊の不動明王像は運慶作と伝わり、奥州藤原氏三代の守護仏であった

貞享元年（1684）の創建で清地村の鎮守。見事な彫刻が施された社殿は平成十三年（2001）に焼失してしまった。境内には元治元年（1864）建立の「見返り狛犬」がある

杉戸宿新町北側の鎮守であった

杉戸宿問屋場跡で裏には伊奈稲荷神社が祀られている

現「埼玉縣信用金庫」。小左衛門は杉戸宿最後の名主を勤めた

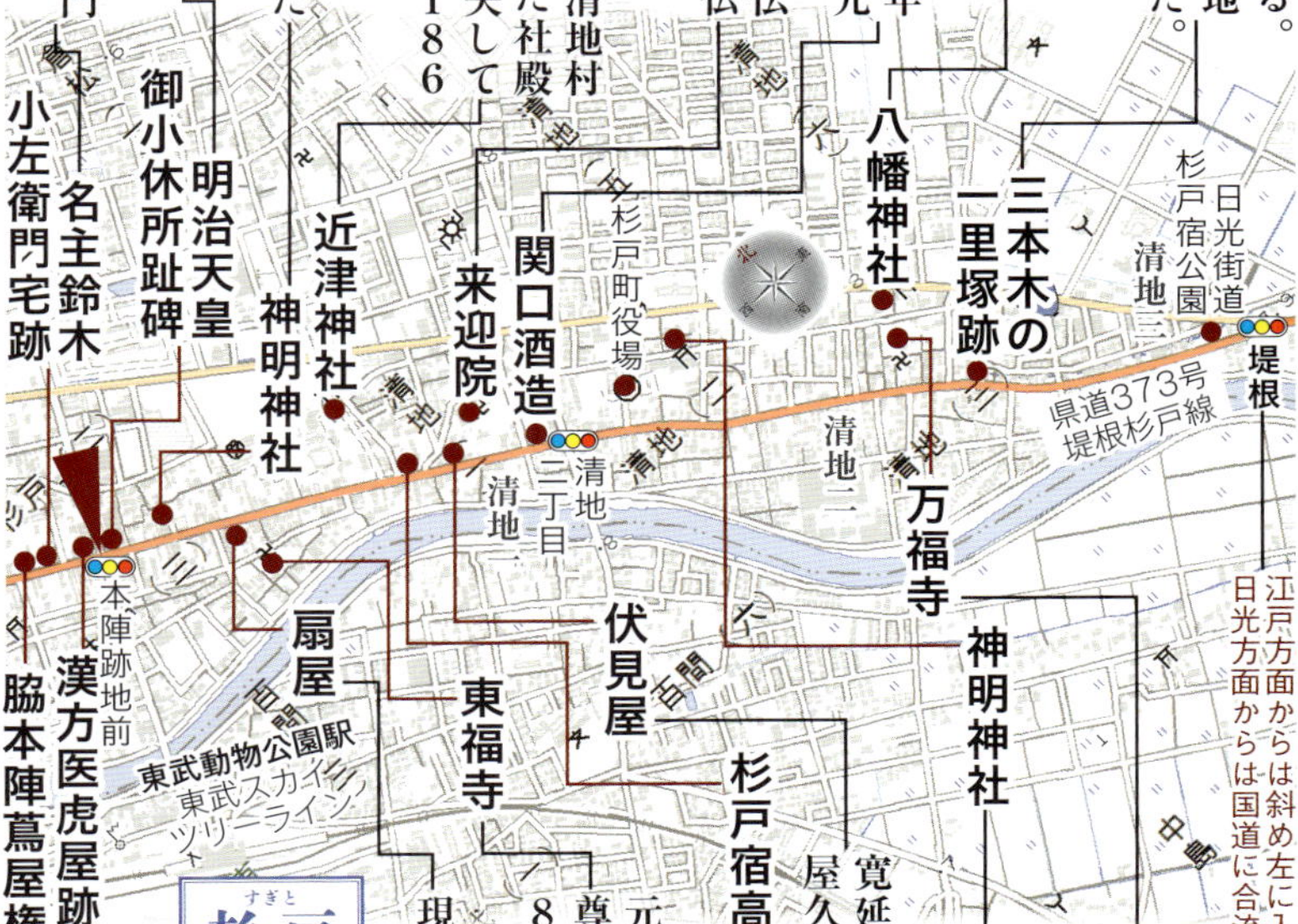

三本木の一里塚跡
八幡神社
関口酒造
来迎院
近津神社
神明神社
明治天皇御小休所趾碑
名主鈴木小左衛門宅跡
日光街道
杉戸宿公園
清地三
堤根
県道373号
堤根杉戸線
杉戸町役場
清地二
清地二丁目
清地
万福寺
神明神社
伏見屋
杉戸宿高札場
東福寺
扇屋
本陣跡地前
漢方医虎屋跡
脇本陣蔦屋権左衛門跡
東武動物公園駅
東武スカイツリーライン
杉戸《すぎと》
江戸方面からは斜め左に入る
日光方面からは国道に合流する

境内には六地蔵がある。明治になると本堂は清地学校の仮校舎となった

境内には「天神神社」が祀られている

寛延元年（1748）創業の「伏見屋久五郎」跡。造り酒屋であった

杉戸宿高札場——復元されている

元和九年（1623）の創建で本尊は不動明王。明治二十二年（1889）杉戸町役場となった

現洋品生地店。旧旅籠「扇屋」跡

現「とらや薬局」。「五《ご》疳《かん》之《の》薬《くすり》 虎屋長蔵」跡

現「マツモト金物」建坪九十四坪で門構えは無かった

本陣門や古文書、関札等を残している。建坪百六十六坪であった

現「松本屋」。建坪八十七坪で杉戸宿旅籠組合の惣代を勤めた

米穀店であった。小島定右衛門邸で商家と蔵を残している

豪壮な家屋と蔵を残している。質屋業を営み、多数の小作人を抱えていた

境内に文政十年（1827）建立の手水石や享保五年（1720）建立の笠付青面金剛像庚申塔等がある

【下高野村】当初幕府領、元禄十一年（1698）以降は旗本天野、前島、青沼三氏の知行地となった。杉戸宿の助郷村であった

漢方医虎屋跡
名主鈴木小左衛門宅跡
脇本陣蔦屋権左衛門跡
長瀬本陣跡
脇本陣酒屋伝右衛門跡
角穀屋《かどこくや》跡
渡辺勘左衛門邸
八幡神社
新与左衛門橋
江戸方面からは国道に合流する
日光方面からは斜め右の県道に入る
HONDA
下高野
東京インテリア家具
大膳堀
県道373号
堤根杉戸線
杉戸一丁目
宝性院
道標
伊勢屋長兵衛跡
愛宕神社
本陣跡地前
0
250
500m

杉戸宿の鎮守。社殿脇には文政十三年（1830）建立の聖徳太子碑等がある

現「小林質店」、造り酒屋であった

大正四年（1915）の建立「久喜方面」「幸手方面」と刻まれている

元禄三年（1690）幸手城主一色宮内大輔義直は不動堂に妻の追福菩提「安産不動明王」を安置した。山門脇に延宝八年（1680）建立の青面金剛像庚申塔や享保十年（1725）建立の笠付青面金剛像庚申塔等があり、境内には文化七年（1810）建立の「日光道中」と刻まれた馬頭観音像等がある

【カスリーン台風】宝性院から日光方面にかけての電柱に「青いテープ」が貼られている。これは昭和二十二年（1947）のカスリーン台風で利根川の堤防が決壊し、一帯に浸水した水位を示している

心学者大島有隣《うりん》が天明五年（1785）に創建した学舎で村民に心学（神道、仏教、儒教の教えを日常生活に合わせた倫理）を教授した。敷地内の稲荷社は戦国時代末期に有隣の祖大島右京亮《うきょうのすけ》がこの地に土着した際に鎮守社としたもの。下高野村の鎮守であった

【茨島《ばらじま》村】当初幕府領、元禄八年（1695）以降は旗本大久保氏の知行地となった。杉戸宿の助郷村であった

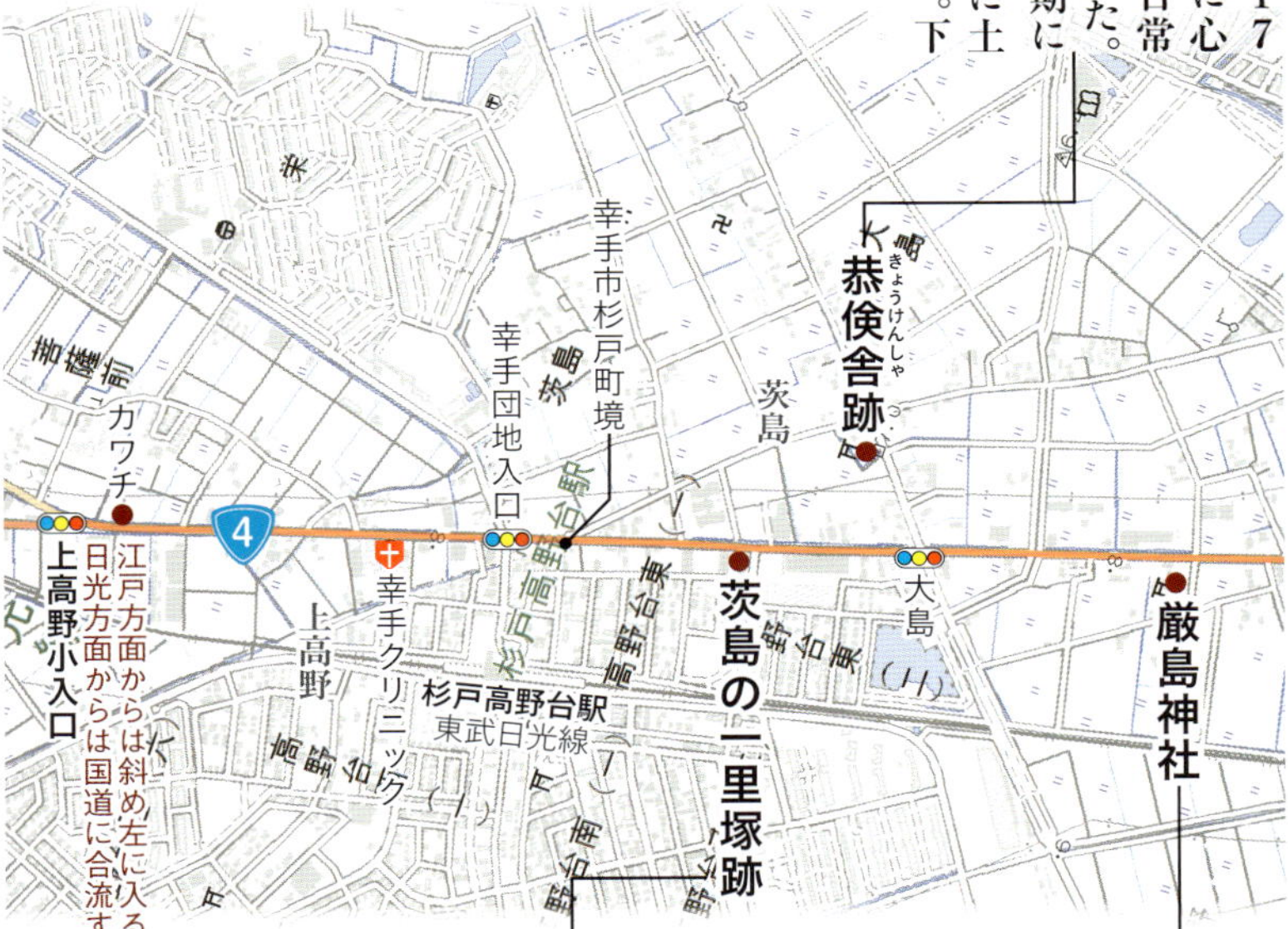

境内には天満宮や文政五年（1822）建立の庚申塔等がある

「山田うどん」の駐車場内に案内板がある。茨島村地内で塚木は榎であった。江戸日本橋より十一里目

【上高野村】当初幕府領、文政十一年（1828）以降は旗本土岐氏の知行地となった。幸手宿の助郷村であった

杉戸

5.8km 一里二十五町

幸手

8.3km 二里三町

栗橋

エリア＝埼玉県幸手市中一丁目
最寄り駅＝東武日光線 幸手駅

【幸手宿】

幸手宿は日光御成道、筑波道の要衝を控え、権現堂河岸には江戸舟運の廻船問屋が軒を連ね賑わった。天保十四年（1843）の日光道中宿村大概帳によると幸手宿の宿内家数は九百六十二軒、うち本陣一、旅籠二十七軒で宿内人口は三千九百三十七人であった

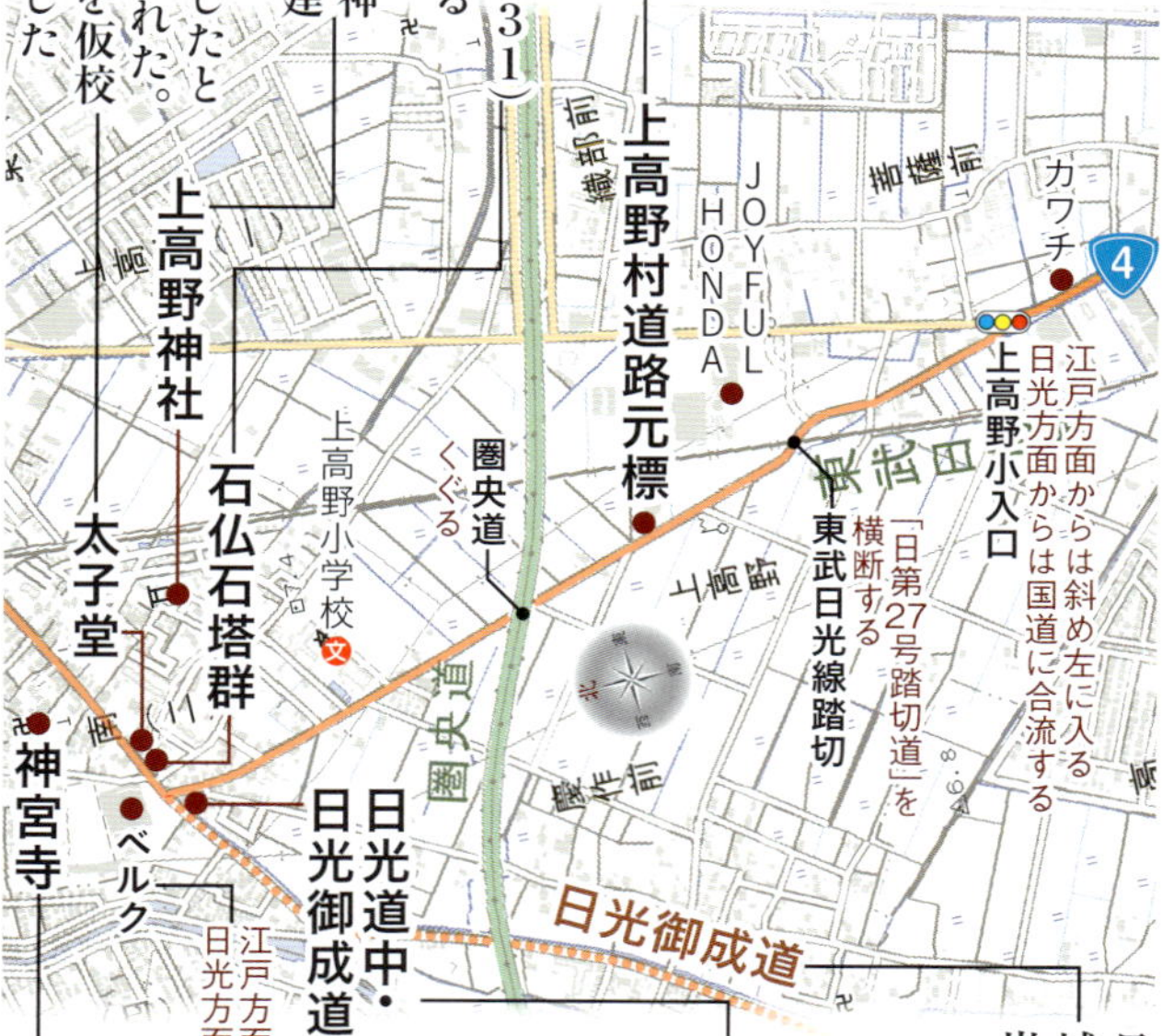
カワチ
4
JOYFUL HONDA
上高野小学校
圏央道くぐる
圏央道
ベルク
日光御成道

上高野村道路元標
幸手市南公民館前にある。元は日光御成道沿いにあった

石仏石塔群
地蔵尊、無縁塔、天保二年（1831）建立の馬頭観音等が並んでいる

上高野神社
上高野村の鎮守。境内の八坂神社は慶長五年（1600）の創建

太子堂
聖徳太子は渡来の仏教を布教したところから「仏教の父」とも呼ばれた。明治十一年（1878）太子堂を仮校舎として上高野小学校が開校した

神宮寺
源頼朝は奥州征伐の途次に戦勝を祈願した

上高野小入口
江戸方面からは斜め左に入る
日光方面からは国道に合流する

東武日光線踏切
「日第27号踏切道」を横断する

日光道中・日光御成道合流点
案内板がある。日光御成道は中山道本郷追分から川口、鳩ケ谷、岩槻を経て、日光道中の幸手に至る。家光の代に整備され、以降歴代将軍の日光社参道となった

江戸方面からは突当りを右折する
日光方面からは左折する

日光御成道
日光社参の将軍は江戸城を出立すると初日は岩槻城を宿城とした

【宿泊】
H1：旅館あさよろず☎0480・42・0004

0 250 500m

長さ十九間、幅二間程の板橋で
幸手宿の江戸口(南口)であった

宝暦五年(1755)伊勢神宮
の分霊を祀った。境内には「螺《たにし》
不動」がある。螺を描いた絵馬
を奉納して祈願すれば眼病に
霊験あらたかという。参道口
には高札場があった

真宗本願寺派で本尊は源信(恵
信僧都)作の阿弥陀如来像

現ポケットパークに「問屋場跡」解説
がある。人足溜、馬小屋等があった

説明板がある。両塚共幸手
宿内で塚木は榎であった。
江戸日本橋より十二里目

創業文久年間(1861~6
4)銘菓「名物塩がま」の老舗

正福寺に移設された馬頭観
世音道標はここにあった

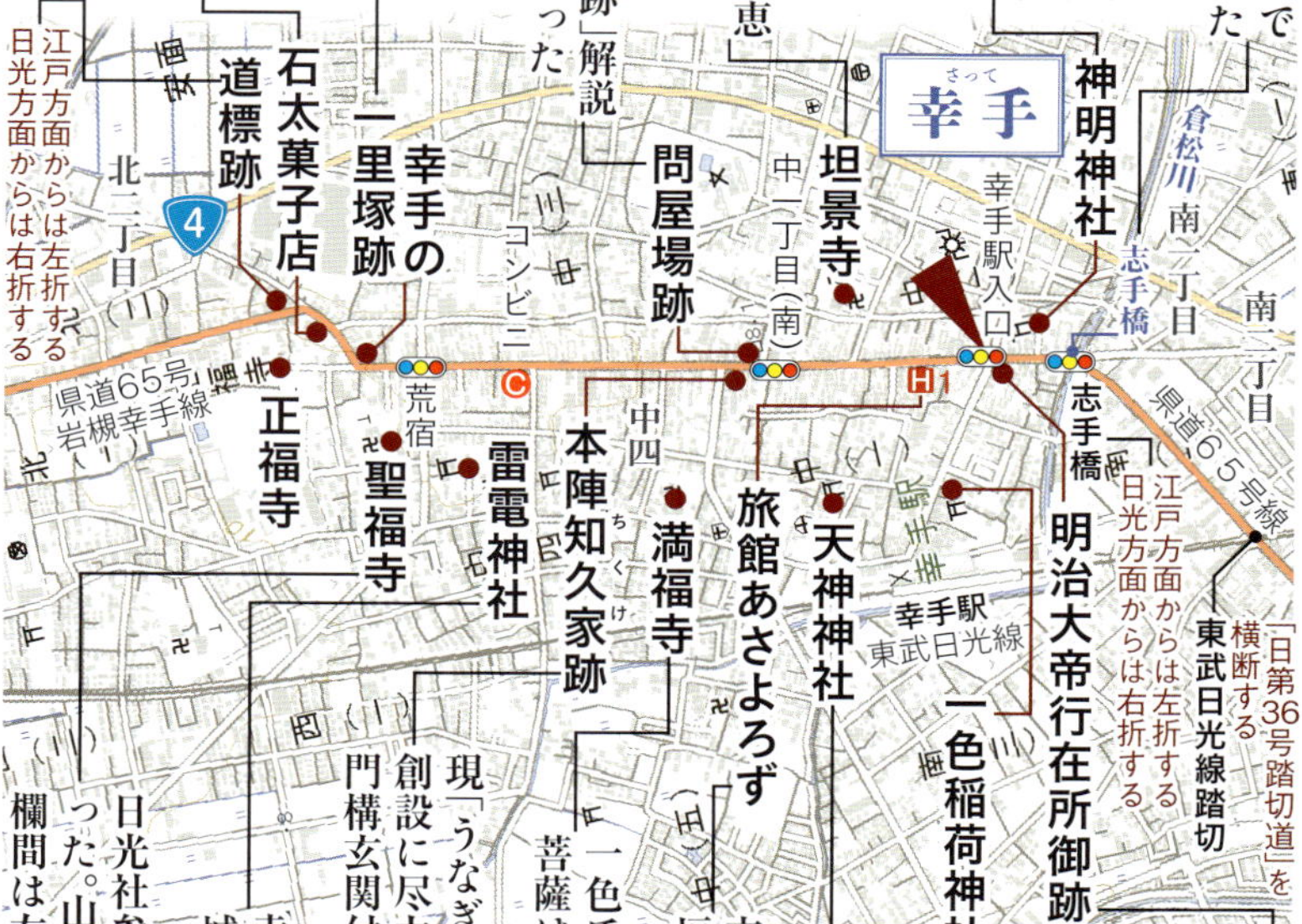

幸手《さって》
神明神社
倉松川
南一丁目
南二丁目
志手橋
幸手駅入口
坦景寺
中一丁目(南)
問屋場跡
幸手の一里塚跡
石太菓子店
道標跡
北二丁目
江戸方面からは左折する
日光方面からは右折する
県道65号
岩槻幸手線
コンビニ
荒宿
正福寺
聖福寺
雷電神社
中四
本陣知《ち》久《く》家《け》跡
満福寺
旅館あさよろず
天神神社
一色稲荷神社
幸手駅
東武日光線
明治大帝行在所御跡碑
志手橋
江戸方面からは左折する
日光方面からは右折する
県道65号線
東武日光線踏切
「日光第36号踏切道」を横断する

名主中村家に二度宿泊した

江戸時代初期まで幸手を
支配した一色氏の陣屋跡。
稲荷は一色氏の守護神で
陣屋稲荷と呼ばれた

祭神は菅原道真。一色氏館
の鬼門に位置し館の守護神
であった

文政二年(1819)の創業。板
垣退助や伊藤博文等が宿泊した

一色氏の開基。本尊の如意輪観世音
菩薩は安産子育てにご利益がある

現「うなぎ義語家」。初代帯刀は幸手宿の
創設に尽力し、代々問屋と名主を兼ねた。
門構玄関付で建坪百七十坪余であった

幸手宿の総鎮守。御神体は幸手
城主一色氏が奉納した雷神

日光社参の将軍や例幣使の休息所であ
った。山門は勅使門。本堂「将軍の間」の
欄間は左甚五郎作といわれる

【内国府間村《うちごうま》】幕府領、名主を代々世襲した山田氏は幸手城主一色氏の旧臣であったが、帰農し内国府間村を開いた。幸手宿の助郷村であった

江戸方面からは左折する
日光方面からは右折する

曹洞宗。元和六年（1620）の創建。本尊の薬師如来は「目くしゃれ（目腐れ）薬師」と呼ばれ目や歯の痛みにご利益がある。境内にある三猿が陽刻された庚申塔は延宝三年（1675）の建立で市内最古のもの

「明治天皇権現堂堤御野立所」碑がある。権現堂堤は江戸を洪水から守るために寛永十八年（1641）に築堤された。明治八年（1875）新権現堂堤が完成し同九年明治天皇奥州巡幸の際、ここに立寄ったところから「行幸堤」と呼ばれるようになった

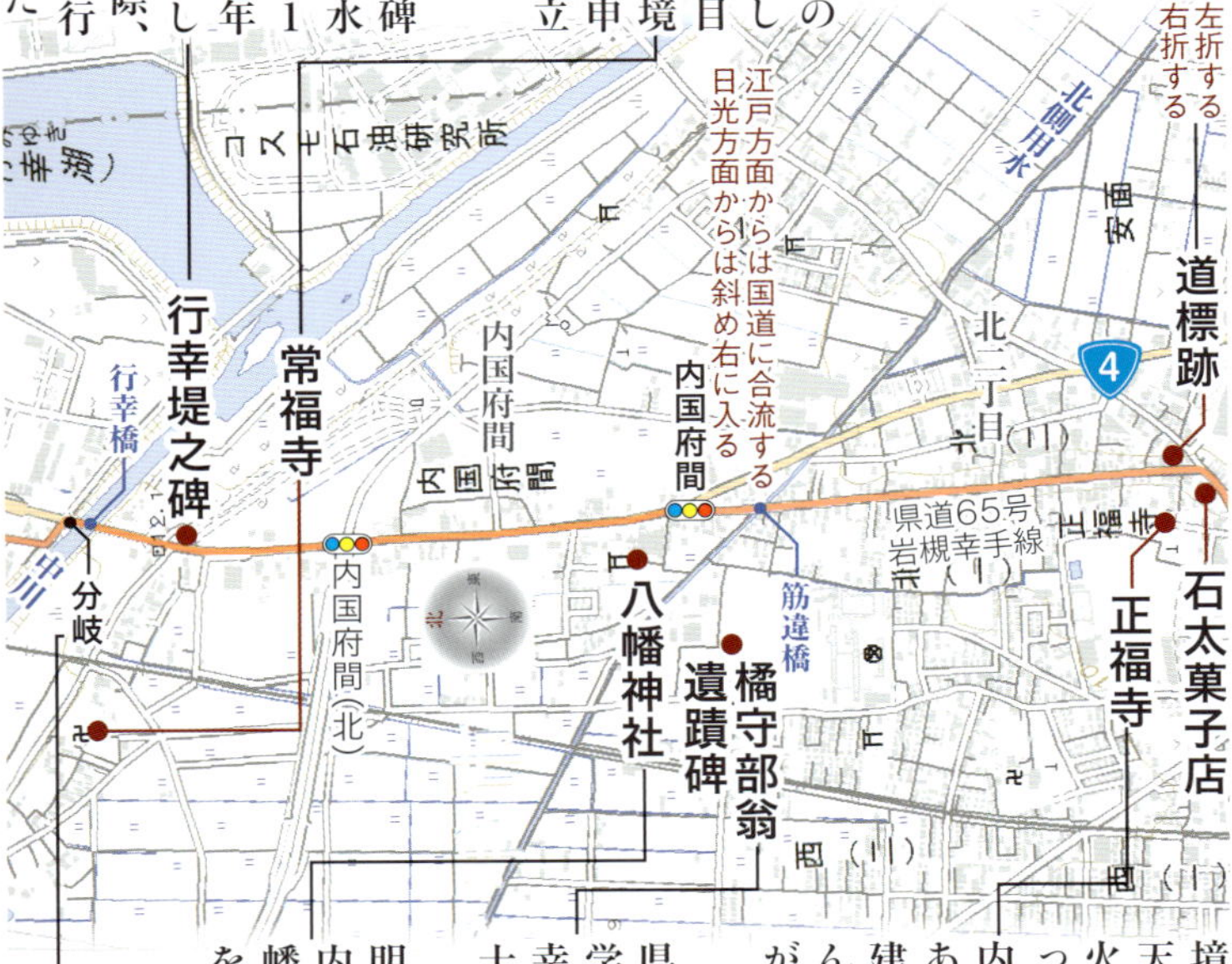

境内に「義賑窮餓之碑《ぎしんきゅうがのひ》」がある。天明三年（1783）浅間山噴火の降灰と冷害で大飢饉になった時に施粥が行われた。境内には権現堂河岸との追分にあった寛政十二年（1800）建立の馬頭観世音道標「右ごんげんどうがし　左日光道中」が移設されている

県立幸手桜高校校庭の隅。国学者の守部は二十九歳の時、幸手の田村家の娘と結婚し二十年間この地で過した

明応元年（1492）の創建で内国府間村の鎮守。騎乗の八幡大明神像と香取大明神座像を安置する合社

江戸方面からは行幸橋の渡り詰めを左折し、一本目を右折する
日光方面からは国道に合流し、行幸橋を渡る

0　250　500m

【高須賀《たかすか》村】
幕府領で幸手宿の助郷村であった

安永四年（1775）建立の道標には「左日光道」「右つくば道」「東かわつま前ばやし」と刻まれている。「かわつま」は現在の茨城県五霞《ごか》村字川妻、「前ばやし」は茨城県総和町前林のこと

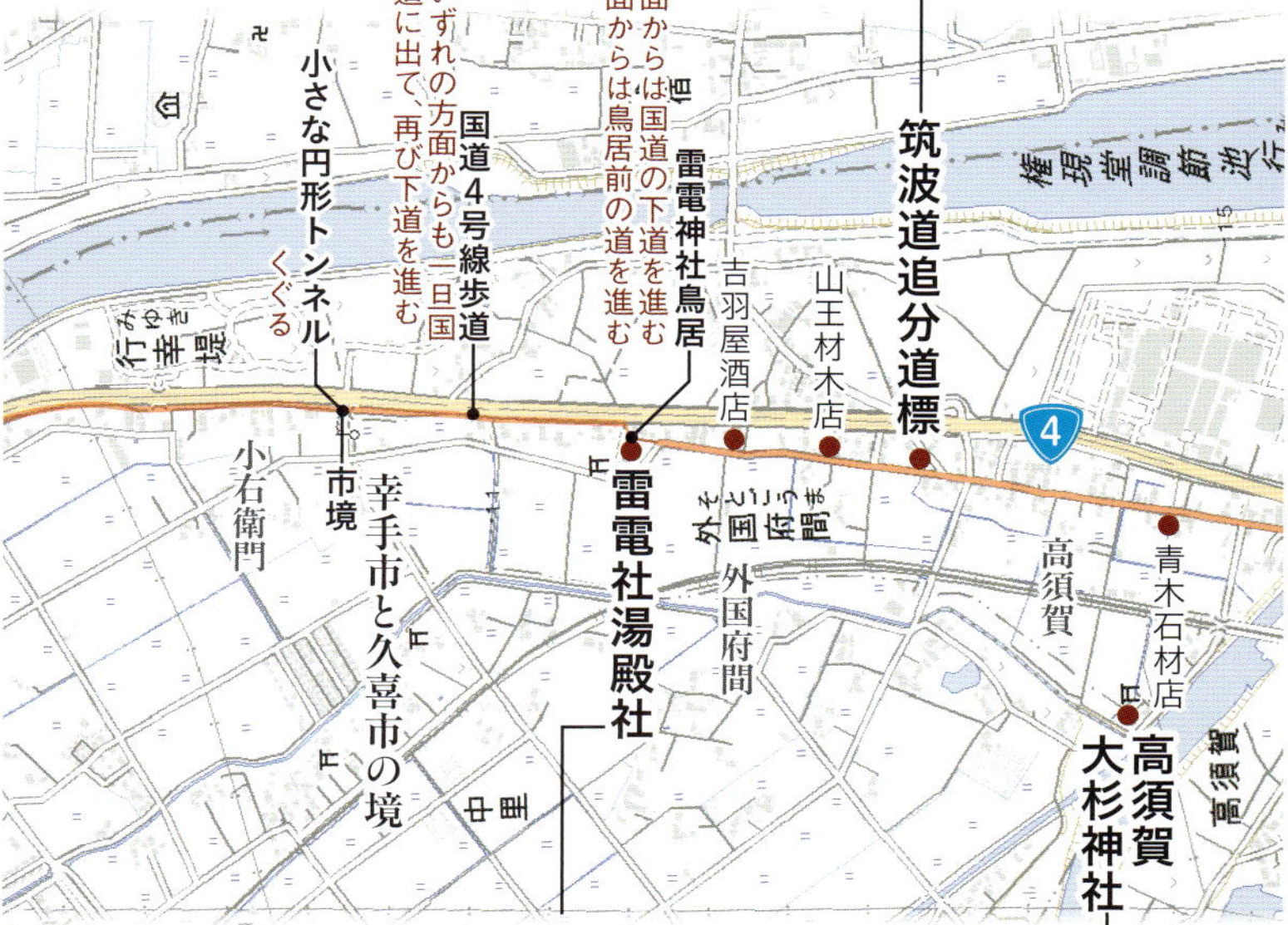
江戸方面からは国道の下道を進む
日光方面からは鳥居前の道を進む

高須賀の守護神。「水神様」と呼ばれ船持や船頭衆からの信仰が篤かった。境内には元文五年（1740）建立の青面金剛像庚申塔や天明四年（1784）建立の青面金剛塔等がある

【外国府間《そとごうま》村】

当初幕府領で延享四年（1747）以降は一橋家領となった。幸手宿の助郷村で村内には立場があった

外国府間村の鎮守。境内には馬頭観音、青面金剛像庚申塔、弘化二年（1845）建立の如意輪観音像十九夜塔等がある

【小右衛門《こえもん》村】
幕府領で栗橋宿の助郷村であった

明治六年（1873）栗橋南小学校の前身となった愛敬学校、聲聞学校が開校された。墓地の隅には青面金剛像庚申塔や文政八年（1825）建立の如意輪観音像十九夜供養塔等がある

西塚の形態を残している。小右衛門村地内で塚木は榎であった。塚上には権現堂川から移設した弁財天堂が再建されている。江戸日本橋より十三里目

江戸方面からは劇場の左に進む
日光方面からは国道右の側道を下る

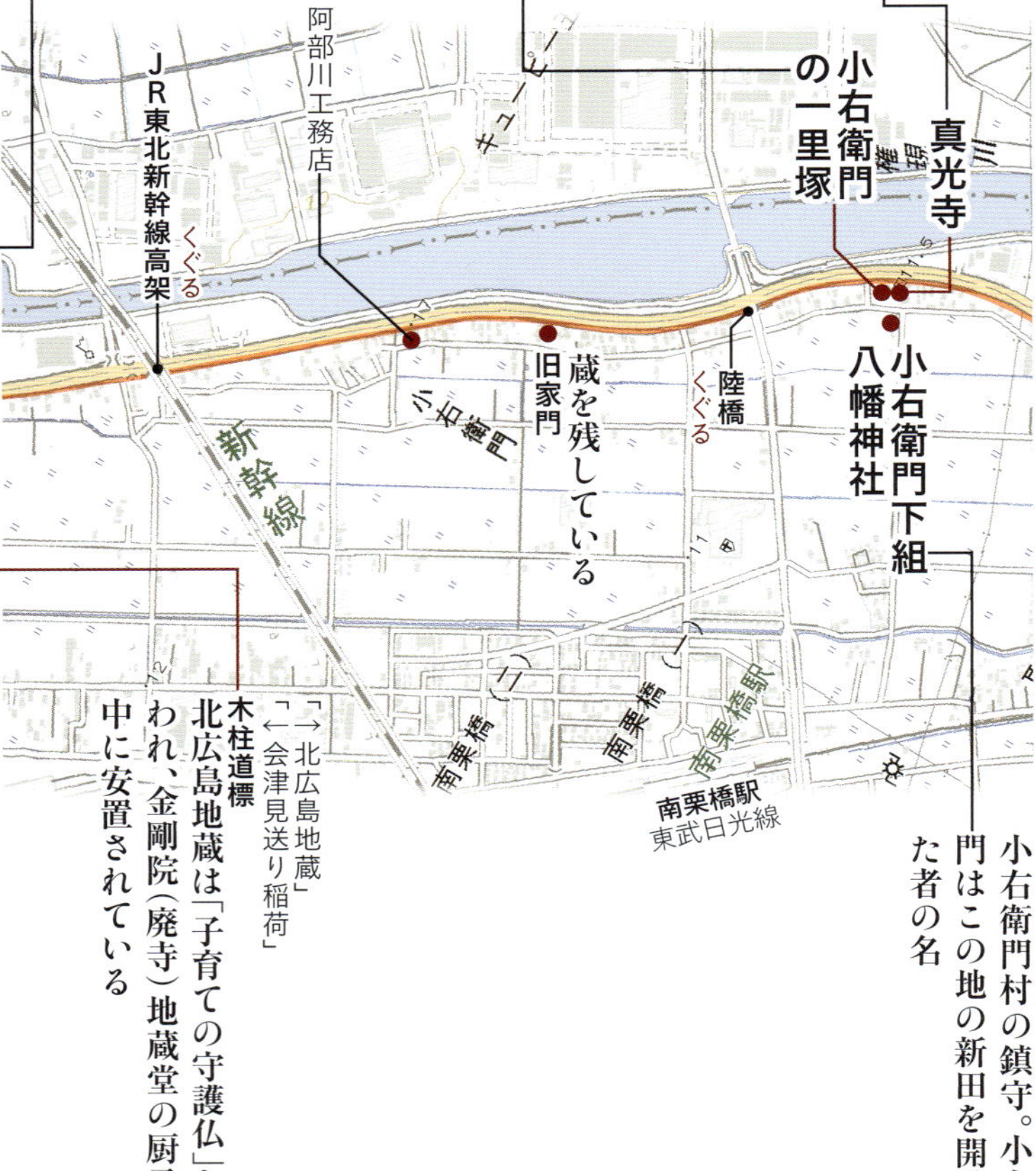

小右衛門村の鎮守。小右衛門はこの地の新田を開発した者の名

北広島地蔵は「子育ての守護仏」といわれ、金剛院（廃寺）地蔵堂の厨子の中に安置されている

鳥居には「香取宮八幡宮」と刻まれている。境内には文化十一年（1814）建立の常夜燈がある。往時はここから信州浅間山が望めたという

会津藩士が道に迷った際に助けてくれた老人は狐の化身であった。ここには「名物粟餅」を商う茶屋が八軒あった

「←炮烙地蔵」「→会津見送り稲荷」

江戸方面からは直線道に合流する
日光方面からは直線道に入る
「←炮烙地蔵」「→会津見送り稲荷」

関所破りが「火焙りの刑」に処せられた刑場跡。地蔵尊は刑死者供養のために造立され、素焼きの炮烙が奉納されている。「エボ地蔵」とも呼ばれ線香の灰をイボに付けると霊験あらたかという

墓地には栗橋宿を創設し、本陣を勤めた池田鴨之介と代々の墓がある

栗橋大一劇場
川通《かわどおり》神社
会津見送り稲荷
くぐる
国道125号線トンネル
木柱道標
炮烙地蔵
顕正寺
栗橋駅入口
東三丁目
旧家門と築地塀
福寿院
浄信寺
深廣寺
木柱道標
木柱道標
江戸方面からは水路の右に進む
日光方面からは直線道に合流する
「→会津見送り稲荷」「←炮烙地蔵」
栗橋東
栗橋

木柱道標
「→北広島地蔵 ←炮烙地蔵」
「→会津見送り稲荷」
江戸方面からは斜め左に入る
日光方面からは突当りを右折する

【栗橋の一里塚】
存在及び位置共に不明。江戸日本橋より十四里目

梅澤太郎右衛門の墓がある。二代将軍秀忠日光社参の際に、増水した利根川に飛び込み舟橋を守った。この功により貞宗の名刀と軍扇を賜り、名主に任じられ名字帯刀が許された

「南無阿弥陀仏」と刻まれた高さ二間の六角名号塔が二十一基並んでいる

泥土を突き固めた塀を残している

正保四年（1647）の創建。本尊は不動明王。墓地には文政四年（1821）建立の徳本名号碑「南無阿弥陀仏」がある

幸手
8.3km 二里三町
栗橋
1.6km 十八町
中田

エリア＝埼玉県久喜市栗橋北二丁目
最寄り駅＝JR東北本線・東武日光線 栗橋駅

【栗橋宿】

栗橋宿は利根川の舟運で栄え、近郷から集積された廻米の積み出しが行われた。この地は関東平野北辺に位置し、関所が置かれ厳重に警備された。利根川対岸の中田宿とは合宿で問屋業務は半月交代で勤めた。天保十四年（１８４３）の日光道中宿村大概帳によると栗橋宿の宿内家数は四百四軒、うち本陣一、脇本陣一、旅籠二十五軒で宿内人口は千七百四十一人（男八百六十九人、女八百七十二人）であった

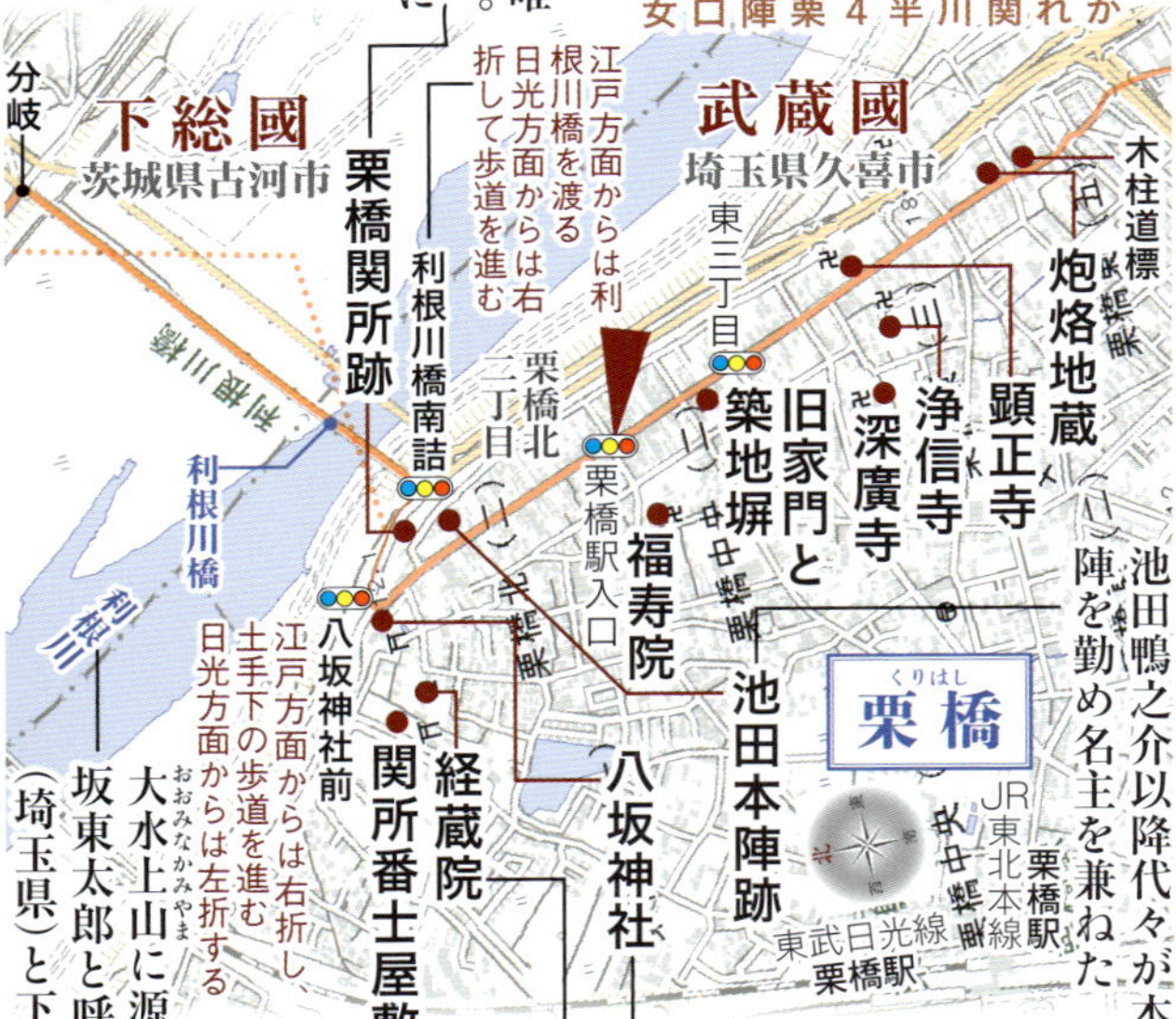
下総國
茨城県古河市
武蔵國
埼玉県久喜市
分岐
利根川橋
利根川
利根川橋南詰
江戸方面からは利根川橋を渡る
日光方面からは右折して歩道を進む
栗橋北二丁目
東三丁目
栗橋駅入口
木柱道標
八坂神社前
江戸方面からは右折し
土手下の歩道を進む
日光方面からは左折する
栗橋《くりはし》
JR東北本線
栗橋駅
東武日光線
栗橋駅
0
250
500m

栗橋関所跡
土手下に碑がある。日光道中唯一の関所で利根川岸にあった。番士は四家が勤め「入り鉄砲に出女」を厳しく取り締まった

【静御前之墓】

栗橋駅東口にある。義経の寵愛を受けた静御前は京を落ちのびた義経を慕い、奥州平泉に向かう途中「義経討死」の報を聞き、京に戻る途中、病によりこの地で亡くなった

炮烙地蔵

顕正寺

浄信寺

深廣寺

旧家門と築地塀

福寿院

池田本陣跡
池田鴨之介以降代々が本陣を勤め名主を兼ねた

八坂神社
栗橋宿の総鎮守。狛犬が「鯉」になっている。利根川の洪水の際に鯉が「ご神体」を運んできたことに由来している

経蔵院
本尊の乾漆地蔵菩薩立像は静御前の念持仏。病に倒れた静御前は当寺で養生につとめたが儚く生涯を閉じた

関所番士屋敷跡
番士の屋敷が四軒あり、敷地は利根川の洪水に備え高く盛土されていた

大水上山《おおみなかみやま》に源を発し、流末は鹿島灘に注ぐ、坂東太郎と呼ばれる暴れ川であった。武蔵（埼玉県）と下総（茨城県）の國境（県境）

栗橋　1.6km 十八町

中田

一里二十町 5.8km　古河

エリア＝茨城県古河市中田
最寄り駅＝JR東北本線・東武日光線 栗橋駅

【中田宿】

中田宿は「房川の渡し」を控え、元和十年(1624)に創設された宿で「鮒の甘露煮」が名物であった。栗橋宿とは合宿で問屋業務は半月交代で勤めた。天保十四年(1843)の日光道中宿村大概帳によると中田宿の宿内家数は六十九軒、うち本陣一、脇本陣一、旅籠六軒で宿内人口は四百三人(男百六十九人、女二百三十四人)であった

中田宿解説
中田宿は利根川の河川敷に設けられていたが、明治末からの利根川改修によって宿並は利根川橋下の河原になってしまった

本願寺
境内には文化年間(1804～18)に発掘された板碑がある

【中田の一里塚】
両塚共中田宿地内で塚木は杉であったが位置は不明。江戸日本橋より十五里目

顕正寺
本尊は阿弥陀如来。会津松平公の庇護を受けた

房川の渡し
「舟渡し」であった。将軍日光社参の際は五十一艘の舟を並べた舟橋が架橋された。日光道中が整備される以前は元栗橋に宝泉寺という「法華坊」があるところから「坊前《ぼうせん》の渡し」と呼ばれ、後に転訛し房川となった

房川渡と中田関所跡
解説板がある。当初関所は中田にあったが後に対岸の栗橋に移転した

鶴峯八幡宮
源頼朝が鎌倉鶴岡八幡宮を勧請したもの。元は中田宿にあり鎮守であった。永代太々神楽は市無形民俗文化財

光了寺《こうりょうじ》
静御前を葬ったという栗橋の「高柳寺(光了寺)」がこの地に移転した。静御前が後鳥羽上皇より賜ったという「蛙蟆龍《あまりりゅう》の舞衣」等の遺品が保存されている。境内には芭蕉句碑「いかめしき音や霰《あられ》の檜木笠」がある

円光寺
本尊は阿弥陀如来。見事な庭園がある

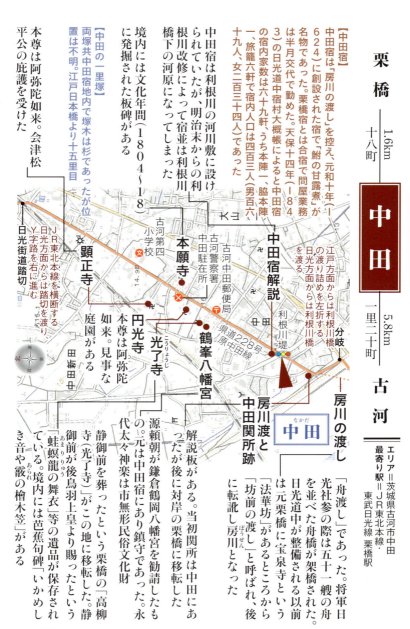

【古河三宿】
中田、古河、野木は「古河三宿」と呼ばれ古河藩領であった

案内板がある。「日光街道踏切」辺りから原町入口の間には寛永七年（1630）古河藩二代藩主永井信濃守尚政が植栽した松並木があった。「東海道にもこれほどきれいな松並木はない」といわれたが、戦時中「松根油」採取のために伐採されてしまった

宝永元年（1704）の創建で茶屋新田村の鎮守であった

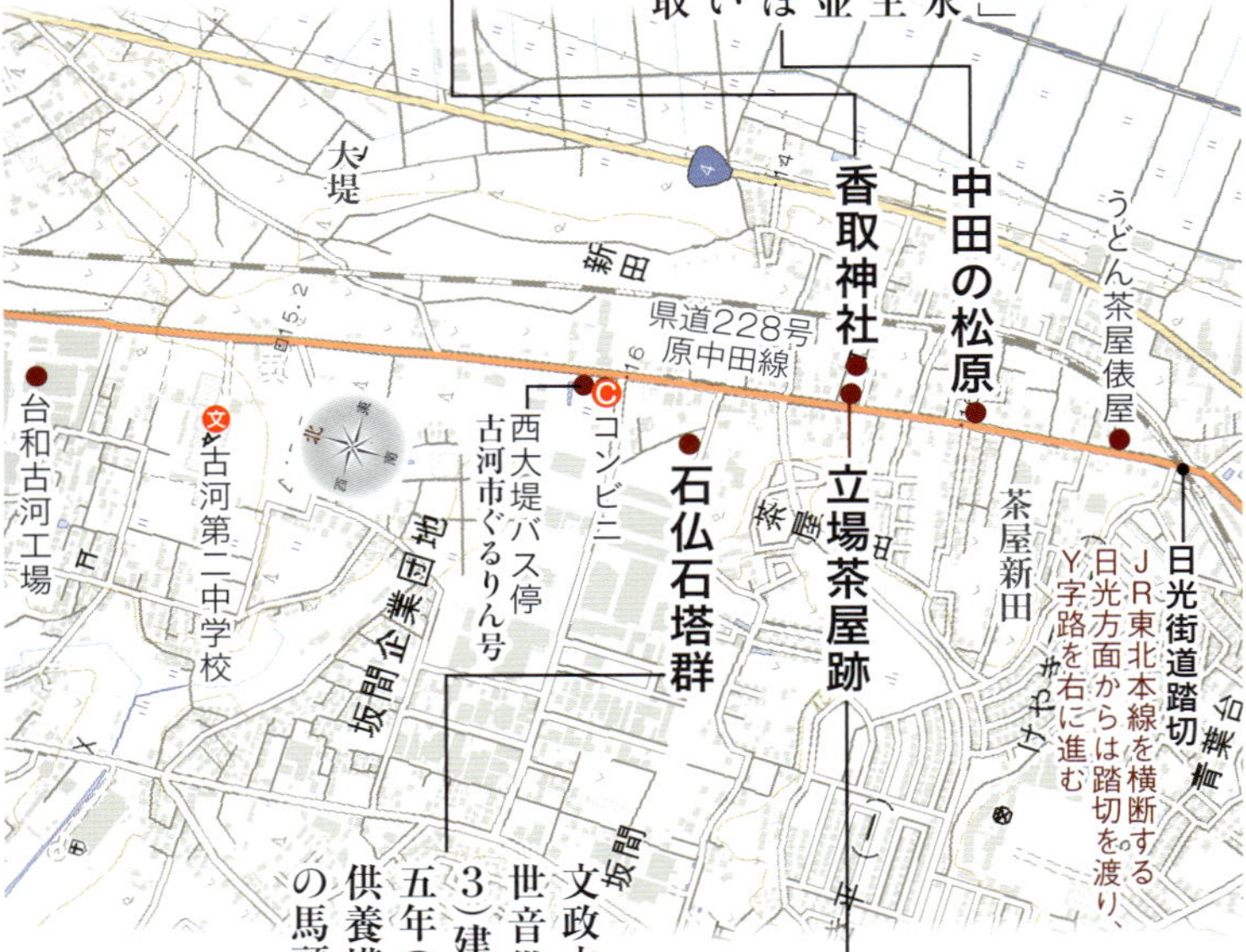
中田の松原
香取神社
大堤
新田
県道228号
原中田線
うどん茶屋俵屋
台和古河工場
古河第二中学校
西大堤バス停
古河市ぐるりん号
コンビニ
石仏石塔群
立場茶屋跡
茶屋新田
日光街道踏切
JR東北本線を横断する日光方面からは踏切を渡り、Y字路を右に進む
坂間企業団地
坂間
青葉台
0
250
500m

文政六年（1823）建立の馬頭観世音供養塔、元禄十五年（1703）建立の青面金剛像庚申塔、天明五年（1785）建立の十九夜念仏供養塔、明治十年（1877）建立の馬頭尊等が祀られている

茶屋町会議所辺りにあった。二代将軍秀忠日光社参の際に仮設の茶屋が設けられ、以降は立場となった

【茶屋新田村】
古河藩領、村名は戦国時代に古河公方の「お茶屋」があったところに由来している

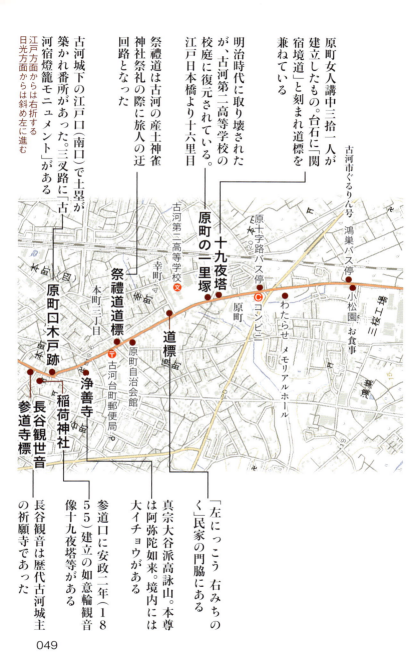

原町女人講中三拾一人が建立したもの。台石に「関宿境道」と刻まれ道標を兼ねている

明治時代に取り壊されたが、古河第二高等学校の校庭に復元されている。江戸日本橋より十六里目

祭禮道は古河の産土神雀神社祭礼の際に旅人の迂回路となった

古河城下の江戸口(南口)で土塁が築かれ番所があった。三叉路に「古河宿燈籠モニュメント」がある

江戸方面からは右折する
日光方面からは斜め左に進む

古河市ぐるりん号 鴻巣バス停

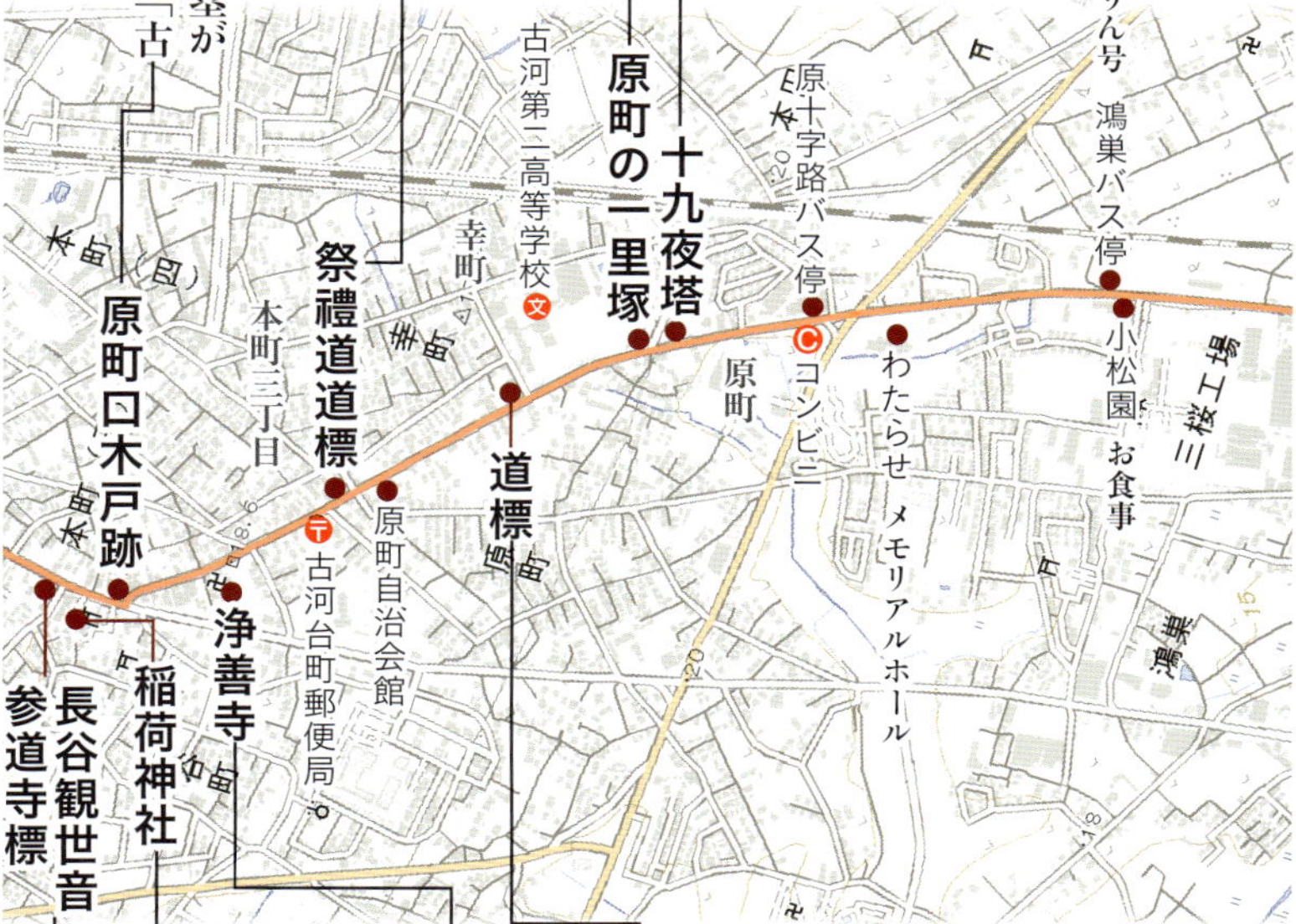

原十字路バス停
十九夜塔
原町の一里塚
古河第二高等学校
幸町
祭禮道道標
本町三丁目
原町口木戸跡
本町
小松園 お食事
三桜工場
わたらせ メモリアルホール
コンビニ
原町
道標
原町自治会館
古河台町郵便局
浄善寺
稲荷神社
長谷観世音
参道寺標
鴻巣

「左にっこう 右みちのく」民家の門脇にある

真宗大谷派高詠山。本尊は阿弥陀如来。境内には大イチョウがある

参道口に安政二年(1855)建立の如意輪観音像十九夜塔等がある

長谷観音は歴代古河城主の祈願寺であった

中田　一里二十町　5.8km　**古河**　二十五町二十間　2.7km　野木

エリア＝茨城県古河市中央町一丁目
最寄り駅＝JR東北本線 古河駅

【古河宿】

後北条氏が滅亡すると古河城は徳川家康の家臣小笠原秀正の居城となった。以降代々譜代大名が城主となり城下町が形成された。歴代将軍日光社参の二泊目は古河城であった。天保十四年(1843)の日光道中宿村大概帳によると古河宿の宿内家数は千百五軒、うち本陣一、脇本陣一、旅籠三十一軒で宿内人口は三千八百六十五人(男千九百九十二人、女千八百七十三人)であった

初代古河公方足利成氏《しげうじ》が古河城内に鎌倉鶴岡八幡宮を勧請し、寛永十九年(1642)藩主土井利勝が古河城の鬼門除けとして現在地に移した

「史跡古河城下高札場址」碑がある。古河宿の中心であった

「左日光道」江戸方面からは左折する「右日光道」日光方面からは右折する

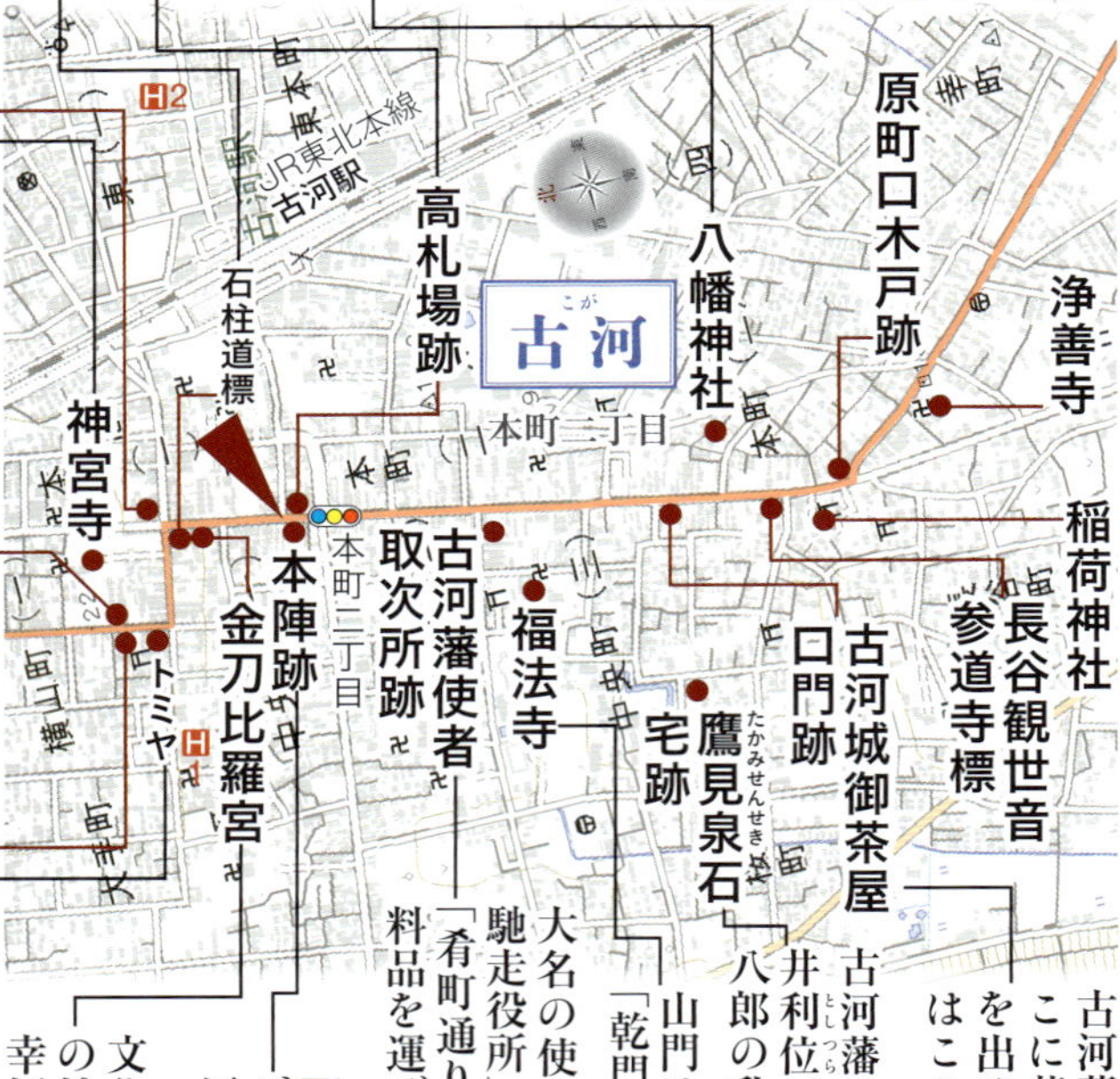

原町口木戸跡
浄善寺
八幡神社
高札場跡
古河《こが》
JR東北本線
古河駅
石柱道標
神宮寺
本町二丁目
本陣跡
金刀比羅宮
古河藩使者取次所跡
福法寺
鷹見泉石《たかみせんせき》宅跡
古河城御茶屋口門跡
長谷観世音参道寺標
稲荷神社
横山町
トミヤ
0 250 500m

古河藩初代藩主土井利勝がここに茶屋を設け三代将軍家光を出迎えた。以降歴代の将軍はここから古河城に入った

古河藩家老を勤め、四代藩主土井利位《としつら》が老中になると「大塩平八郎の乱」鎮定に功があった

山門は古河城二の丸御殿口の「乾門」を移築したもの

大名の使者を応接する役所で「御馳走役所」とも呼ばれた。前の筋は「肴町通り」と呼ばれ、古河城に食料品を運び込む道であった

「史跡古河城下本陣址」碑がある。吉沢家が勤め建坪は百十四坪であった

文化十一年(1814)建立の社殿は焼失してしまった。幸福神として信仰された

日光街道古河宿道標

文久元年(1861)建立の道標「左日光道　右江戸道」は常夜燈を兼ねている

本尊は不動明王。慶安元年(1648)三代将軍家光より御朱印七石を賜った

創業百年の鰻料理店。この辺りは遊郭であった

江戸方面からは県道に合流する
日光方面からは斜め右に入る

古河宿の日光口(北口)

石造道標「史蹟栗橋道」があった

地蔵尊に自分の患部と同じところに塩を塗ると霊験あらたかという

下総國(茨城県)と下野國(栃木県)の境。往時は西側に大榎があった

【宿泊】
H1：ホテル山水☎0280・22・0226
H2：ホテルルートイン古河駅前 ☎0280・32・9500

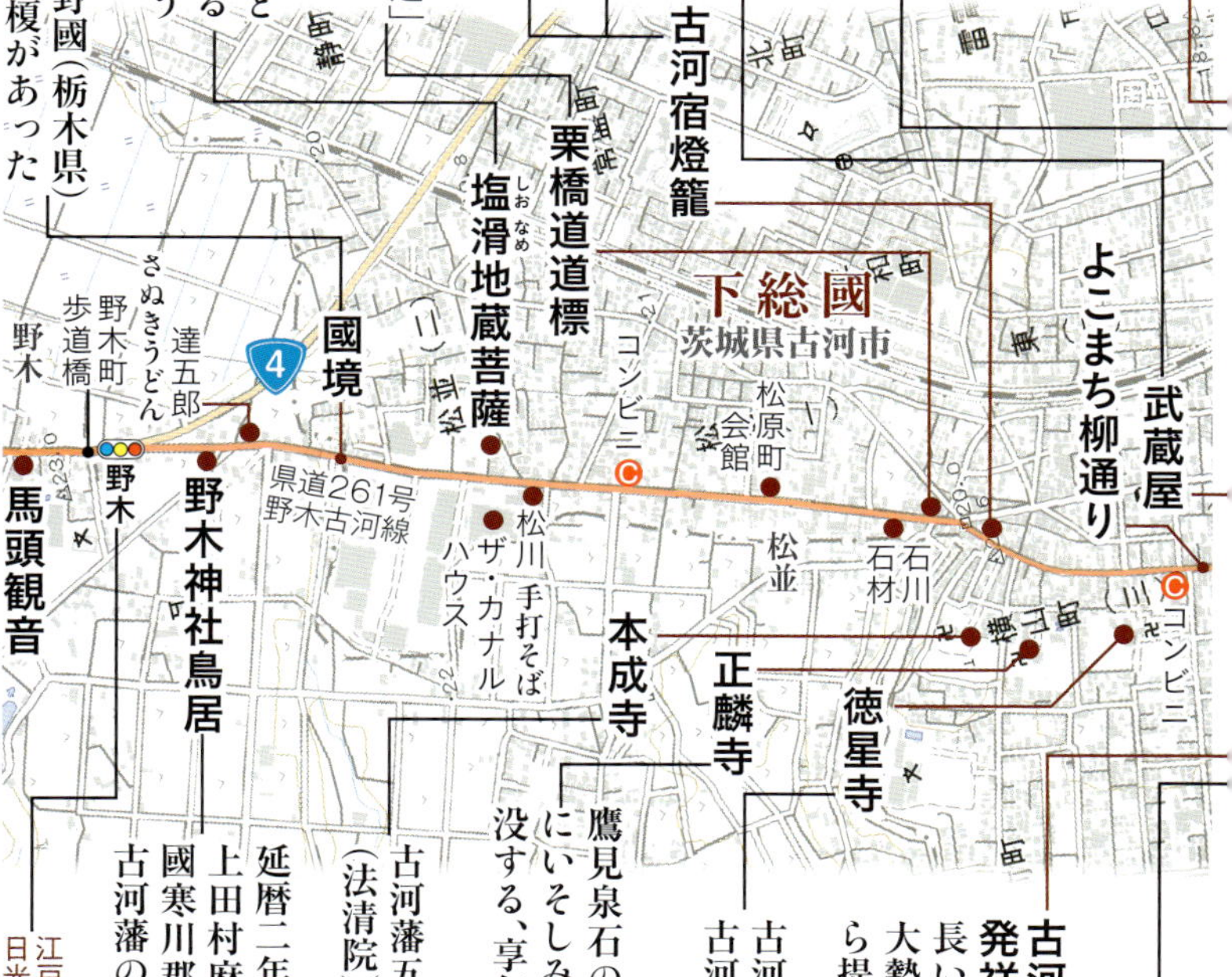

古河宿燈籠
栗橋道道標
塩滑《しおなめ》地蔵菩薩
國境
下総國
茨城県古河市
よこまち柳通り
武蔵屋
コンビニ
松原町会館
石川石材
松並
松川手打そば
ザ・カナルハウス
県道261号 野木古河線
達五郎
さぬきうどん
野木町歩道橋
野木
本成寺
正麟寺
徳星寺
馬頭観音
野木神社鳥居

江戸方面からは右折し、「よこまち柳通り」に入る
日光方面からは左折する

古河提灯竿もみ祭発祥の地碑

長い竹竿の先に提灯を付け、大勢で激しく揉み合いながら提灯の火を消し合う奇祭

古河藩初代藩主土井利勝が古河城の鬼門除けとした

鷹見泉石の墓がある。晩年は蘭学にいそしみ安政五年(1858)に没する、享年七十四歳であった

古河藩五代藩主土井利益《とします》の生母(法清院)の墓がある

延暦二年(783)征夷大将軍坂上田村麻呂が社殿を造営。下野國寒川郡七郷の総鎮守であり、古河藩の鎮守祈願所であった

江戸方面からは国道に合流する
日光方面からはY字路を右に進む

古河
2.7km 二十五町二十間

野木

6.7km 一里二十七町
間々田

エリア＝栃木県下都賀郡野木町野木
最寄り駅＝JR東北本線 野木駅

【野木宿】

野木宿の西に流れる思川には野渡（のわた）河岸、友沼河岸があり江戸との舟運が盛んであった。天保十四年（１８４３）の日光道中宿村大概帳によると、野木宿の宿内家数は百二十六軒、うち本陣一、脇本陣一、旅籠二十五軒で宿内人口は五百二十七人（男二百七十一人、女二百五十六人）であった

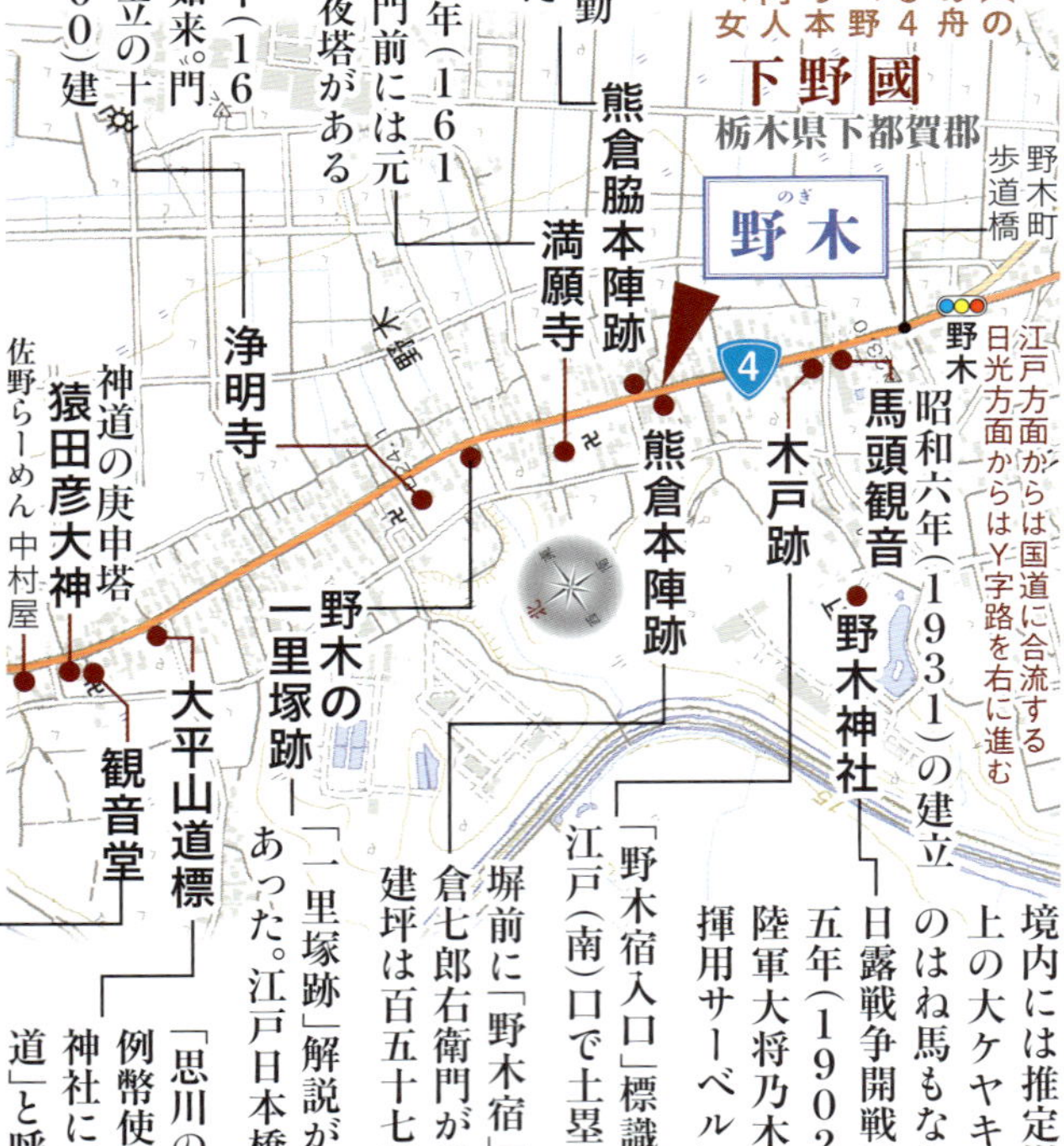
下野國
栃木県下都賀郡
野木《のぎ》
野木町歩道橋
野木
江戸方面からは国道に合流する
日光方面からはY字路を右に進む
4
佐野らーめん 中村屋
神道の庚申塔
猿田彦大神
0 250 500m

熊倉脇本陣跡
標識がある。熊倉兵左衛門が勤め、建坪は百三十二坪であった

満願寺
真言宗満徳山自性院。元和二年（１６１６）の創建で本尊は大日如来。門前には元治元年（１８６４）建立の十九夜塔がある

浄明寺
浄土宗清光山無量院。慶長七年（１６０２）の創建で本尊は阿弥陀如来。門前には嘉永四年（１８５１）建立の十九夜供養塔や宝暦十年（１７６０）建立の青面金剛庚申塔等がある

野木神社
境内には推定樹齢六百五十年以上の大ケヤキや芭蕉句碑「一疋のはね馬もなし河千鳥」がある。日露戦争開戦二年前の明治三十五年（１９０２）「のぎ」の縁から陸軍大将乃木希典が参拝し「指揮用サーベル」を奉納している

馬頭観音
昭和六年（１９３１）の建立

木戸跡
「野木宿入口」標識がある。野木宿の江戸（南）口で土塁と矢来柵があった

熊倉本陣跡
塀前に「野木宿」説明板がある。熊倉七郎右衛門が勤め問屋を兼ねた。建坪は百五十七坪であった

野木の一里塚跡
「一里塚跡」解説がある。塚木は榎であった。江戸日本橋より十七里目

大平山道標
「思川の渡し」を越え日光例幣使道の栃木宿太平山神社に至る。「日光山近裏道」と呼ばれた

観音堂

源頼義、義家父子が「前九年の役」の戦勝祈願に九州久留米の高良神社を勧請したもの。この辺りは東に筑波山、加波《かば》山《さん》、西には岩船山、日光山が望める景勝地であった

聖観音を安置している。境内には嘉永三年（1850）建立の十九夜供養塔や寛政十二年（1800）建立の馬頭観世音等がある。この辺りが野木宿の日光（北）口で土塁と矢来柵があった

【友沼村】古河藩領で野木宿の助郷村であった。この地には古沼が十ケ所あり「十沼」と呼ばれ、いつしか「友沼」と転訛した。思川には友沼河岸があり、問屋が二軒あって高瀬船六隻、小舟三隻が江戸との舟運に従事した

慶応二年（１８６６）建立の題目碑「南無妙法蓮華経」がある

塚上に鎮座している。村境にあって悪霊の侵入を防ぐ「塞の神」と「火防の神」を併せ持っている

境内には嘉永元年（１８４８）建立の十九夜塔や文政二年（１８１９）建立の廿三夜塔等がある

源頼義、義家父子が「前九年の役」凱旋の折に勧請し、友沼村の総鎮守となった。古河城を出立した日光社参の将軍は境内の西運庵《せいうんあん》で休息した

小社が祀られている

「友沼村馬持」が建立したもの

真言宗地蔵山。御朱印地で寺領五石であった。門前には安永九年（１７８０）建立の芭蕉句碑「道ばたのむくげは馬に喰れけり」がある。「奥の細道」紀行の芭蕉は間々田に宿泊した

元「野沢とうふ屋」。筑波山が正面に望める景勝の地で立場であった。数軒の茶屋があり、中でも「とろ屋」の「とろろ汁」は名物で芭蕉も賞味している。雨が降ると旅人に「友沼のとろ屋」と書かれた菅笠を提供し宣伝につとめた

0 250 500m

【乙女村】古河藩領、正徳二年（1712）より幕府領となった。村内に「乙女河岸」があり、下流からは大型の高瀬舟が着き、ここから荷を小舟に積み替えて上流に向かう中継地として賑わった

境内に宝永六年（1709）鋳造の銅製大日如来坐像がある。江戸湯島の渡邊九兵衛が父母の供養のため生国に安置したもの。風雨に晒されているところから「濡れ仏様」と呼ばれた

二代将軍秀忠から十石の寺領を賜った。参道には文久元年（1861）建立の十九夜供養塔があり、境内の観音堂には十一面観音像が安置されている

東北本線
小山市標識
栃木県下都賀郡野木町と栃木県小山市の境
若宮八幡宮
宅急便 ヤマト運輸
中妻
寒沢
乙女
佛光寺
コンビニ
村社八幡宮社標
乙女八幡宮
町谷入口バス停
中妻バス停
小山市コミュニティバス間々田東西線
十九夜塔
光南病院
乙女の一里塚
馬頭観世音
道標

文化十年（1813）の建立。乙女河岸、網戸《あじと》河岸への道標で「是より左 乙女河岸 あしと とちき さのみち」と刻まれている

両塚共乙女村地内、榎の大木の根方に鳥居、石燈籠があり石祠が祀られている。江戸日本橋より十八里目

明治廿二年（1889）の建立で如意輪観音像が陽刻されている

乙女村の鎮守。乙女河岸で働く人々の信仰が篤く、鳥居は元禄十六年（1703）船問屋が寄進したもの。境内の狛犬は文化十年（1813）の建立

野木
6.7km 一里二十七町

間々田

7.4km 一里二十三町
小山

エリア＝栃木県小山市間々田
最寄り駅＝ＪＲ東北本線 間々田駅

【間々田宿】

間々田宿は元和四年(1618)宿駅となり、思川の乙女河岸を控え物資の集積地として賑わった。天保十四年(1843)の日光道中宿村大概帳によると間々田宿の宿内家数は百七十五軒、うち本陣一、脇本陣一、旅籠五十軒で宿内人口は九百四十七人(男四百四十人、女五百七人)であった

現「小山市立車屋美術館」、明治末期築の小川家住宅(国有形登録文化財)が公開されている。屋号「車屋」で肥料業を営んだ

碑がある。江戸と日光の中間点にあたるところから「間の榎」と呼ばれ、いつしか「逢の榎」となり、縁結びの木として信仰を集めるようになった

間々田《ままだ》
JR東北本線
間々田駅
小川家住宅
コンビニ
間々田駅入口
間々田
逢の榎
琴平神社
間々田ひも
さやま酒店
龍昌寺
泉龍寺
乙女不動原瓦窯跡
小川屋 手打そば
コンビニ
乙女
乙女河岸道
佛光寺
コンビニ
村社八幡宮社標
乙女八幡宮
0
250
500m

乙女河岸に至る。慶長五年(1600)小山評定で石田三成との決戦を決意した家康はここから乗船し江戸に下った。日光東照宮造営の際、江戸からの資材はこの河岸に陸揚げされた

ここで焼かれた瓦は下野薬師堂、下野國国分寺に用いられた。窯や工房が復元されている(国指定史跡)

疫病が流行り、本尊の不動尊に祈ると清らかな泉が湧き出し、病がたちまち平癒したところから「泉龍」と称するようになった。鐘楼門は享保五年(1720)の建立。境内には芭蕉句碑「川上とこの川下や月の友」がある

家屋内部は商家造りの間取りで、箪笥階段等を残している

乙女河岸の河川交通安全を願って創建された。境内には文化十年(1813)建立の手水石がある

組紐で刀の下げ緒や甲冑に用いられた(県指定無形文化財)

浄土真宗本願寺派。この辺りが間々田宿の日光(北)口で土塁と矢来柵があった

【間々田の一里塚跡】「御菓子司蛸屋」辺りにあったともいうが位置は不明。塚木は杉であった、江戸日本橋より十九里目

間々田二丁目バス停
小山市コミュニティバス
間々田三丁目バス停
小山間々田三郵便局
らーめん久兵衛
間々田四丁目
間々田
問屋場跡
間々田宿本陣跡
八幡宮社標
花屋旅館
行泉寺
浄光院
間々田八幡宮
すき家
間々田五丁目バス停
天理教都賀大教会
長者町入口バス停
御菓子司蛸屋
間々田郵便局
らーめんじゃんじゃん亭
コンビニ
千駄塚バス停

本尊は「寝起《ねおこし》不動」と呼ばれる。不動尊を背負って旅に出た僧が衰弱のあまり寝込むと「この地こそ我が済度化縁の地」と僧を寝起したという。三代将軍家光の亡骸を移葬する際、境内に「御霊屋《おたまや》」を設営し安置所とした

説明板がある。上原家が勤め名主を兼ねた

解説板がある。本陣は青木家が勤め建坪百五十七坪で明治天皇の休息所となった

天平年間(729〜49)の創建で間々田宿の鎮守

本尊は阿弥陀如来。観音堂脇には宝永元年(1704)建立の青面金剛像庚申塔や文政七年(1824)建立の十九夜塔等がある

嘉永四年(1851)日光東照宮大修理を手掛けた宮大工が社殿の再建を行った。瓢箪池には芭蕉句碑「古池や蛙飛び込む水の音」がある

【千駄塚村】宇都宮藩領で間々田宿の助郷村であった。年貢米の津出しは思川の乙女河岸であった

御菓子司 蛸屋
間々田郵便局
らーめんじゃんじゃん亭
コンビニ
千駄塚バス停
小山市コミュニティバス
千駄塚
千駄塚
千駄塚古墳
道標
千駄塚公民館バス停
浅間神社
福味居 台湾料理
たちばな 和食
粟宮下バス停
長屋門
粟宮(南)
西堀酒造
大橋訥庵旧居跡
4
江戸方面からは左に入る
日光方面からは国道に合流する
大橋農場直売所
旧道痕跡
安房神社入口バス停
秩父プラスチック工業看板
大衆食堂 えびすや
0
250
500m

参道脇の覆屋内には青面金剛像庚申塔と天保十五年（1844）建立の六臂馬頭観音像が安置されている

千駄塚村の鎮守。千駄塚古墳（円墳）上に鎮座している

創業明治五年（1872）銘酒「若盛」「門外不出」「奥座敷」の蔵元。酒蔵は国登録有形文化財指定

幕末の尊攘思想家訥庵《とつあん》が婿入りした大橋家旧居跡。公武合体に反対し「坂下門外の変」への関与を疑われ江戸伝馬町牢屋敷に投獄され、文久二年（1862）四十七歳で病没した

旧道筋には立場茶屋があった

江戸方面からは国道に合流する
日光方面からは右に入る

【神鳥谷由来】

この地に「鷺城」という出城があった。鷺は神鳥「しとと」と呼ばれ、この辺りの谷と合わせて「神鳥谷《しととのや》」となった

栗宮村の鎮守（式内社）。天慶二年（939）藤原秀郷が平将門討伐に際し戦勝を祈願し守護神とした。小山氏や古河公方の信仰が篤かった。境内の「モミの群落」は市天然記念物

市指定保存樹木であったが伐採されてしまった。切株が残されている

間々田
7.4km 一里二十三町

小山

5.7km 一里十一町
新田

エリア＝栃木県小山市中央町
最寄り駅＝JR東北新幹線、JR東北本線、JR水戸線 小山駅

【小山宿】

小山は壬生通り、結城道、佐野道が集中する要衝で賑わった。天保十四年（1843）の日光道中宿村大概帳によると小山宿の宿内家数は四百二十三軒、うち本陣一、脇本陣二、旅籠七十四軒で宿内人口は千三百九十二人（男六百三十六人、女七百五十六人）であった

【小山の一里塚】

「永島銅鉄店」辺りにあったともいうが位置は不明。塚木は杉であった。江戸日本橋より二十里目

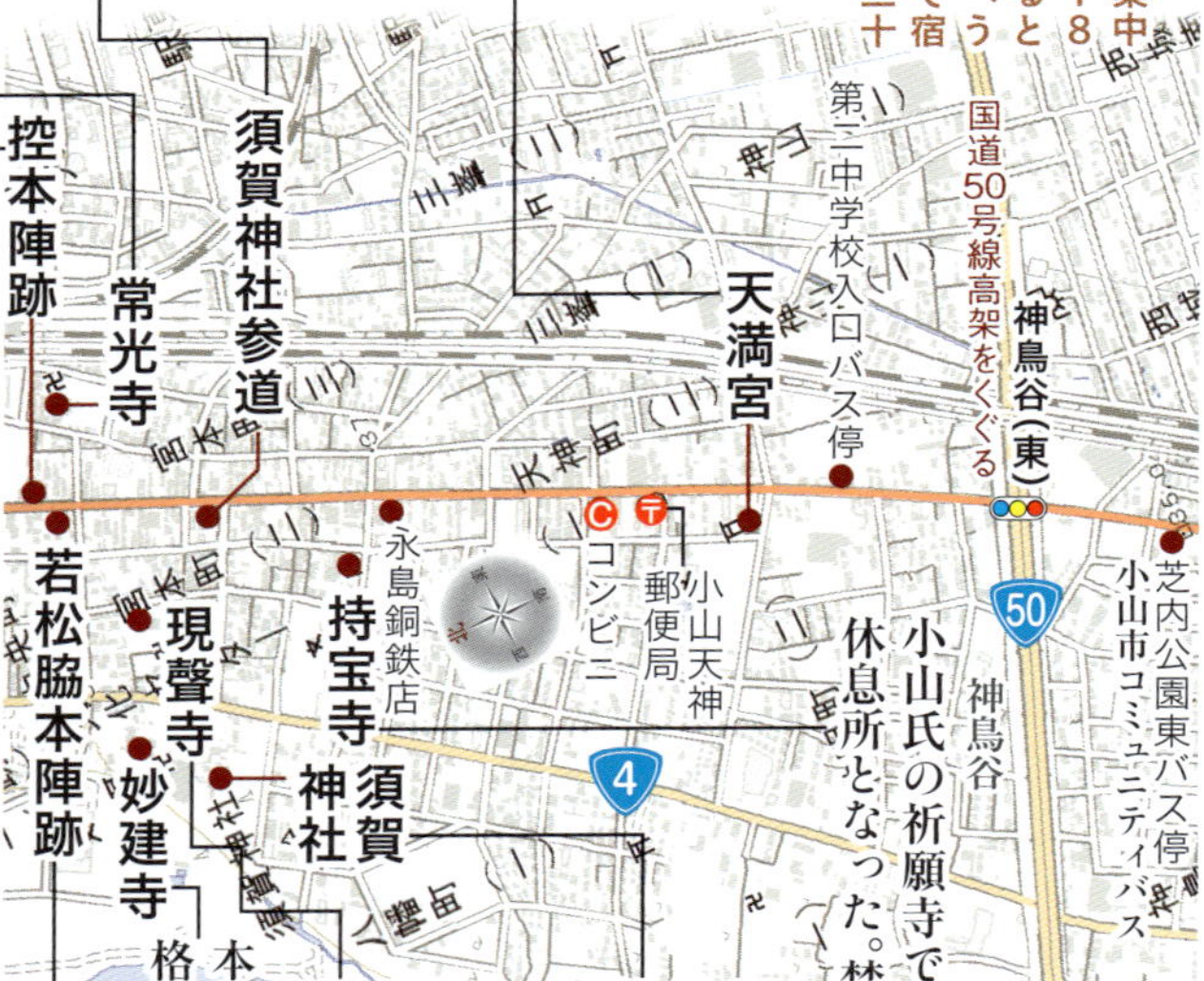
第二中学校入口バス停
国道50号線高架をくぐる
神鳥谷（東）
芝内公園東バス停
小山市コミュニティバス
神鳥谷
50
4
小山天神郵便局
コンビニ
永島銅鉄店
常光寺
控本陣跡
0
250
500m

天満宮
石鳥居は享和三年（1803）の建立。境内には宝篋印塔や嘉永三年（1850）建立の十九夜塔がある。この辺りが小山宿の江戸（南）口で土塁や矢来柵があった

須賀神社参道
参道口の常夜燈は嘉永七年（1854）の建立。参道はケヤキやイチョウの並木で百基の「朱塗り灯籠」が並んでいる

持宝寺
小山氏の祈願寺であった。八代将軍吉宗日光社参の休息所となった。梵鐘は寛政四年（1792）の鋳造

須賀神社
「平将門の乱」を平定した小山氏の祖藤原秀郷が天慶三年（940）京都八坂神社を勧請し小山城の鎮守とした。石田三成との決戦を決意した家康は当社に戦勝を祈願した

現聲寺
時宗秀郷山。藤原秀郷の創建。遊行（一遍）上人が四度立寄っている

妙建寺
本堂は享保二年（1717）の再建。格天井には百人一首が描かれている

若松脇本陣跡
唐破風の玄関を残している。「明治天皇行在所」碑がある

慶長元年（1596）の創建。寛延元年（1748）鋳造の青銅阿弥陀如来像の台座には戊辰戦役「小山の戦い」で被弾した痕跡を残している

現「着物あまのや」辺り。本陣、脇本陣の控えであった

現「常陽銀行」辺り

「小山市まちの駅」、旧「八百忠」の商家と石蔵を利用した観光交流センター

境内には「日限地蔵尊」があり、墓所には戊辰戦役で戦死した官軍笠間藩士の墓がある

村の鎮守。貞応二年（1223）小山城主小山朝政が鬼門守護のために山城國の愛宕神社を勧請した。狛犬は天明五年（1785）の建立で市内最古のもの

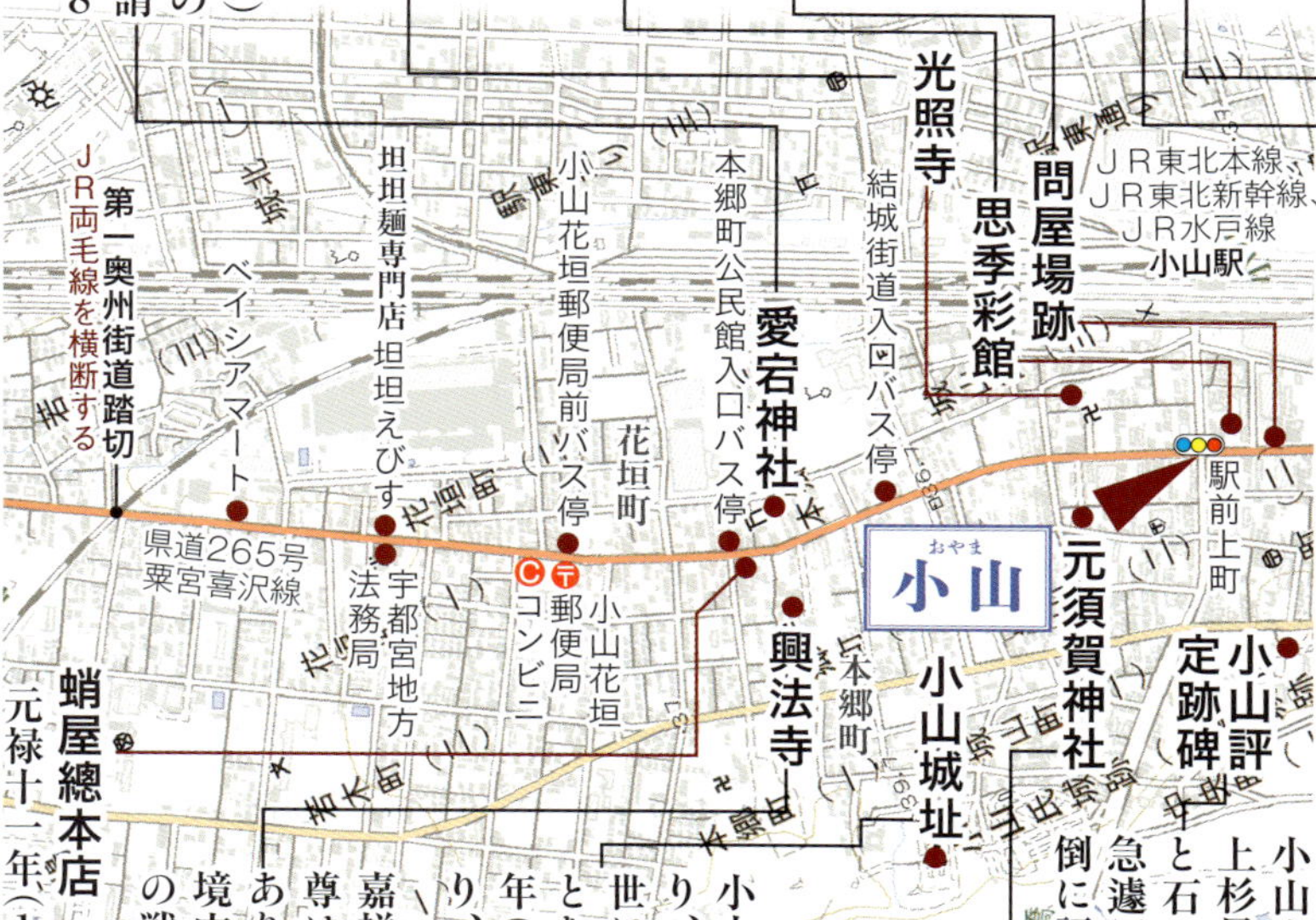

光照寺
問屋場跡
思季彩館
JR東北本線、
JR東北新幹線、
JR水戸線
小山駅
結城街道入口バス停
本郷町公民館入口バス停
愛宕神社
小山花垣郵便局前バス停
花垣町
坦坦麺専門店 坦坦えびす
ベイシアマート
第一奥州街道踏切
JR両毛線を横断する
県道265号
栗宮喜沢線
宇都宮地方法務局
コンビニ
郵便局
小山花垣
興法寺
本郷町
小山《おやま》
駅前上町
元須賀神社
小山城址
小山評定跡碑
蛸屋總本店

小山市役所の敷地内。家康は会津の上杉景勝を討つべく小山に着陣すると石田三成挙兵の知らせを受けた。急遽軍議（小山評定）を開き、三成打倒に評議一決し大返しとなった

須賀神社は当初ここに祀られていた。参道口辺りが小山宿の日光（北）口で土塁と矢来柵があった

小山城は藤原秀郷の築城にはじまり、小山氏の居城であった。徳川の世になると譜代の本多正純が城主となり城下を整備したが、元和五年（1619）に宇都宮へ移封となり、小山城は廃城となった

嘉祥二年（849）創建の古刹で本尊は阿弥陀三尊。元は小山城内にあり小山氏代々の祈願寺であった。境内の地蔵尊には戊辰戦役「小山の戦い」の被弾痕がある

元禄十一年（1698）創業の御菓子《おんかし》司《つかさ》 蛸屋《たこや》

【喜沢村】

小山藩領、古河藩領を経て幕府領となり代官北条雄之助が支配した。年貢米の津出しは約三里離れた思川の乙女河岸であった

喜沢村の鎮守。社殿脇の土塁上に天保六年（1835）建立の男體山碑「男體山 左日光右奥州」がある。かつては「喜沢追分」にあった追分道標

砂利道の参道には樹齢四百年以上のケヤキがある

江戸方面からは駐車場前斜め右の細道に入る
日光方面からは県道に合流する
日星ライナー駐車場
喜沢分岐点
直進する
静林幼稚園
日枝神社社標
日枝神社
喜沢南バス停
喜沢南
喜沢
若木町
JR両毛線を横断する
第一奥州街道踏切
きはる
蕎麦
喜沢追分
馬力神
薬師堂
小平産業前バス停
おお月 らーめん
4
0
250
500m

境内には道標を兼ねた念仏供養地蔵尊がある。享保三年（1718）の造立で「右江奥州海道」「左江日光海道」と刻まれている。かつては「喜沢追分」にあった追分道標

明治三十七年（1904）の建立。神道における馬頭観音

【喜沢追分】
立場茶屋があった。将軍日光社参の際には警護所が設置された

壬生道との追分で分岐点には天明五年（1785）建立の供養塔道標「左壬生道 右宇都宮道」や明治二十七年（1894）建立の馬頭観世音、日清日露日支出征馬碑がある

痕跡を残している。塚木は杉であった

江戸方面からは斜め左に入る
日光方面からは線路側道に合流する
JR東北新幹線高架

壬生道は楡木《にれぎ》で日光例幣使道に合流し、今市で日光道中に合流する。宇都宮を経由する日光道中に比べると一里十町程近道で庶民の日光参詣に利用された。歴代将軍日光社参の復路は壬生道を通行し壬生城を宿城とした

西塚を残している。塚木は榎であった。江戸日本橋より二十一里目

小山

5.7km 一里十一町

新田

2.6km 二十九町

小金井

エリア＝栃木県小山市羽川
最寄り駅＝JR東北本線 小金井駅

【新田宿】

新田宿は日光道中で最も小さな宿であったが、日光山、赤城山、大平山の眺望が最も良いといわれた。天保十四年（1843）の日光道中宿村大概帳によると新田宿の宿内家数は五十九軒、うち本陣一、脇本陣一、旅籠十一軒で宿内人口は二百四十四人（男百二十七人、女百十七人）であった

江戸方面からは国道に合流する
日光方面からは斜め左に入る
小山市コミュニティバス 板橋医院北バス停
フジサイクル
JAおやま桑
橋本整骨院
菅沼接骨院
大沼
新田《しんでん》
4
カーブミラー
江戸方面からは斜め左に入る
日光方面からは線路側道に合流する
小山警察署羽川警察官駐在所
小山羽川郵便局
羽川小学校
青木本陣跡
吉田神社跡碑
羽川薬師堂
0
250
500m

本陣門（四脚門）を残している。建坪は八十三坪であった

「薬師瑠璃光如来像」が安置されている。境内の覆屋には文政十三年（1830）建立の十九夜塔と安政四年（1857）建立の雨引観音が安置されている。南には幕府代官陣屋があった

江戸時代には「星宮」と称し、明治三十九年（１９０６）東北線の蒸気機関車からの飛び火で社殿が焼失したが、後に再建された。社殿脇の小社が星宮神社

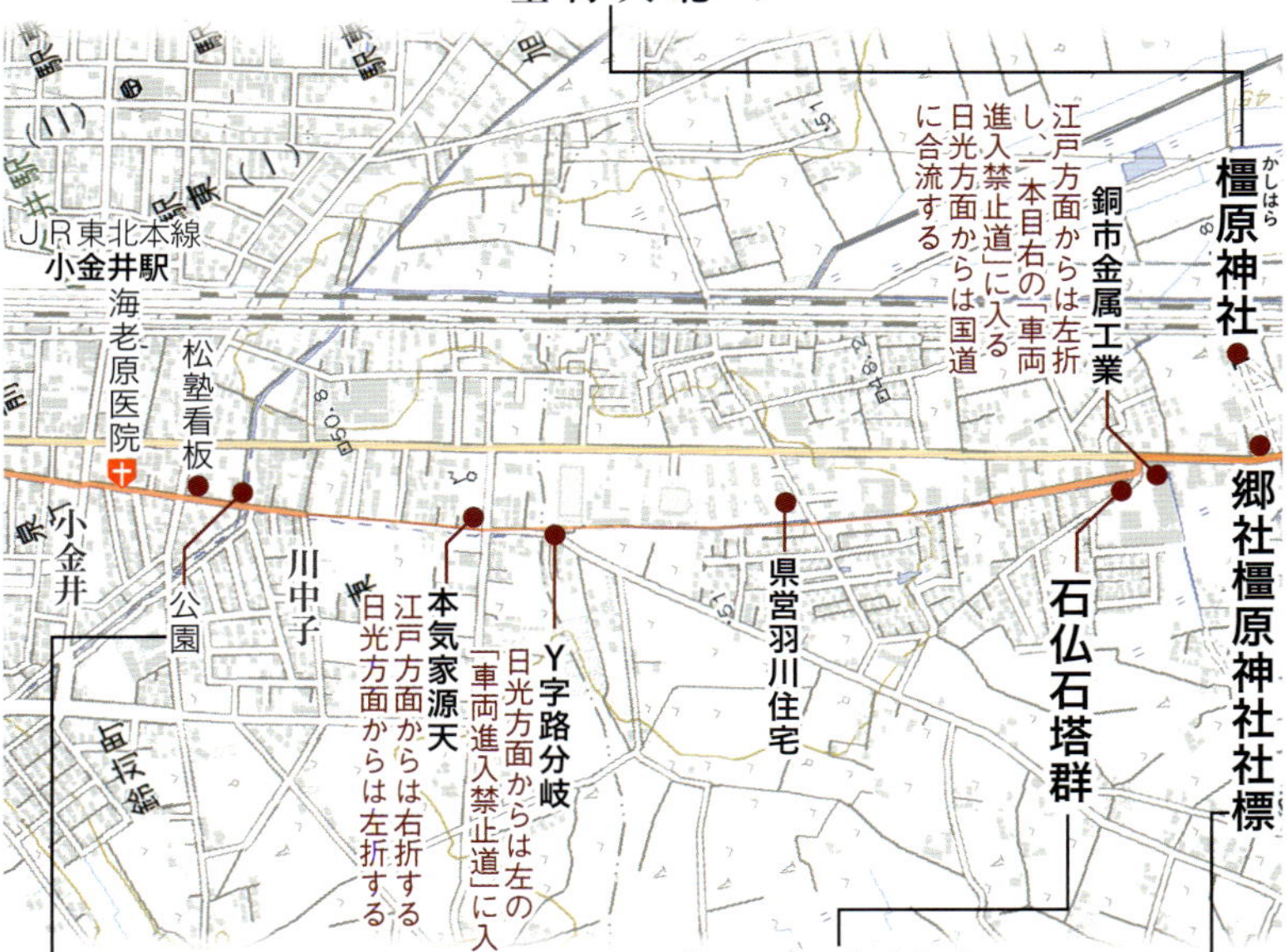

橿原《かしはら》神社
郷社橿原神社社標
石仏石塔群
銅市金属工業
江戸方面からは左折し、一本目右の「車両進入禁止道」に入る
日光方面からは国道に合流する
県営羽川住宅
Y字路分岐
日光方面からは左の「車両進入禁止道」に入る
本気家源天
江戸方面からは右折する
日光方面からは左折する
川中子
公園
松塾看板
海老原医院
JR東北本線
小金井駅
小金井

参道口に石造神明鳥居があり、参道には朱塗り燈籠が並んでいる

寛政十二年（１８００）建立の馬頭観世音には「左おざく道」宝暦二年（１７５２）建立の六十六部供養塔には「左おざくこくふんじ」と刻まれ道標を兼ねている

往時は川が流れていたが、今は暗渠になっている

新田

2.6km 二十九町

小金井

7.2km 一里十八町

石橋

エリア＝栃木県下野市小金井一丁目
最寄り駅＝ＪＲ東北本線 小金井駅

【小金井宿】延宝九年(1681)宿の西にあった金井村を移住させて宿駅とした。天保十四年(1843)の日光道中宿村大概帳によると小金井宿の宿内家数は百六十五軒、うち本陣一、脇本陣一、旅籠四十三軒で宿内人口は七百六十七人(男三百七十四人、女三百九十三人)であった

現「橋屋菅井製菓」。この地を領した下総佐倉藩の出張陣屋跡。代官を勤めた大槻氏の位牌を残している

児童公園内。文化四年(1807)旅籠蔵田屋(大越家)の屋敷内に建碑されたもの。小金井宿の俳人十二人の発句が刻まれている

幕末の建築。屋号「橋屋」であった

幕末の建築。屋号「網屋」で呉服商を営んでいた

小金井《こがねい》
ＪＲ東北本線
小金井駅
海老原医院
下野市小金井歩道橋
4
コンビニ
蛸屋
小金井の一里塚
江戸方面からは突当りを右折し、国道に合流する
日光方面からは蛸屋手前を右折し、一本目を左折する
領主陣屋跡
俳諧の句碑
店蔵
店蔵
蓮行寺
小金井北
金井神社
慈眼寺
大越本陣跡
0
250
500m

両塚を残している(国指定史跡)。往時の道幅を知る重要な史跡。江戸日本橋より二十二里目

小金井宿の鎮守。本殿の壁面には壮麗な彫刻が施されている

建久七年(1196)新田一族の祈願寺として創建された真言宗の古刹。本尊は勢至菩薩。境内には御成御殿(御座所)があった。日光社参の将軍はここで昼食を摂った

本陣門(四脚門)を残している。大越家が勤め建坪は百四十坪余であった

日蓮宗。元徳元年（1329）の創建。足利尊氏の古文書が所蔵されている。宇都宮藩主は当寺に控え、日光社参の将軍を出迎えた

【笹原新田村】

万治二年（1659）壬生藩主三浦氏の命によって開発された新田で立場があった。年貢米の津出しは思川の半田河岸であった

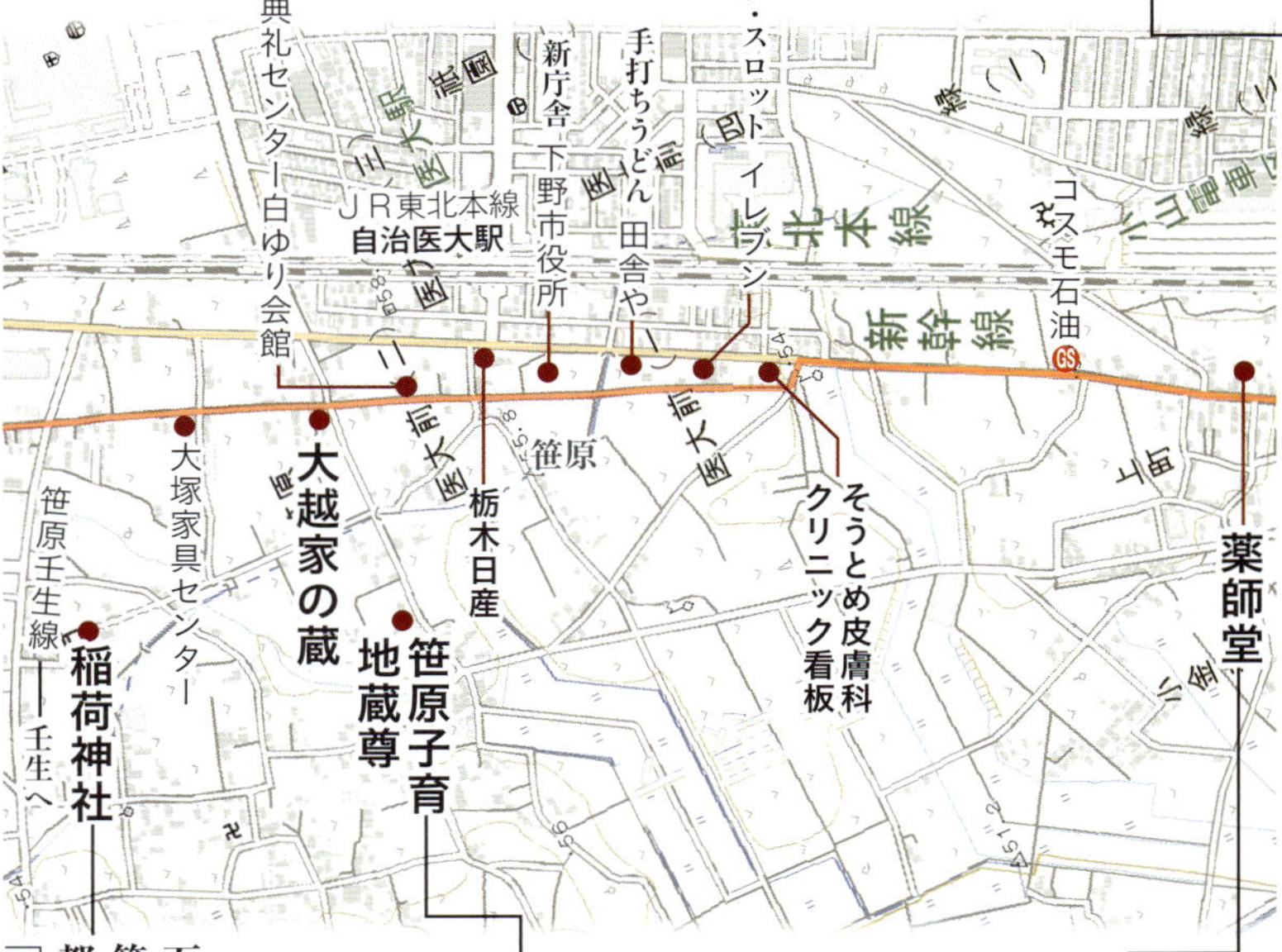

典礼センター白ゆり会館
新庁舎 下野市役所
手打ちうどん 田舎や
パチンコ・スロット イレブン
JR東北本線
自治医大駅
東北本線
新幹線
コスモ石油
笹原
大塚家具センター
大越家の蔵
栃木日産
そうとめ皮膚科クリニック看板
薬師堂
笹原壬生線
稲荷神社
壬生へ
笹原子育地蔵尊

本尊は行基作と伝わる「木造薬師如来立像」であったが今は慈眼寺に保管されている。境内には天保十年（1839）建立の十九夜塔等がある

六地蔵が祀られている。境内には十九夜塔や安永五年（1776）建立の三界萬霊塔がある

万治二年（1659）の創建。笹原新田を開発した人々が京都伏見稲荷を勧請したもので「藤森稲荷大明神」と呼ばれた

【薬師寺村】地名は天武天皇八年（679）皇后の病気平癒祈願のため当地に下野薬師堂を建立したところに由来している。村内には春秋二回の「馬市」と一と六の付く日に「六斎市」が立った

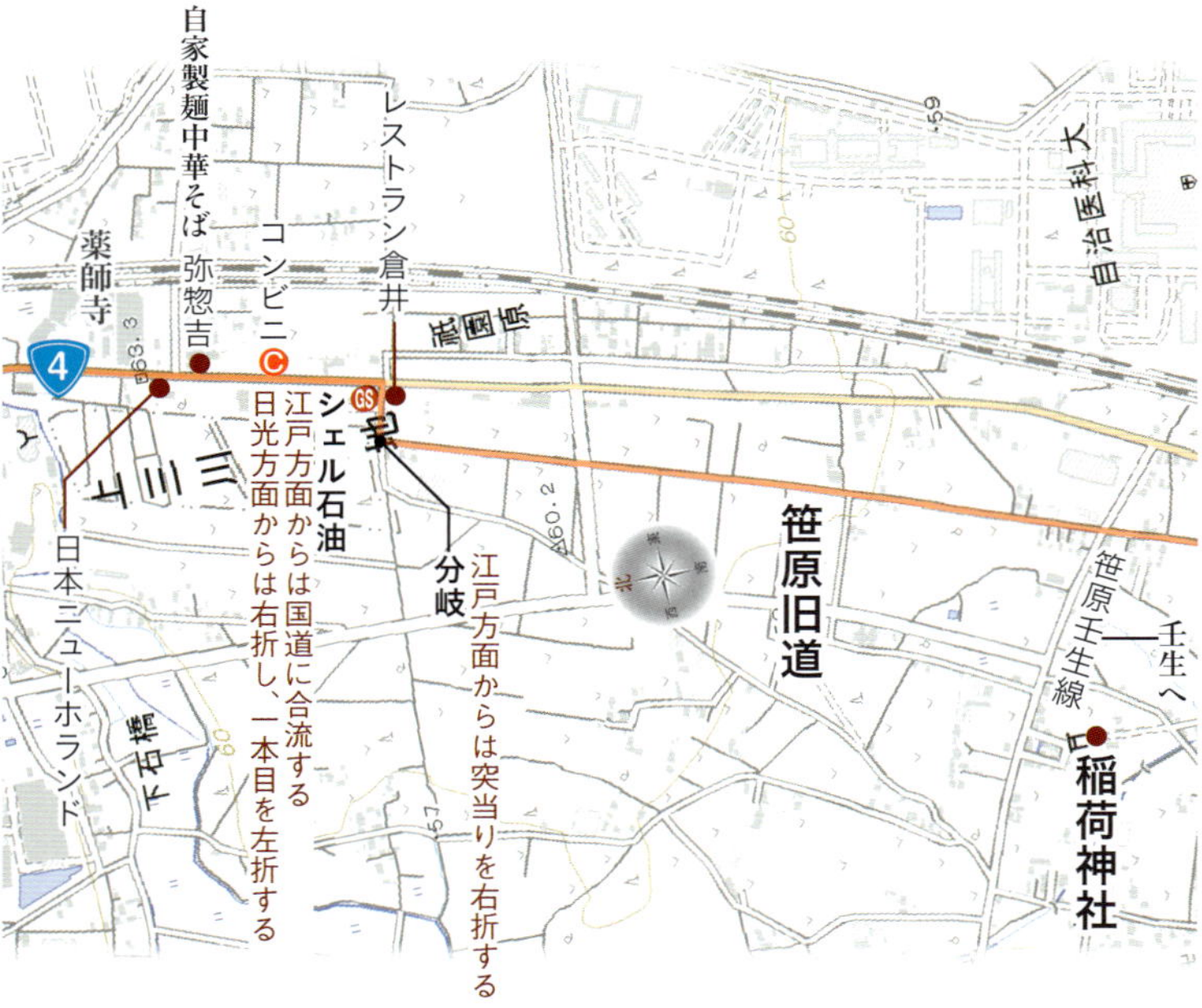
自家製麺中華そば 弥惣吉
レストラン倉井
コンビニ
薬師寺
4
祇園原
自治医科大
シェル石油
江戸方面からは国道に合流する
日光方面からは右折し、一本目を左折する
分岐
江戸方面からは突当りを右折する
笹原旧道
笹原壬生線
壬生へ
稲荷神社
日本ニューホランド
下石橋
0
250
500m

【笹原旧道】天明八年（1788）幕府巡見使に同行した古川古松軒は「小金井の辺りより街道の左右に樹木繁りて、日影はいうに及ばず、雨も洩らぬように見えたり、桧、榎、松、杉の大木蒼々と茂り合いて間あいだに田畑これありよき道なり」といっている。今は田畑が広がり日光連山や筑波山が眺望できる。

【下石橋の一里塚】日本ニューホランド裏の雑木林の中に残されているともいうが位置は不明。両塚共下石橋村地内で塚木は杉であった。江戸日本橋より二十三里目

黒豚とんかつ、隣に堂々たる長屋門がある
合掌
下石橋
正門脇に巨大な慈母観音立像がある
丸大食品
第二工業団地
下石橋
そば処 三幸
国道352号線高架をくぐる
下石橋北
352
石仏石塔群
星宮神社社標
星宮神社
うなぎ・天ぷら・ふぐ 江川
ラーメン屋 味番人
本町
下石橋
花の木（一）
花の木（二）

【下石橋村】当初幕府領、文政年間（１８０４～３０）からは壬生藩と下総佐倉藩の相給地《あいきゅうち》となった。石橋宿の助郷村で、年貢米の津出しは約二里余離れた思川の三拜河岸であった

宝永七年（１７１０）と享保三年（１７１８）造立の地蔵菩薩立像や延享四年（１７４７）建立の十九夜塔等が旧道側を向いて祀られている

宝治二年（１２４８）の創建、下石橋村の総鎮守

小金井

7.2km 一里十八町

石橋

一里二十三町 6.6km

雀宮

エリア＝栃木県下野市石橋
最寄り駅＝ＪＲ東北本線 石橋駅

【石橋宿】

石橋の地名は池上明神前の石橋に由来する、宿は幕府領で代官北条雄之助が支配した。天保十四年（１８４３）の日光道中宿村大概帳によると宿内家数は七十九軒、うち本陣一、脇本陣一、旅籠三十軒、宿内人口は四百十四人（男百九十二人、女二百二十二人）で干瓢、瓢箪細工が名物であった

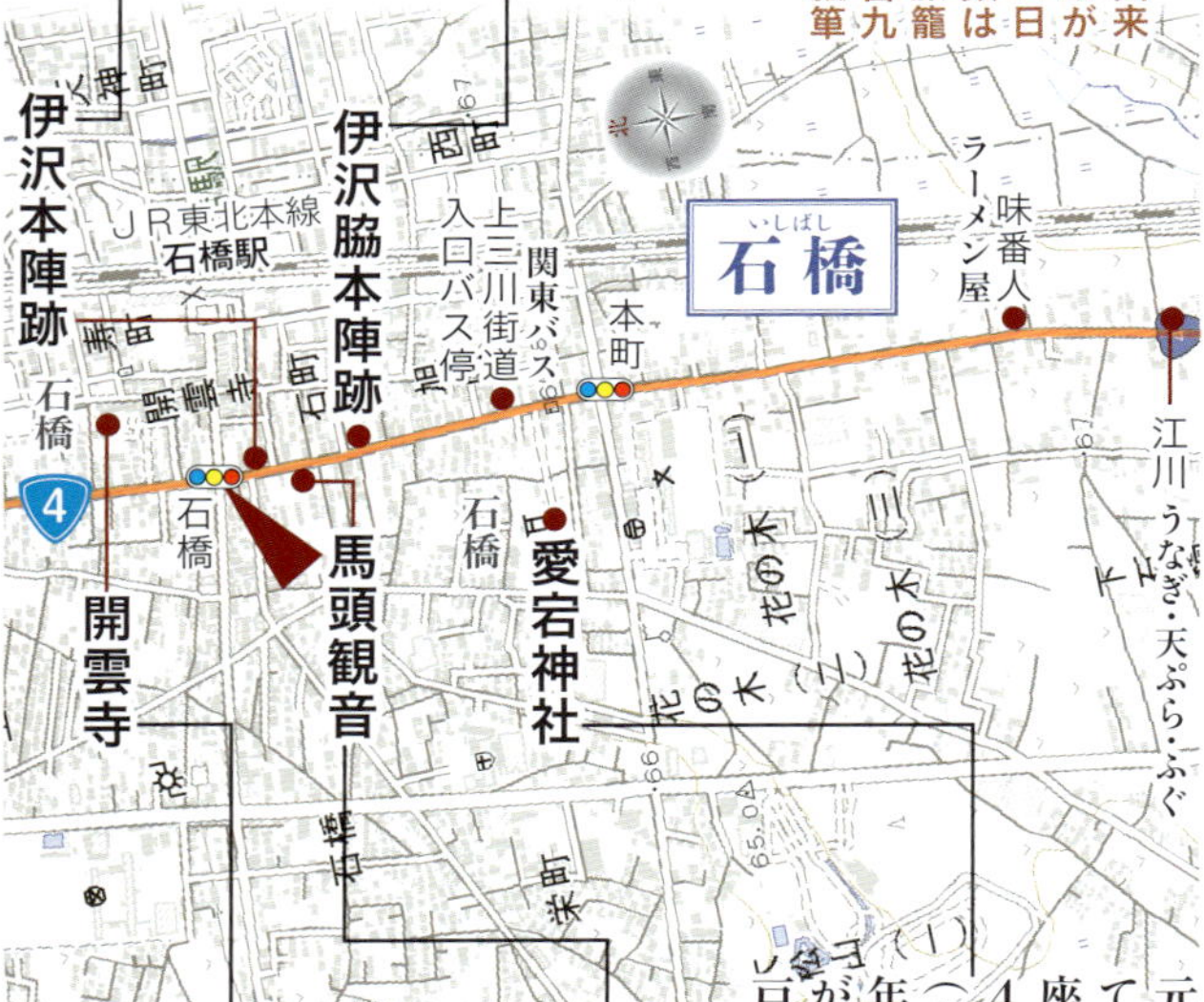

伊沢脇本陣跡
現「伊沢写真館」、伊沢家の祖は宇都宮氏の家臣であったが、慶長二年（１５９７）宇都宮氏の滅亡とともに没落しこの地に土着した。代々「八右衛門」を襲名し、建坪は百四十八坪であった

伊沢本陣跡
現「伊澤茶舗」。伊沢家の祖は脇本陣と同じで代々「新右衛門」を襲名し名主を兼ねた。建坪は百四十八坪であった

愛宕神社
元は下石橋愛宕塚古墳上に鎮座していたが大正二年（１９１３）に遷座した。参道脇には弘化四年（１８４７）建立の二十三夜塔、正徳三年（１７１３）建立の庚申塔、慶応二年（１８６６）建立の二十六夜塔等がある。参道口辺りが石橋宿の江戸口（南口）であった

馬頭観音
三面六臂馬頭観音像と石祠がある

開雲寺
新義真言宗石橋山。将軍日光社参の際「御殿所」となった。慶長九年（１６０４）幕府から寺領七石を賜り、葵紋の使用が許された。土塀は城郭様式で銃眼や矢狭間《やざま》がある。山門前には「明治天皇御駐輦之處」碑がある

0 250 500m

【下古山村《しもこやま》】

日光東照宮造営後に開かれた村で石橋宿の助郷村であった。年貢米の津出しは約一里半離れた思川の壬生河岸であった

如意輪観音像十九夜塔や馬頭観音等が四基並び、いずれも風化が進んでいる

【宿泊】
H1：石橋ビジネスホテル☎0285・52・0606

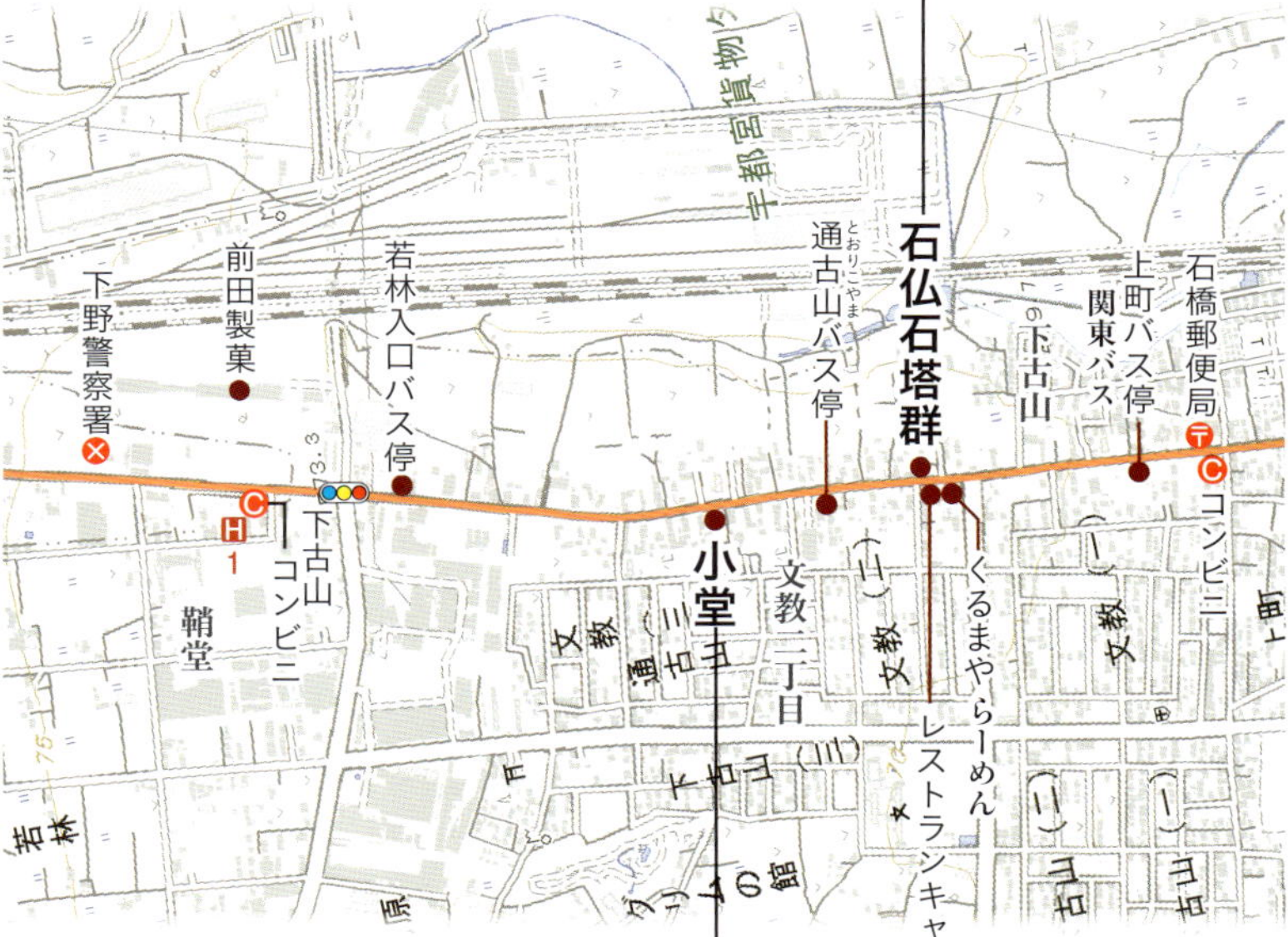

木造薬師如来立像と木造十二神将像が安置されている。元は宝泉院境内にあった薬師堂ともいう

【下古山の一里塚】

左右の塚共下古山村地内で塚木は松、桧、榎であった。下古山交差点辺りにあったともいうが位置は不明。江戸日本橋より二十四里目

康暦二年(1380)小山宇都宮の戦い(茂原合戦)で小山義政が宇都宮基綱を破った。村人が戦死者の鞘を拾い集め、ここに埋葬し堂を建て石造地蔵を安置した。八代将軍吉宗日光社参の際に休息所となった

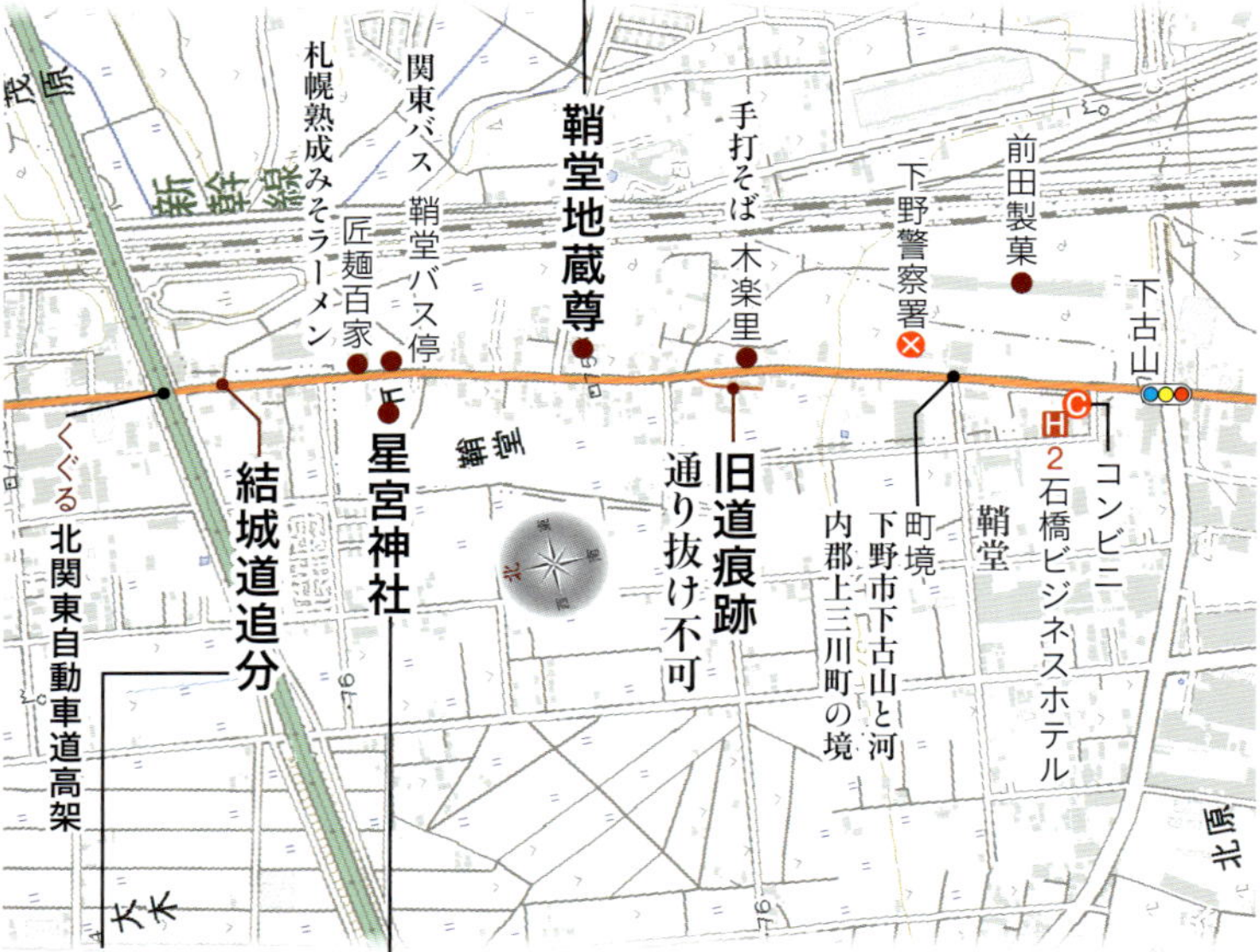

鞘堂新田村の鎮守。人々の背負う星々(一生)を守護している。境内には多数の石祠がある

結城道は結城、境、関宿を経て杉戸と粕壁の間に出た「日光東街道」とも呼ばれた。追分には一軒の茶屋があった

【鞘堂《さやどう》新田村】日光東照宮の造営後に開かれた村で石橋宿の助郷村であった。年貢米の津出しは思川の三拝河岸であった

0 250 500m

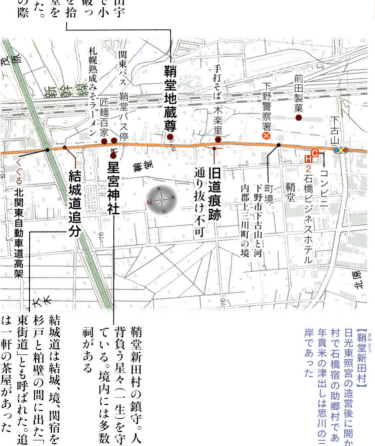

下野三十三観音霊場第二十番札所への道。観音堂には木造聖観世音菩薩立像が安置され、雀宮宿の繁栄を描いた絵馬が多数奉納されている

公園内に明治三十四年(1901)建立の題目碑「南無妙法蓮華経」がある

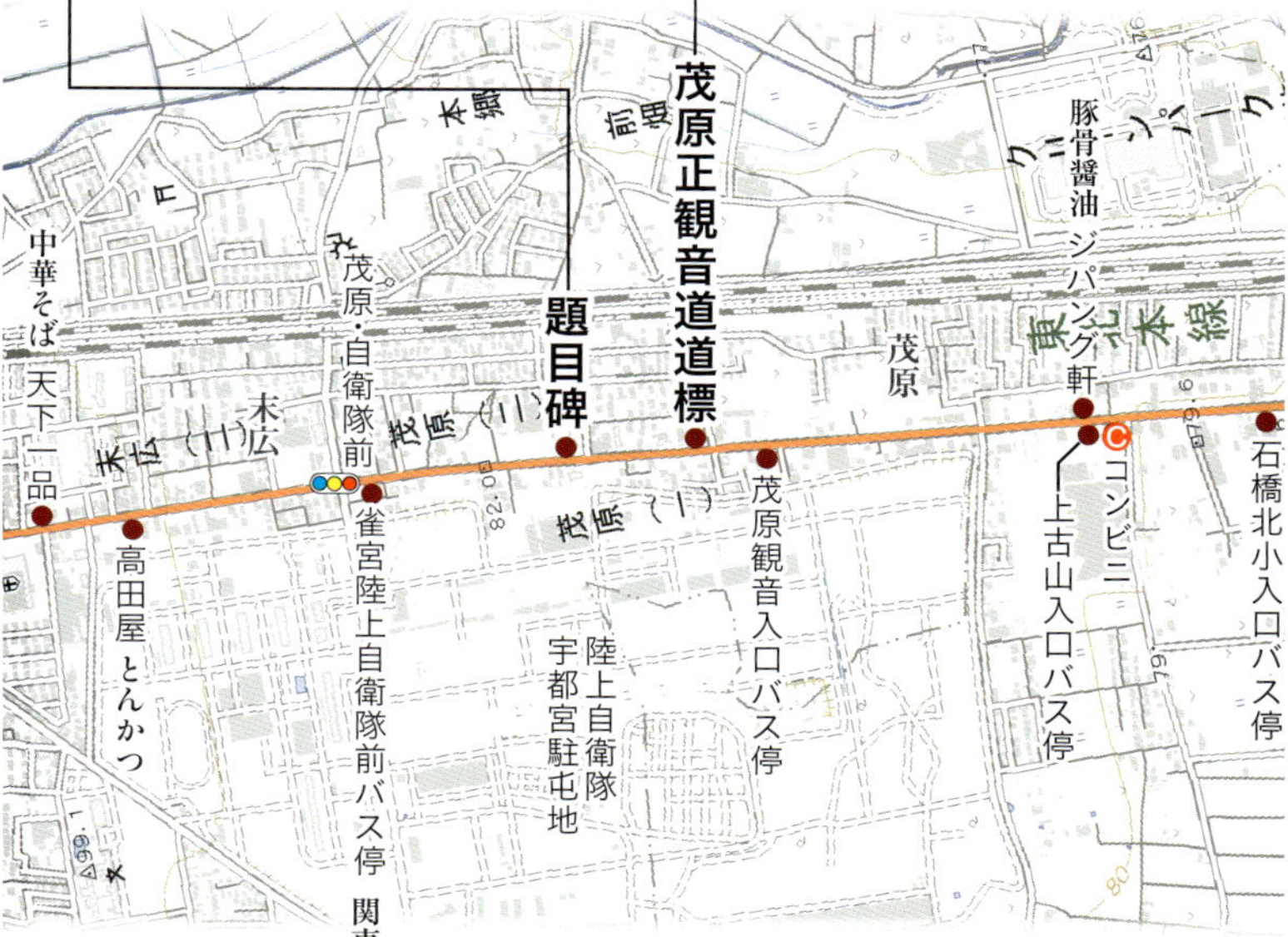

【茂原村】宇都宮藩領、年貢米の津出しは三里十町離れた思川の三拝河岸であった

石橋

6.6km 一里二十三町

雀宮

7.9km 二里一町

宇都宮

【雀宮宿】

日光道中の整備に伴い、雀宮村が開かれ宿駅となった。天保十四年（1843）の日光道中宿村大概帳によると雀宮宿の宿内家数は七十二軒、うち本陣一、脇本陣一、旅籠三十八軒で宿内人口は二百六十八人（男百三十八人、女百三十人）であった

【雀宮の一里塚】
雀の宮五丁目辺りにあったともいうが位置は不明。江戸日本橋より二十五里目

雀宮宿の江戸口（南口）で木戸と土塁があった

エリア＝栃木県宇都宮市雀の宮四丁目
最寄り駅＝ＪＲ東北本線 雀宮駅

【宿泊】
H1：ビジネスホテルパル☎028･653･0151

0 250 500m

門構えや式台等を残している。芦谷家が勤め名主、問屋を兼ね建坪は九十四坪余であった。明治十四年（1881）明治天皇奥州巡幸の際に休息所となった

祠の中に安政五年（1858）建立の馬頭観音と大正十一年（1922）建立の生駒神や勝善神が安置されている

長徳三年（997）八幡太郎義家の創建。雀宮村の鎮守。正徳三年（1713）東山天皇より金文字で「雀宮」と書かれた「勅額《ちょくがく》」が下賜され、この額が社頭にあるため日光社参の将軍や諸大名は参詣を常とした

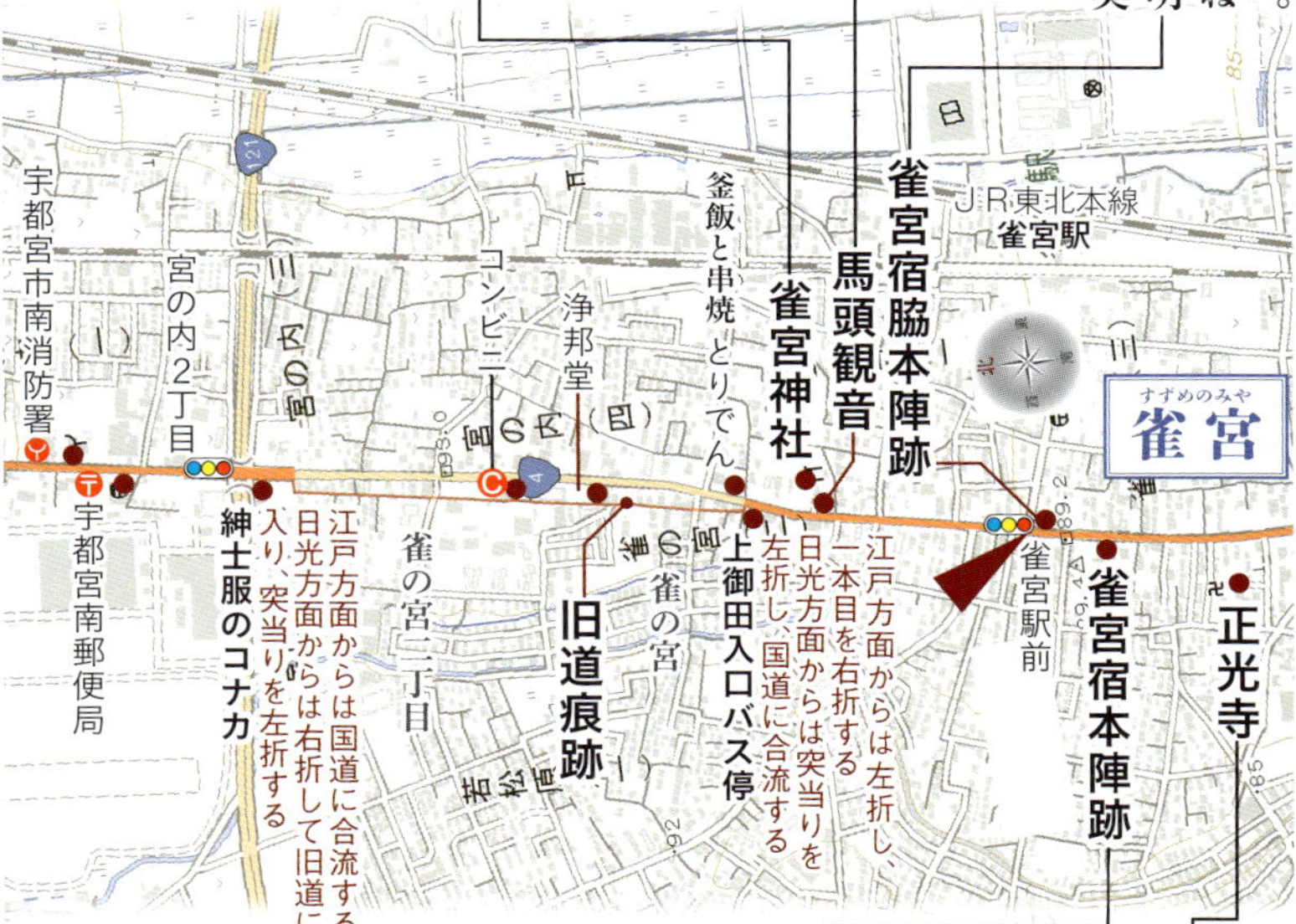

すずめのみや
雀宮
JR東北本線
雀宮駅
雀宮宿脇本陣跡
馬頭観音
雀宮神社
釜飯と串焼 とりでん
浄邦堂
コンビニ
宮の内2丁目
宇都宮市南消防署
宇都宮南郵便局
紳士服のコナカ
江戸方面からは国道に合流する
日光方面からは右折して旧道に入り、突当りを左折する
雀の宮二丁目
旧道痕跡
雀の宮
上御田入口バス停
江戸方面からは左折し、一本目を右折する
日光方面からは突当りを左折し、国道に合流する
雀宮駅前
雀宮宿本陣跡
正光寺

正徳五年（1715）の開基本尊は高さ二尺五寸の阿弥陀如来像、境内には牛頭天王社が祀られている

「雀宮本陣跡」碑がある。小倉半右衛門が勤め、名主、年寄を兼ね建坪は百十五坪であった。小倉家は宇都宮氏の家臣として二万石を領したが宇都宮氏が没落するとこの地に土着した

【雀宮由来】百人一首の歌人藤原実方《さねかた》が陸奥守として任地に赴任すると、妻の綾女が夫のもとに向ったが、この地で病死してしまった。夫も任地で死亡したが霊魂が雀となって飛来し、綾女塚の上まで来て息絶えた。里人が憐れみ塚上に綾女神社を祀り供養した

学問の神「菅原道真」を祀る天神社。この辺りは台新田村立場跡で高札場があった。領内の名主や町年寄は当社にて宇都宮藩主参勤の送迎を行った。将軍社参の際は境内に仮の御茶屋が設けられた

菅原神社
台新田
釜揚げうどん 丸亀製麺
コンビニ
寿《す》鶴《ず》薬師堂
台新田神社前バス停
台新田町
台新田
航空学校前バス停
北宇都宮駐屯地
横田新町
ハッピースリー ハンバーグの台所
上横田町
陸上自衛隊 北宇都宮駐屯地
田中屋 きそば・うどん
麺家くわんと 濃厚豚骨
東横田入口バス停
宇都宮市南消防署
宇都宮南郵便局
宮の内2丁目
城南(二)
城南(三)
横田新町
宮の内(一)

堂内には地蔵尊や如意輪観音像等が安置されている。この辺りが上横田村と台新田村の境であった

【上横田村】
村内の東には筑波山、益子山、茂木山が遥かに見え、西に鍋山、出流山、大平山が遠望できる景勝地であった

0 250 500m

【江曽島《えそじま》の一里塚】

一里交差点辺りにあったが東北線敷設で取り壊された。西塚は桧、東塚は杉であった。江戸日本橋より二十六里目

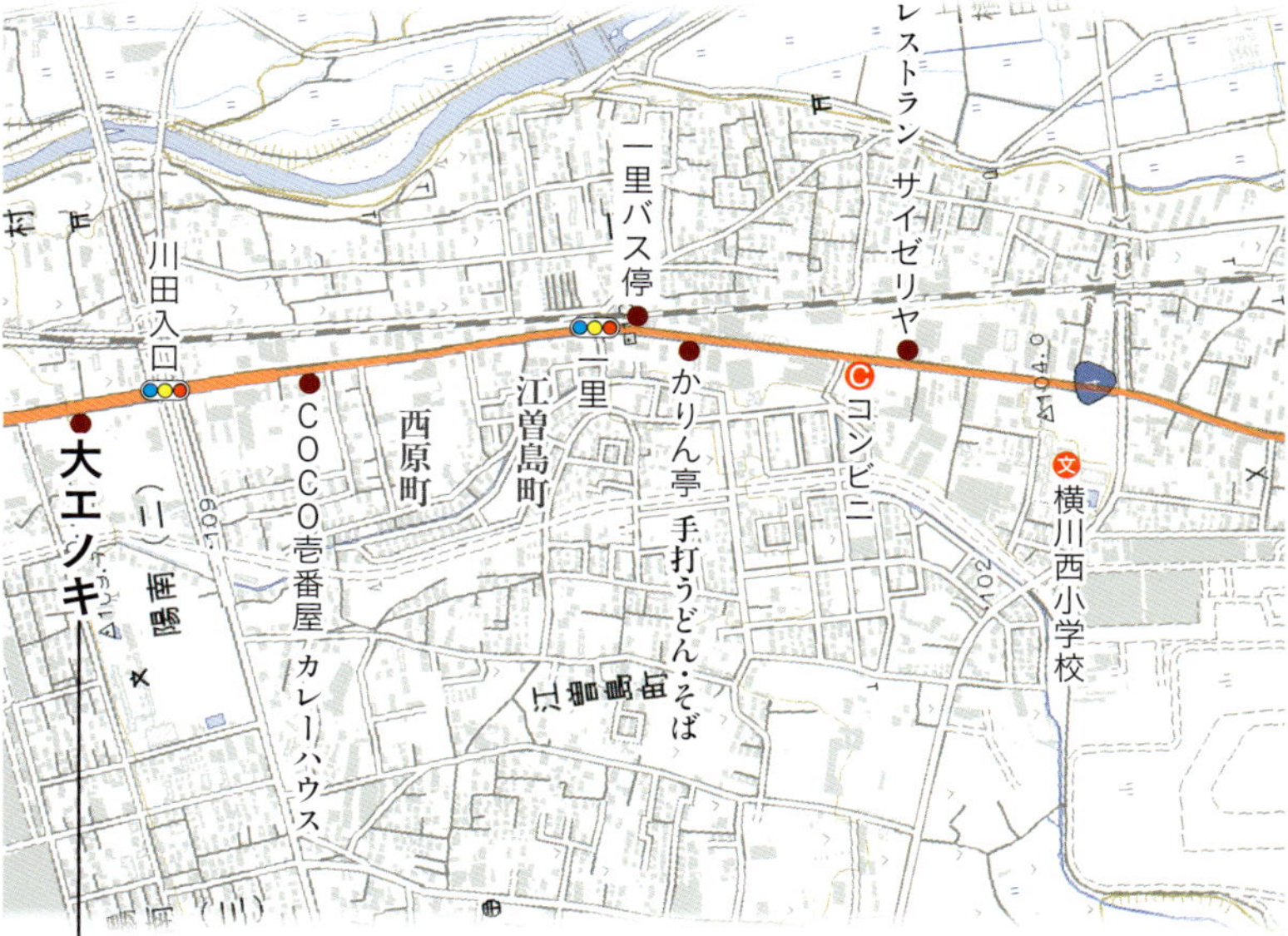

イタリアンカフェ&レストラン サイゼリヤ
一里バス停
川田入口
一里
江曽島町
西原町
かりん亭 手打うどん・そば
COCO壱番屋 カレーハウス
コンビニ
横川西小学校
大エノキ

【台新田村】

当初は「横田新田村」と呼ばれたが、高台に位置しているところから「台新田村」と改称された。雀宮宿の助郷村であった

根方に鳥居と石祠が祀られている

雀宮

7.9km 二里一町

宇都宮

10.5km 二里十八町

徳次郎

エリア＝栃木県宇都宮市伝馬町三丁目
最寄り駅＝JR東北新幹線・JR東北本線
宇都宮駅 東武宇都宮線 東武宇都宮駅

【宇都宮宿】

宇都宮は二荒山神社の門前町として栄え、地名は下野國「一の宮」や奥州攻めの源氏勢が戦勝祈願をした「討つの宮」を地名の由来としている。その後宇都宮藩の城下町として発展し、主要街道の要衝、そして鬼怒川の舟運によって江戸と結ばれ、日光道中一番の賑わいであった。天保十四年(1843)の日光道中宿村大概帳によると宇都宮宿の宿内家数は千二百十九軒、うち本陣二、脇本陣一、旅籠四十二軒で宿内人口は六千四百五十七人であった

宇都宮朝綱《ともつな》が造立した不動明王が安置されている。傍らの昭和三年(1928)建立の道標には「正面東京ニ至ル 右奥州街道及日光街道 左裁判所前ニ至ル」と刻まれている

この辺りが宇都宮宿の江戸口(南口)で木戸、土塁、番所があり、明六つから暮六つまで通行が許された

【宇都宮城釣天井事件】

元和八年(1622)二代将軍秀忠は日光社参の帰路、宇都宮城での宿泊を急遽取り止めてしまった。城内の湯殿に釣天井が仕掛けられ、秀忠の圧死を計画した謀反との伝説を生んだ。実態は秀忠の若い側近と家康の旧臣本多正純との確執に他ならない

高山彦九郎、林子平と並ぶ寛政三奇人のひとり。明和五年（1768）宇都宮で生まれる。尊皇家で明治になって遺功が追賞された

この辺りに住いした者の歌が万葉集に載ったのが地名の由来。ここには宇都宮城の木戸口があり番所が置かれた

応永十二年（1405）宇都宮十二代城主満綱が造立した銅造阿弥陀如来坐像は「汗かき阿弥陀」と呼ばれ、異変が起こる前に汗をかいたという（国重文）

学問の神である菅原道真を祀っている。宇都宮城西の守護神であった

武家屋敷に通じる木戸があり、武士が城内に通う朝晩だけ開門され、日中は閉門されたため「不明門《あかずのもん》」と呼ばれた

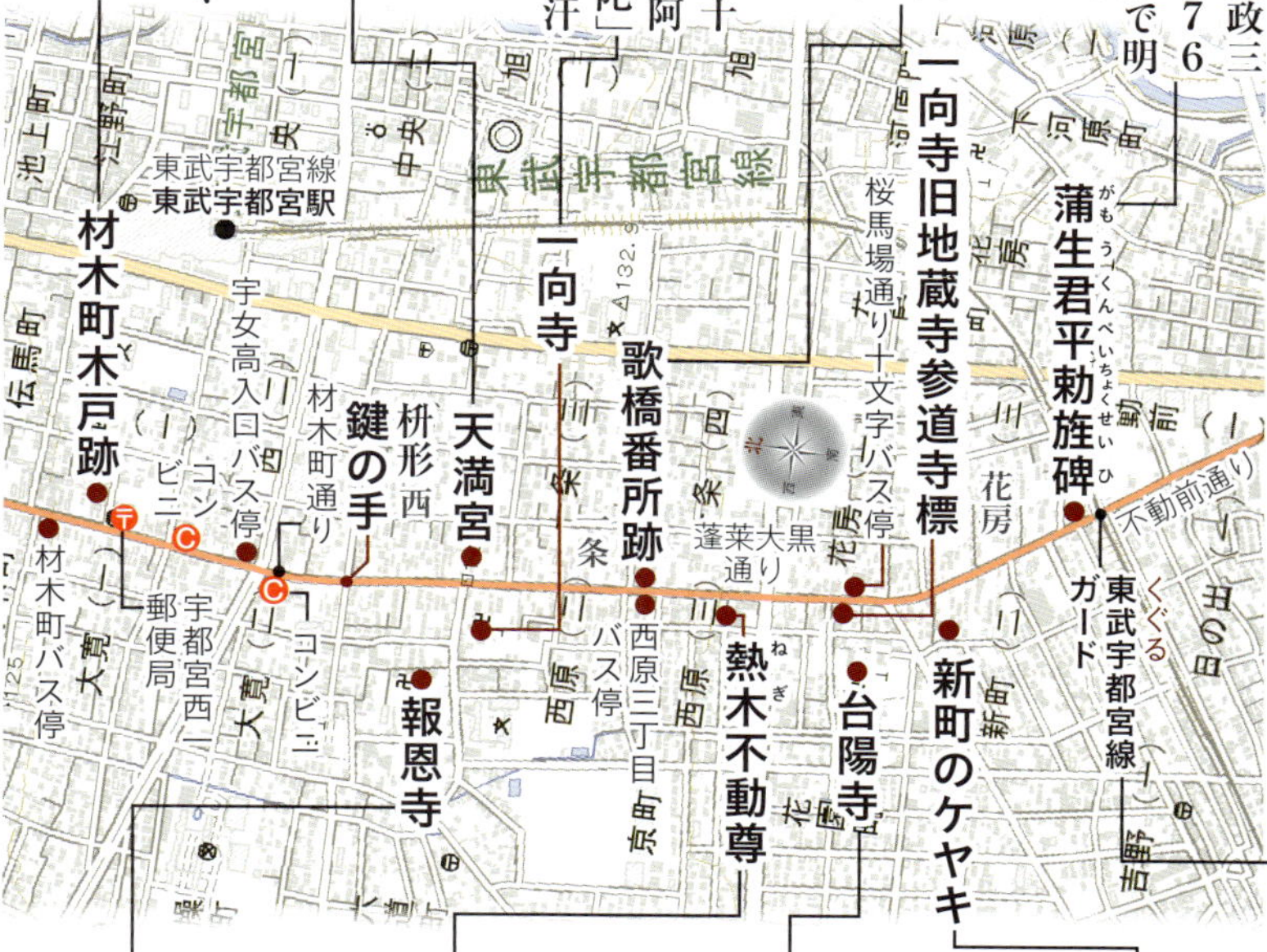

蒲生君平勅旌碑《がもうくんぺいちょくせいひ》
一向寺旧地蔵寺参道寺標
一向寺
歌橋番所跡
天満宮
鍵の手
材木町木戸跡
新町のケヤキ
台陽寺
熱木《ねぎ》不動尊
報恩寺
東武宇都宮線
東武宇都宮駅
東武宇都宮線ガード
くぐる
不動前通り
桜馬場通り十文字バス停
蓬莱大黒通り
宇女高入口バス停
材木町通り
枡形西
西原三丁目バス停
材木町バス停
宇都宮西二郵便局
コンビニ
花房
新町
西原
大寛
伝馬町
池上町
江野町
旭
中央

推定樹齢八百年で県指定天然記念物であったが、平成二十五年（2013）台風18号で半倒壊し、その後伐採された。切株を残している

曹洞宗西原山。慶長十年（1605）の創建。墓所には戊辰戦役で戦死した宇都宮藩士の墓がある。参道の「子安地蔵尊」は宇都宮藩主戸田氏の守り地蔵尊であった

康平二年（1059）初代下野国司宇都宮宗円が奥州征伐の戦勝を祈願して彫った不動尊を祀っている。宇都宮城乾の守護仏であった

茅葺きの山門は寛永十六年（1639）創建時のもの。境内には戊辰戦役で戦死した薩摩、長州、大垣藩士の「戦死烈士之墓」がある

江戸方面からは左折して「本郷町通り」に入る
日光方面からは突当りの国道を右折する

現「（株）上野」。油を商い副産物の油粕を肥料として農家に販売していた

木造延命地蔵菩薩立像（県指定）を安置する地蔵堂は享保年間（1716～35）の建立で市内最古。山門前には「蒲生君平先生少年時代修学の寺」碑がある。住職良快から読み書きの手ほどきを受けた

四国金毘羅山の分霊を祀っている。境内には清住不動尊がある

墓所には蒲生君平や戊辰戦役で戦死した宇都宮藩士の墓がある。本堂は官軍の官舎となり会津藩の襲撃を受け灰燼に帰してしまった

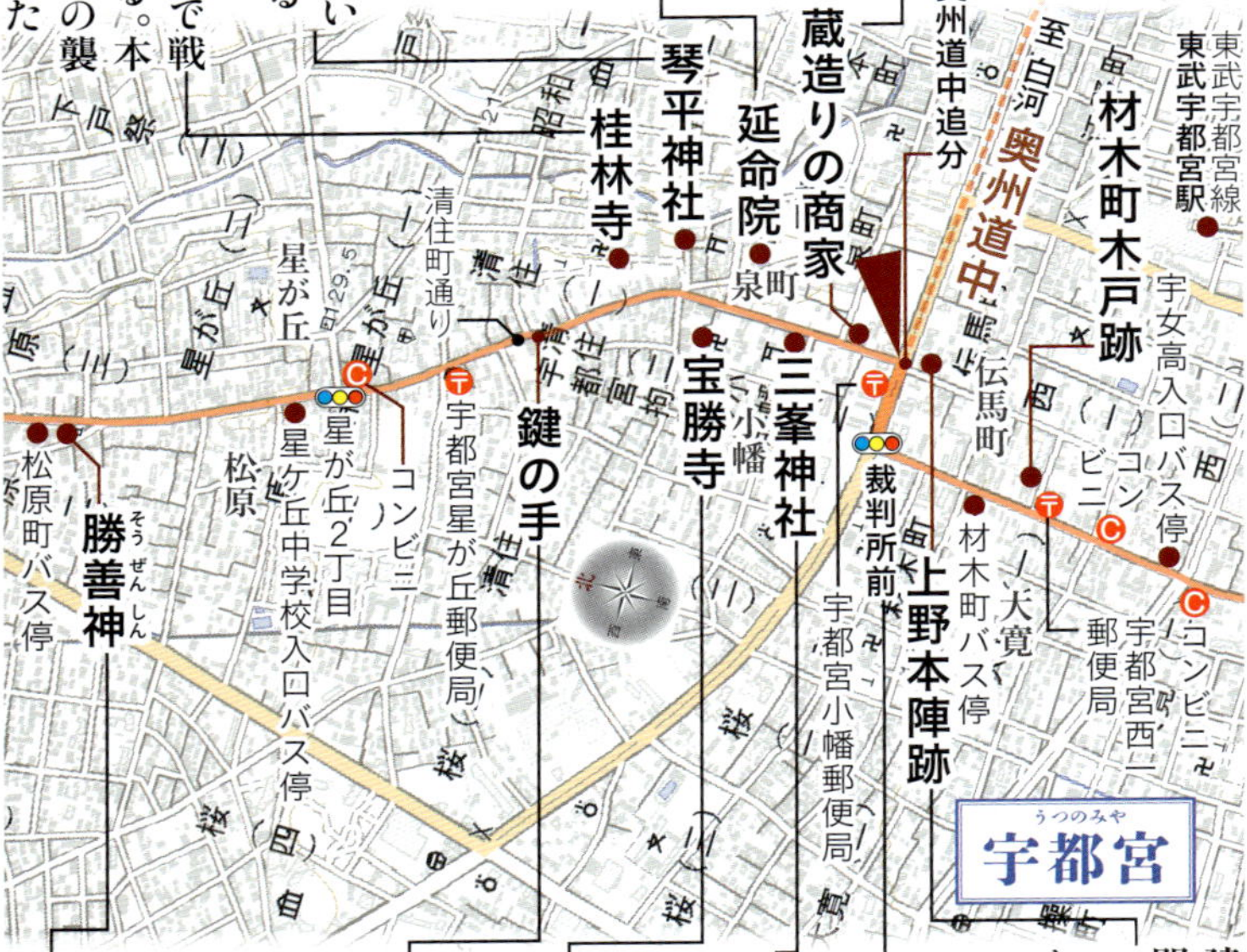
奥州道中追分
至白河
奥州道中
東武宇都宮線
東武宇都宮駅
材木町木戸跡
蔵造りの商家
延命院
琴平神社
桂林寺
泉町
清住町通り
星が丘
鍵の手
宝勝寺
三峯神社
上野本陣跡
裁判所前
宇都宮小幡郵便局
小幡
伝馬町
材木町バス停
宇女高入口バス停
コンビニ
宇都宮西二郵便局
大寛
宇都宮星が丘郵便局
星が丘2丁目
星ケ丘中学校入口バス停
松原
松原町バス停
勝善神《そうぜんしん》
宇都宮《うつのみや》
0 250 500m

建坪百九十一坪余で門構え玄関付であった。庭木の大イチョウを残している。問屋を兼ね貫目改所が置かれた

江戸方面からは突当りを右折する
日光方面からは左折する

天保三年（1832）武州三峰山（火防の神）の分身を祀ったのが始まり

宇都宮七代城主景綱の創建。境内には日限地蔵尊がある

枡形の痕跡を残している

【宇都宮の一里塚】

宝勝寺参道口辺りにあったともいうが位置は不明。塚木は杉であった。江戸日本橋より二十七里目

神道の牛馬の守護神で仏教系の馬頭観音にあたる

【戸祭村】

地名は土を祀る「土祭」が転訛して「戸祭」となった。宇都宮藩領で年貢米の津出しは鬼怒川の石井河岸であった

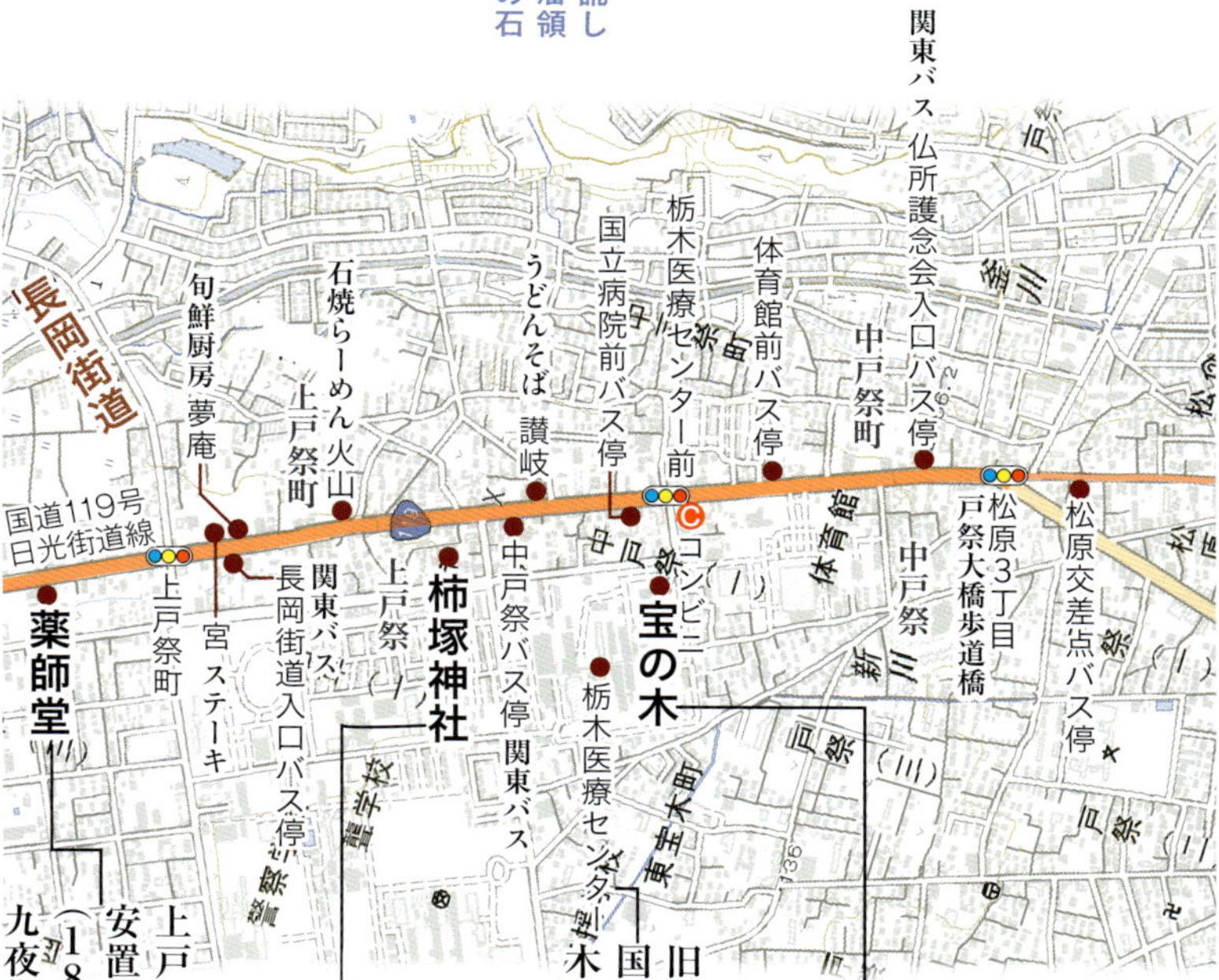

栃木医療センターの敷地内。和名は「猿の手柏《このてかしわ》」で推定樹齢四百五十年以上、「宝木《たからぎ》」の地名由来になった

旧国立栃木病院。この地は旧帝国陸軍第14師団の駐屯地で栃木医療センターは師団司令部跡

境内の神輿庫には「石橋町無形文化財神輿師」作の精巧な神輿が保管されている

上戸祭公民館敷地奥。薬師如来を安置している。堂脇には文政五年(1822)建立の如意輪観音像十九夜供養塔等の石仏石塔群がある

江戸方面からは国道119号線の両側に桜の古木並木が始まる

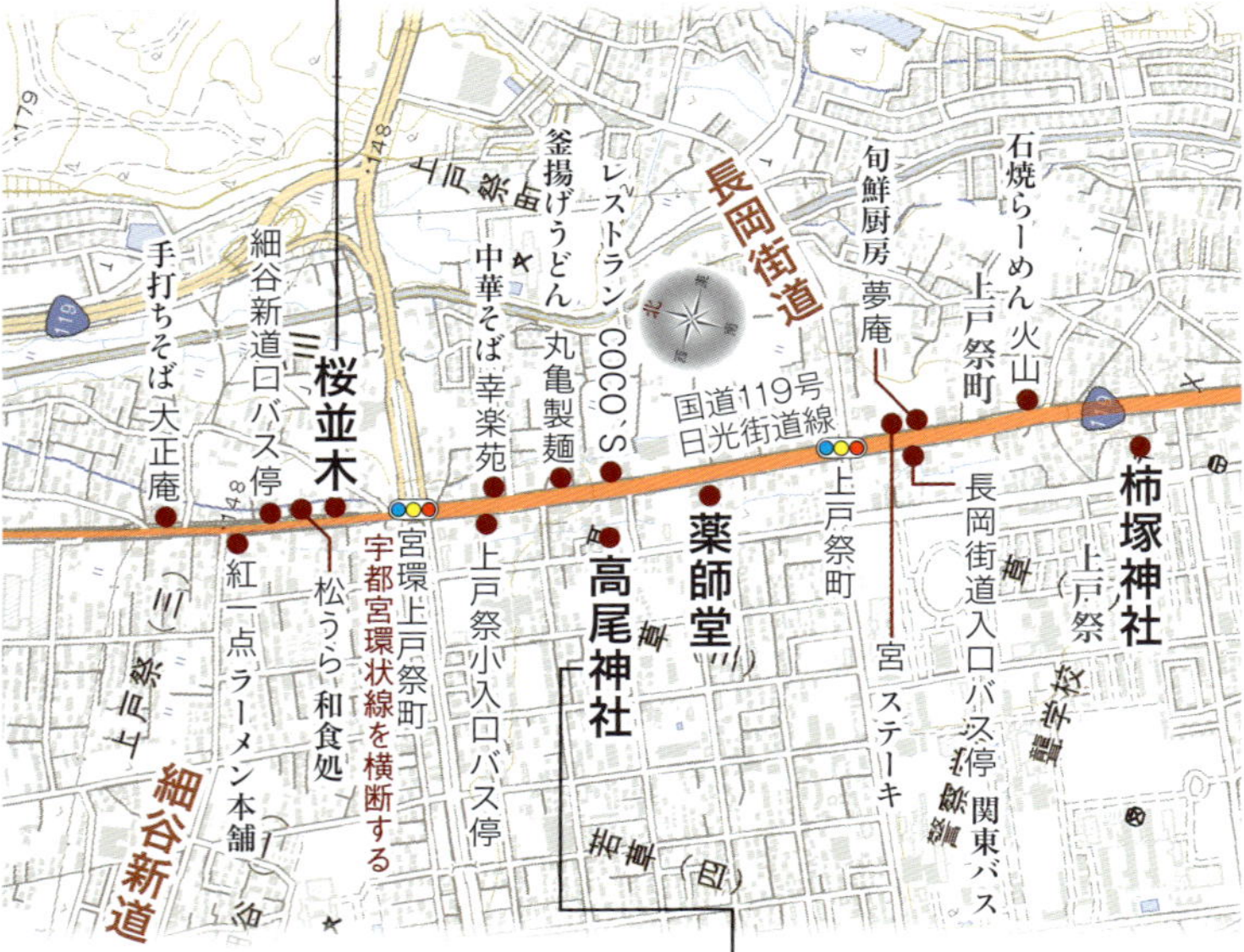

境内の地蔵堂には「妙吉安産子育高地蔵尊」が安置されている。堂裏の「妙吉塚」上には宝篋印塔が安置されている

両塚共並木の外側に原型をとどめている。昭和五十八年（1983）に修復整備された。江戸日本橋より二十八里目

弁天沼に源を発し、流末は田川に落合う。流域の地形が侵食によって釜のような形をしているところを由来としている

亀田家の庭内にある桜の古木。一枝に八重と一重の花が咲き、兜のような珍しい花も咲くという。奥州に落ち延びた義経を追う静御前の「桜の杖」が根付いたものと伝わる

真言宗智山派。薬師堂の野沢桜本薬師は里人から篤く信仰された。寺前には野沢村の立場があった。将軍日光社参の際は境内に御茶屋が設けられた

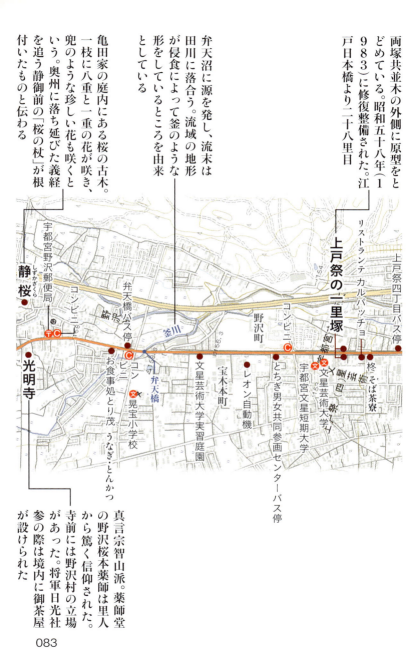

【下金井村】

当初宇都宮藩領で嘉永三年（1850）より幕府領となった。徳次郎宿の助郷村で、年貢米の津出しは約三里余離れた鬼怒川の石井河岸であった。嘉永五年（1852）二宮尊徳が村内の低台地に杉、ヒノキを植栽し「二宮林」と呼ばれた

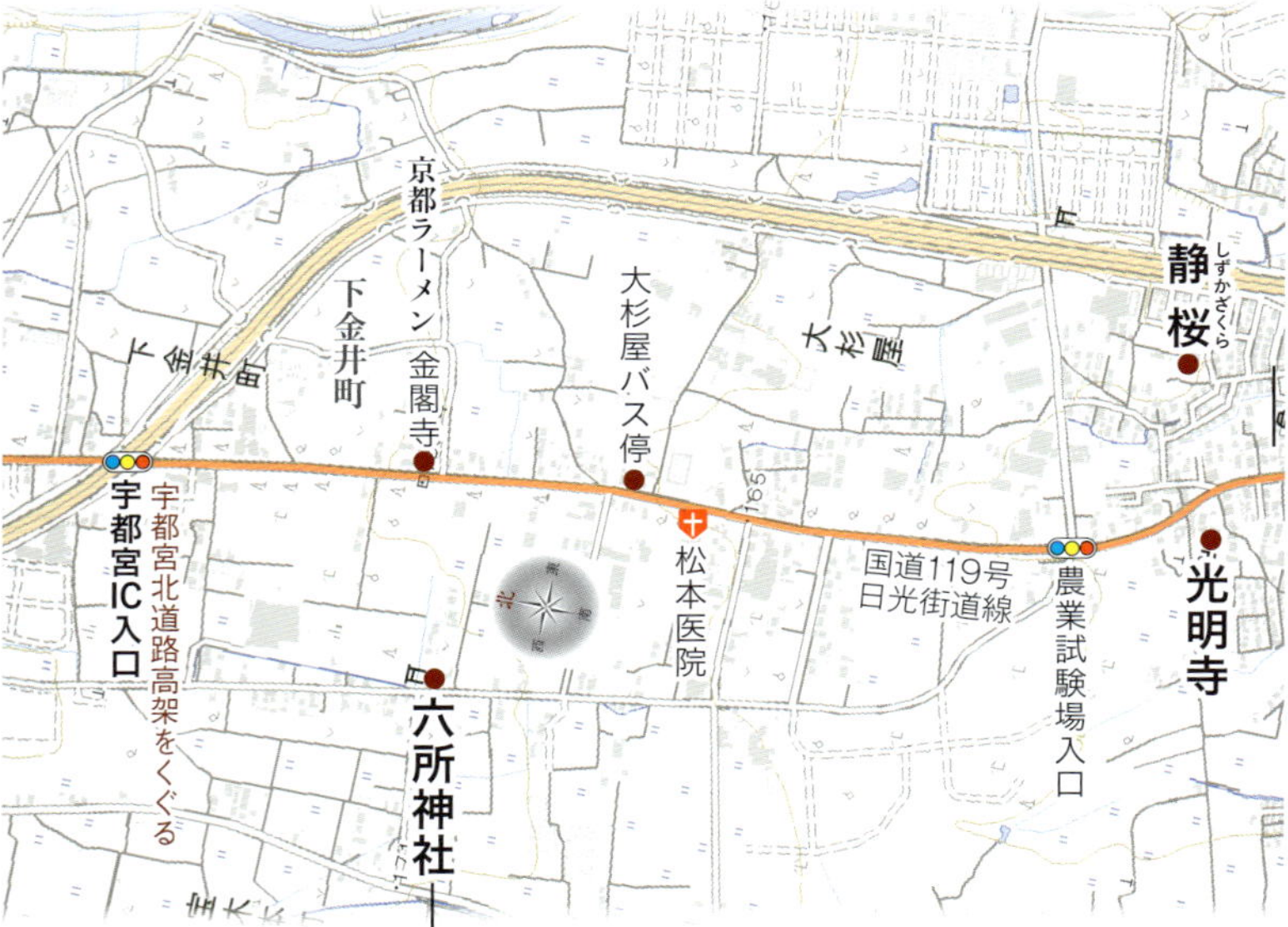

【野沢村】
当初宇都宮藩領で嘉永三年（1850）より幕府領となった。徳次郎宿の助郷村であった。年貢米の津出しは約三里離れた鬼怒川の石井河岸であった。宇都宮宿と徳次郎宿の中間に位置する間の宿で立場があった

藤岡新田村の総鎮守。上州藤岡の者がこの地で新田開発を行った。境内には宝篋印塔や弘化四年（1847）建立の如意輪観音像十九夜供養塔等がある

東塚は昭和五十八年（1983）に補修され塚木は杉、西塚は原型を残し塚木は桜と桧。江戸日本橋より二十九里目

大正四年（1915）建設の水道施設で浄水の送水管にかかる水圧を調整している。レンガ造上屋《うわや》は登録有形文化財指定

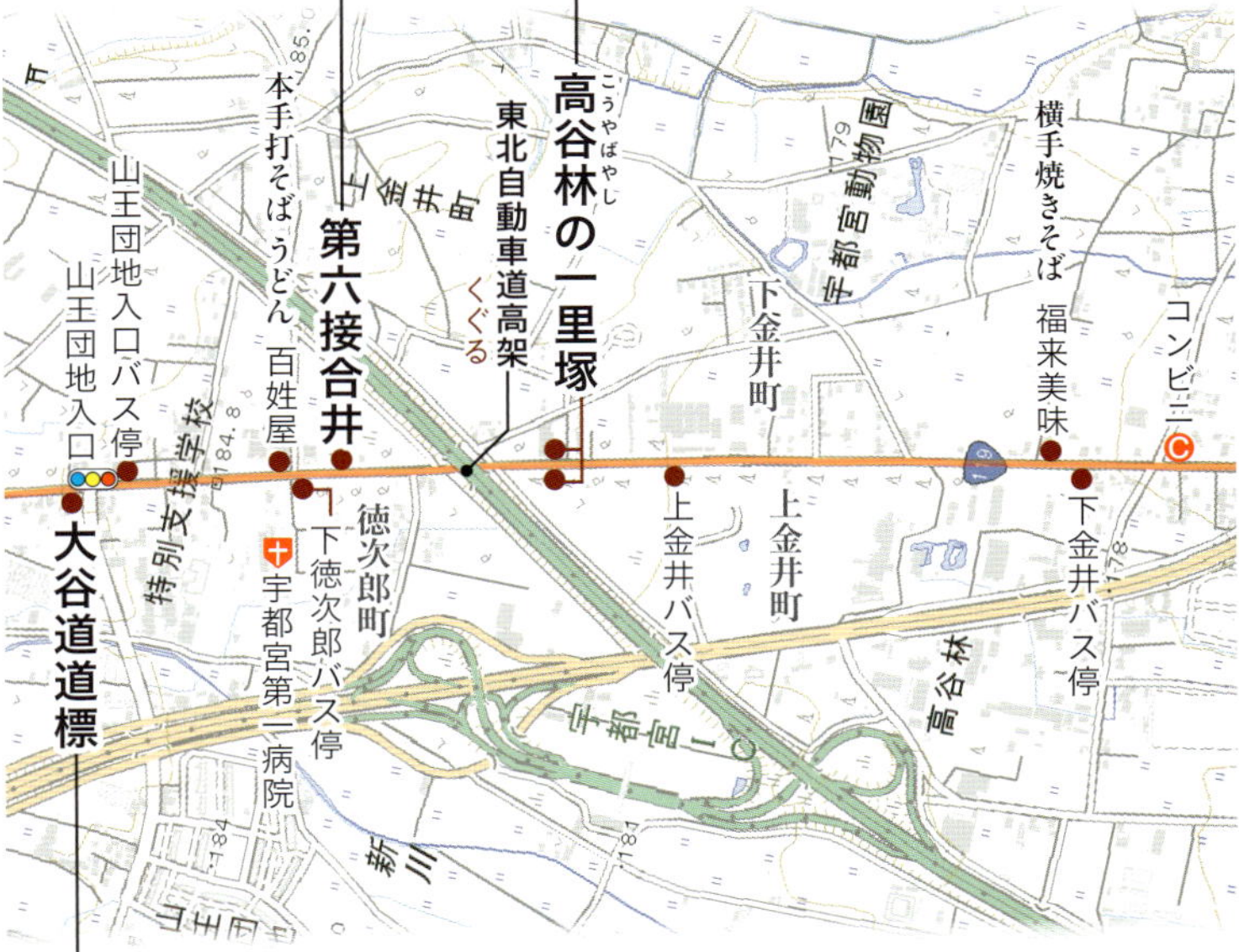

「大谷道」「下徳次郎」と刻まれている。かつてはここから大谷観音への道があったが廃道となった

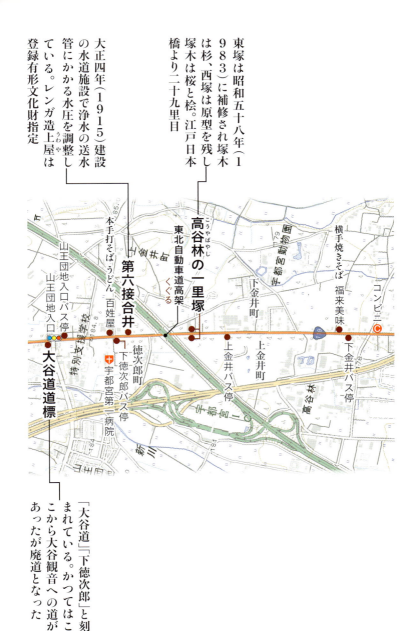

宇都宮
10.5km 二里十八町

徳次郎

9.6km 二里九町
大沢

エリア＝栃木県宇都宮市徳次郎町
最寄り駅＝宇都宮駅西口より関東自動車バス

【徳次郎《とくじら》宿】

徳次郎宿は下、中、上の三宿で一宿とし、問屋は各宿にあり、月のうち上十日は中徳次郎、中十日は上徳次郎、下十日は下徳次郎が勤めた。天保十四年(1843)の日光道中宿村大概帳によると宿内家数は百六十八軒、うち本陣二、仮本陣一、脇本陣三、仮脇本陣一、旅籠七十二軒で宿内人口は六百五十三人(男三百三十九人、女三百十四人)であった

徳次郎城址
徳次郎城は後北条氏と手を結び宇都宮氏侵攻を企てる日光山僧兵の動きを封じるために、宇都宮二十二代城主国綱の家臣新田徳次郎昌言が築いた平城、宇都宮氏の滅亡にともない廃城となった。外堀、内堀、本丸跡等を残している

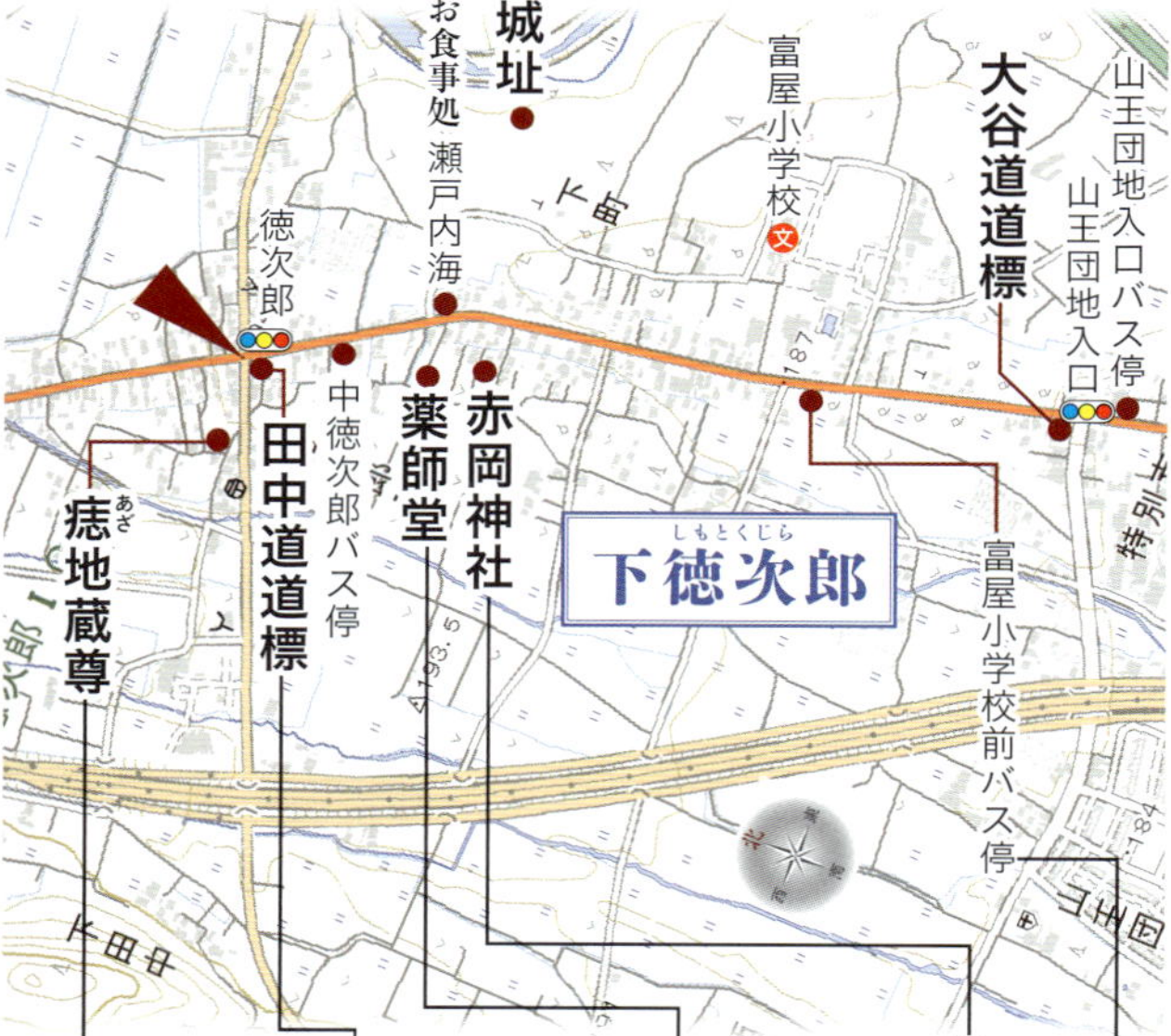
お食事処 瀬戸内海
富屋小学校
大谷道道標
山王団地入口バス停
山王団地入口
徳次郎
中徳次郎バス停
下徳次郎《しもとくじら》
0
250
500m

富屋小学校前バス停
この辺りが徳次郎宿の江戸口(南口)であった

赤岡神社
神社脇には下町屋台庫がある

薬師堂
山門は宝暦元年(1751)の建立。境内の覆屋内には六地蔵石幢、如意輪観音像十九夜塔、三面六臂馬頭観音像が安置されている

田中道道標
「神社入口道約五丁田中道」と刻まれている。神明宮への道標

痃《あざ》地蔵尊
土中から掘り出された地蔵尊で「あざ」や「いぼ」に霊験あらたかという

【徳次郎由来】
地名の起こりは宝亀九年（778）日光二荒山より智賀津明神を勧請した際、日光山の「久次郎《くじら》」に対して外なるところから「外久次郎《そとくじら》」と称し「徳次郎《とくじら》」と転訛した

宝亀九年（778）日光二荒山神社の分霊を千勝森に勧請し「智賀都明神」と称し、徳次郎六ケ郷の鎮守。参道口の「長寿の夫婦ケヤキ」は推定樹齢七百年で県天然記念物指定

二宮尊徳の設計で安政六年（1859）に完成した堰。田川から取水し徳次郎、宝木を経て宇都宮に用水を引いた

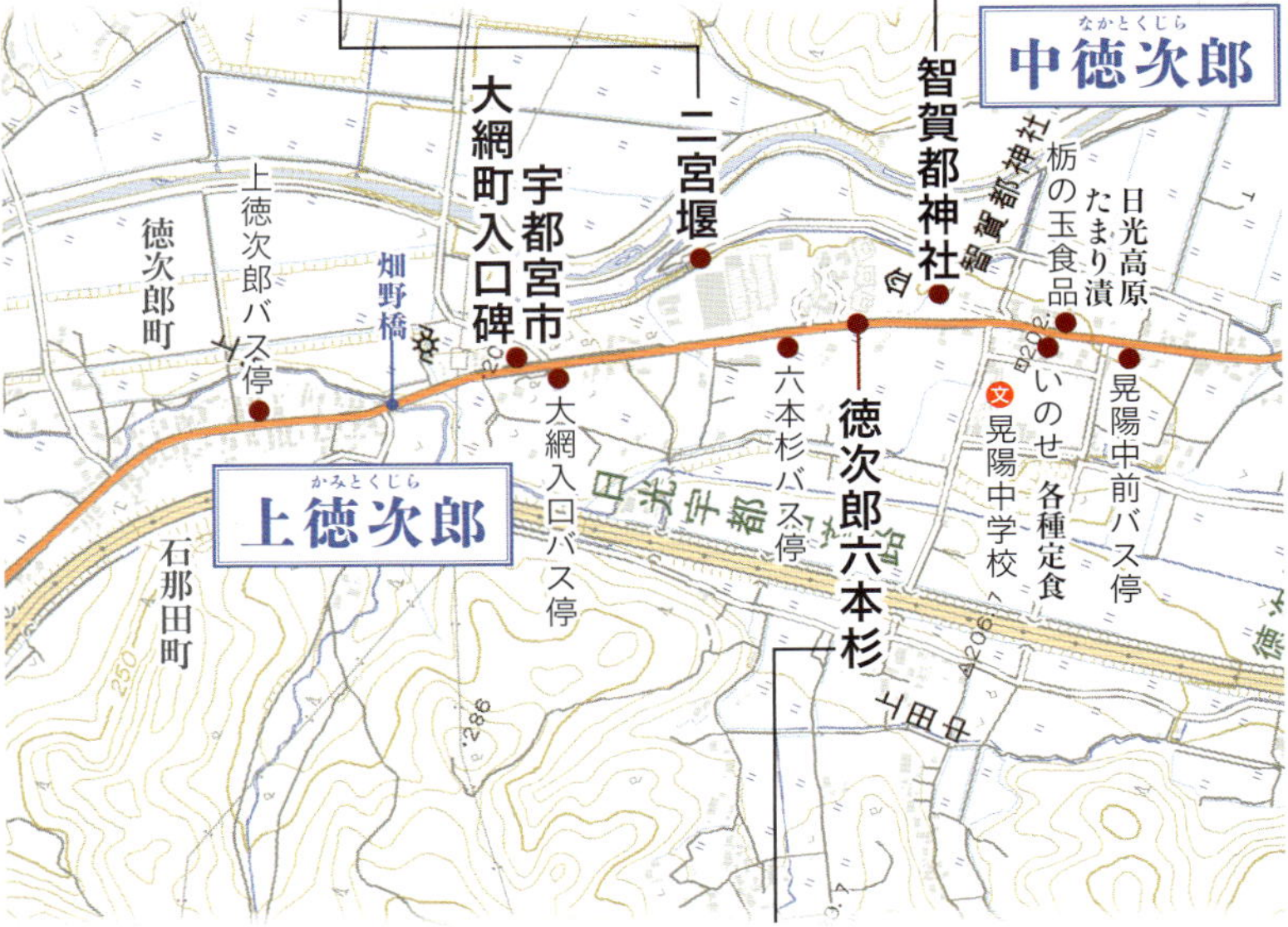
中徳次郎《なかとくじら》
智賀都神社
二宮堰
大網町入口碑
宇都宮市
栃の玉食品
日光高原
たまり漬
いのせ 各種定食
晃陽中学校
晃陽中前バス停
六本杉バス停
大網入口バス停
徳次郎六本杉
上徳次郎バス停
畑野橋
徳次郎町
上徳次郎《かみとくじら》
石那田町
日光宇都宮道路

中央分離帯に復元されている

【二宮尊徳】

天明七年（1787）相州小田原の農家に生まれ、長じて小田原藩の家老服部家の財政を再建させ、武士に取り立てられた。嘉永六年（1853）幕命により疲弊した日光神領八十九ケ村の復興に尽力した

北塚を残している。「六本木の一里塚」ともいう。江戸日本橋より三十里目

嘉永五年（1852）二宮尊徳の指導で堰が築かれ上中下徳次郎、西根、田中、門前に用水を引いた。一角に二宮金次郎像や石祠、記念碑等がある

「従是（此）西日光山御領」見目《けんもく》家の裏庭にある。元は徳次郎宿と下石那田村の境にあったが、官軍の戊辰戦役「日光攻め」に際して徳川家所縁の地であるとの誤解を避ける為に名主を勧めた当家がここに隠した

猪倉《いのくら》を経由して日光壬生道に至る

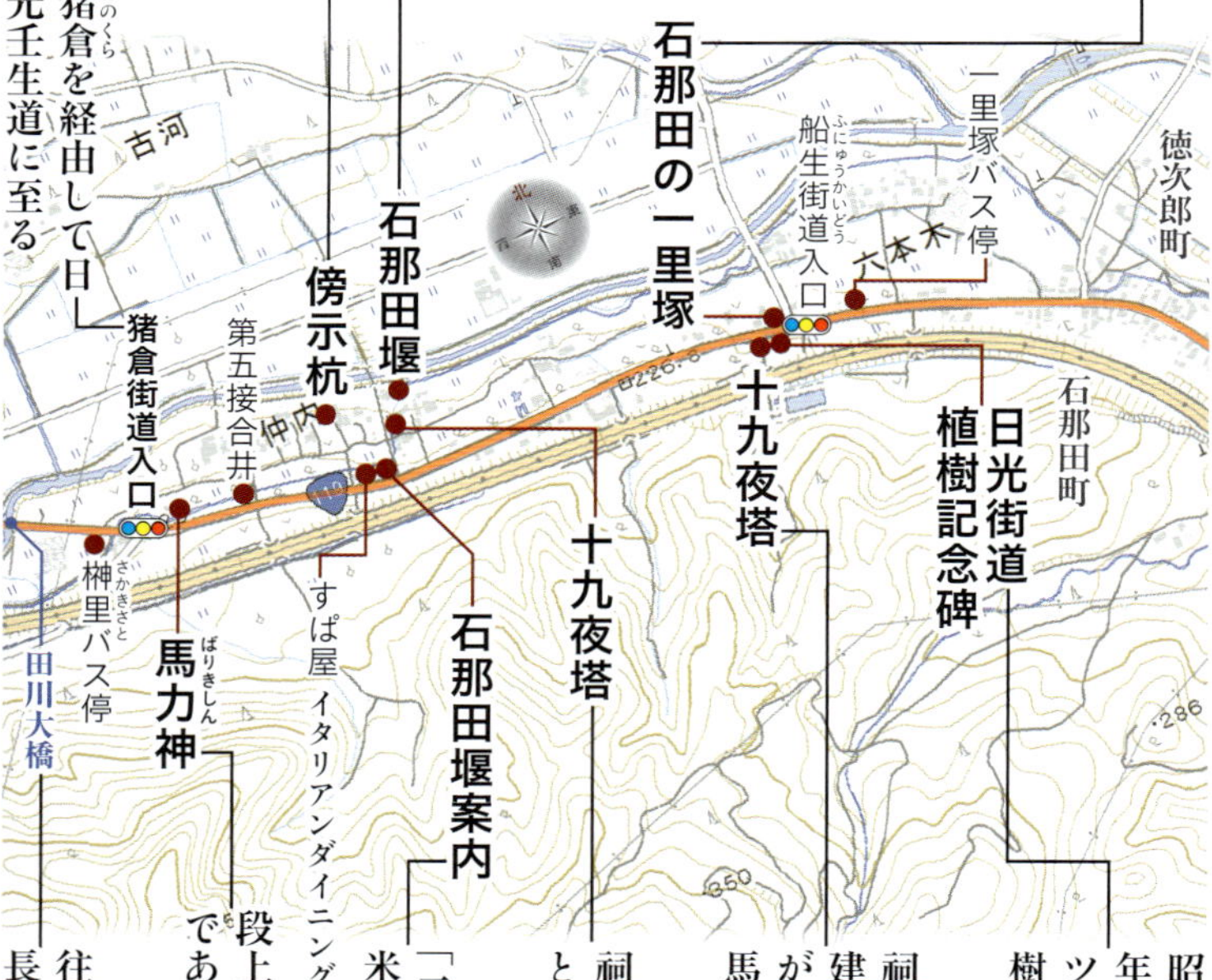
石那田の一里塚
一里塚バス停
船生街道入口《ふにゅうかいどう》
六本木
徳次郎町
石那田町
日光街道植樹記念碑
十九夜塔
石那田堰
傍示杭
第五接合井
仲内
古河
226.8
猪倉街道入口
榊里《さかきさと》バス停
田川大橋
馬力神《ばりきしん》
すぱ屋 イタリアンダイニング
石那田堰案内
十九夜塔
286
350

昭和二十六年（1951）と翌年に山桜千八百本、楓二百本、ツツジ千五百本が街道筋に植樹された

祠内に天保十一年（1840）建立の如意輪観音像十九夜塔が安置されている。傍らには馬頭観音像等がある

祠内に如意輪観音像十九夜塔と地蔵尊が安置されている

「二宮尊徳先生遺跡 100米」と記されている

段上に石祠や神道系の馬頭観音である馬力神が祀られている

往時は「石灘の大橋」と呼ばれ、長さ八間、幅二間半であった

0 250 500m

祠内に「男石」が安置されている。傍らには「金勢大明神」と刻まれた文化七年（１８１０）建立の石灯籠や嘉永五年（１８５２）建立の「道陸人《どうりくじん》」と呼ばれる道祖神がある

三基の石塔があり中央が青面金剛像庚申塔

【海老王子】

王子の地名は熊野九十九王子に由来する。杉並木の植栽に際して、杉苗が熊野から運ばれ、熊野の杉職人がこの地に滞在した。この人々が当地の「日本ザリガニ」を故郷の伊勢海老にちなんで「海老」と呼びこれが地名となった

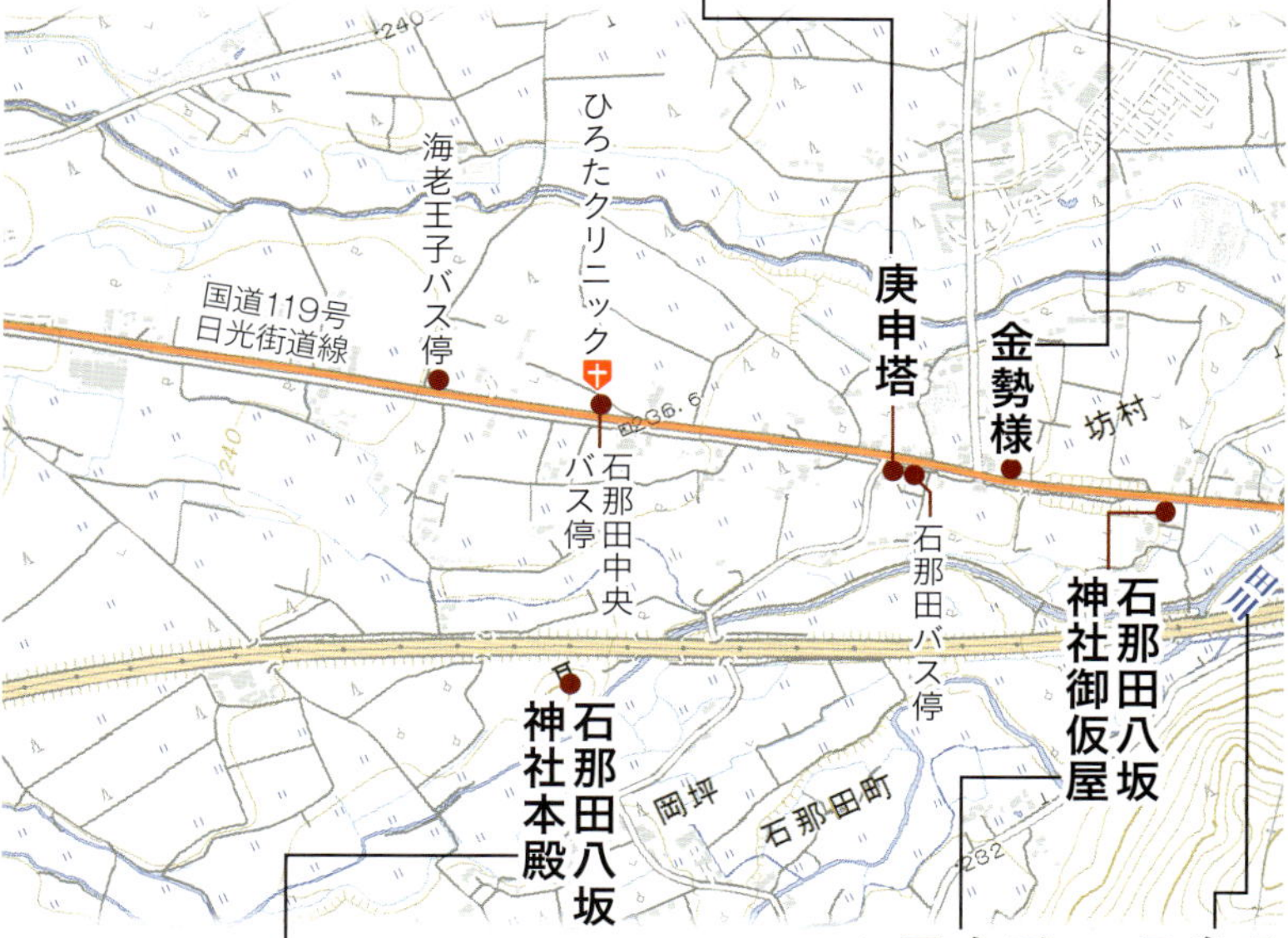

日光七里に源を発し、流末は鬼怒川に落合う。上流は石那田川と呼ばれた

石那田八坂神社天王祭の折、本殿から御神体が遷座する「お旅所」で、還幸の際はここから八坂神社へ向った

【石那田村】

「石灘」と呼ばれ石が多く田畑の耕作に難渋した。二宮尊徳の指導で田川に堰が築かれると徳次郎村との水争いが解消された

明暦元年（１６５５）の創建で石那田村の鎮守。七月の天王祭は厄病除けの牛頭天王祭りで、猿田彦（天狗）を先頭に神輿、彫刻屋台（市文化財）が御仮屋から本殿へと練り歩く

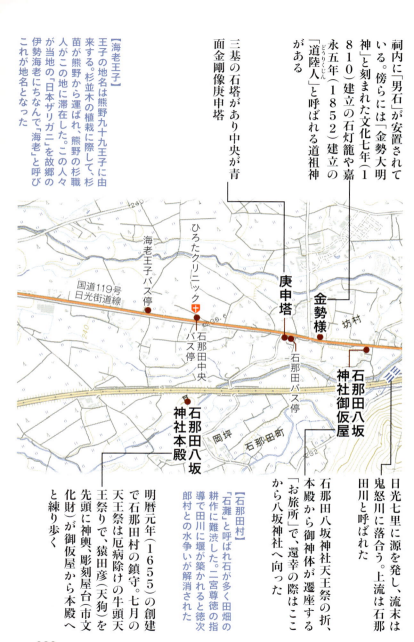

享保十五年（1730）の造立。地蔵尊に自分の患部と同じところに赤い布をつけると御利益がある。地蔵尊前には三個の丸石があり、願をかけて内一個を持ち上げて、軽ければ願いが叶うというところから「占い地蔵」とも呼ばれる。傍らには十九夜念仏供養塔、廿三夜供養塔、庚申供養塔等がある

【上小池村】徳次郎宿と大沢宿の中間に位置する「間の宿」で立場があった

御神体は石造不動尊。参道口には文化七年（1810）建立の御神燈がある

宝永七年（1710）の建立で「奉納大乗妙典日本六十六部」と刻まれている

お願い地蔵
新渡《にわたり》神社
六十六部塔
山根
第四接合井
上小池町
下ノ内
松本
251
250
246
原石那田バス停
上小池バス停
地蔵尊
上小池の一里塚
馬力神
日光市標識
竹庵
松本バス停
そば処
エドヒガン案内標識
石那田のエドヒガン
石那田町
0 250 500m

推定樹齢五百五十年。樹高19mで例年三月末頃開花する（市指定天然記念物）

南塚の痕跡を残している。江戸日本橋より三十一里目

水準点裏の民家の庭内に首の欠けた地蔵尊と如意輪観音像十九夜塔がある

民家の入口に祀られている

宇都宮市と日光市の境

【山口村】宇都宮藩領で大沢宿の助郷村であった。幕末には荒廃が著しくなり、近隣の石那田村と共に二宮尊徳の指導による用水路開削、荒地開発が行われた

往時は松並木であった

地蔵尊、石燈籠、石祠等がある

【大沢村】建久年間(1190~99)源頼朝が狩に訪れると、この地が広大な荒地だったところから四人の従者に開拓を命じた。頼朝のこの恩に因み「恩沢」と呼ばれ、転訛して「大沢」となった

江戸方面からはY字路を右に進む
日光方面からは国道に合流する
HOTELセシール
青少年スポーツセンター入口バス停
弥勒堂跡
桜並木
日光街道
そば処 栗山
山口
山口
並木寄進碑
山口
新田
工房若草 手打ラーメン
歓迎標識「ようこそ杉並木の街今市へ」
山口バス停
馬頭観音

馬頭観世音

徳川家康、秀忠、家光の三代に仕えた武州川越藩主松平正綱が寛永二年(1625)から約二十年の歳月をかけ、杉並木を植栽し、家康三十三回忌に東照宮に寄進した。碑は日光神領との境界にあるところから「境石」と呼ばれた

徳次郎

9.6km 二里九町

大沢

7.4km 二里

今市

エリア＝栃木県日光市大沢町
最寄り駅＝JR日光線 下野大沢駅

【大沢宿】

元和三年（1617）家康の日光東照宮遷座に伴い宿駅となった。宿並は度重なる大火に見舞われ灰燼に帰してしまった。天保十四年（1843）の日光道中宿村大概帳によると大沢宿の宿内家数は四十三軒、うち本陣一、脇本陣一、旅籠四十一軒で宿内人口は二百七十八人（男百二十五人、女百五十三人）であった

正治二年（1200）の創建。祭神は源頼朝で大沢宿の鎮守であった。境内には元禄十二年（1699）建立の御神燈や推定樹齢二百四十年の大イチョウ（市天然記念物）がある

境内には文政五年（1822）建立の御神燈があり、鳥居前には二本の杉の根元が癒着した「二又杉」の切株がある

並木寄進碑
280
大沢町
大沢《おおさわ》
江戸方面からは国道に合流する
日光方面からはY字路を左に入る
江戸方面からはY字路を左に進む
日光方面からは国道に合流する
八坂神社
大沢郵便局
王子神社
下大沢バス停
大沢
並木寄進碑
HOTELセシール
江戸方面からはY字路を右に進む
日光方面からは国道に合流する
大沢の古杉
大沢中学校入口バス停
将軍休息所跡
畔 お食事処
神崎前バス停
JR日光線
下野大沢駅
みつぎ 手打そば

大沢小学校は竜蔵寺跡。寛文三年（1663）四代将軍家綱以降の将軍日光社参の際、大沢御殿に代わって休息所となった

杉並木植栽以前からあった杉が数本ある。ここに大沢の木戸があった。戊辰戦役で大沢の斎藤縫蔵と板橋の由五郎が旧幕府軍の間諜を働いたとして斬首され木戸に首級が晒された

0 250 500m

「御殿開田之碑」がある。御殿は三代将軍家光が造営し、寛永四年（1627）から同十七年（1640）にかけて家光の日光社参の際に装束を改める「衣帯所」として利用された。四代将軍家綱以降は竜蔵寺となった。跡地には土塁跡が残されている

文政元年（1818）幕府の老中が日光参詣の帰途、鬼怒川上流の景勝地「籠岩」の遊覧を望み、農民達が道を開削した

両塚を残している（特別史跡、特別天然記念物指定）江戸日本橋より三十二里目

墓地を残している。日光山の「里山伏」として東照宮渡御祭の行列に共をした。如意輪観音像十九夜塔や男女双体道祖神等がある

大正四年（1915）建立の馬頭観世音

大沢御殿跡
御老中街道
水無の一里塚
山伏千手院跡
馬頭観音
日光杉並木街道
御殿工場入口バス停
生そばうどん たつみ
下水無バス停
コンビニ
上水無バス停
水無
延命地蔵尊
第三接合井
大室入口
交通安全地蔵尊
大沢の四本杉
水無高龗《たかおがみ》神社

四本の杉が四角形に植栽されている。これは互いに倒木を防ぐ植樹法

日光道中沿いに六ケ所残っている接合井のうち唯一機能している

堂内に安置されている。境内には六地蔵石幢、十九夜塔、享保十五年（1730）建立の念仏供養塔等がある

【水無村】
日光神領、名主清兵衛宅に梨の古木があり、この実が甘く水気が多いところから「水梨」と呼ばれ、「水無」と転訛した

水無村の鎮守。境内の御神燈は明治四十五年（1912）の建立

【森友村】

日光神領、大沢宿と今市宿の中間に位置する「間の宿」で中町に立場があった。地名は源義経の重臣森高哉が従僕にこの地の開拓を命じ、森自ら監督指揮し開墾をとも(友)に行ったところを地名由来としている

枝振りが大きく樹形樹相をそなえている大杉。地上から10mのところにクロモジが寄生している

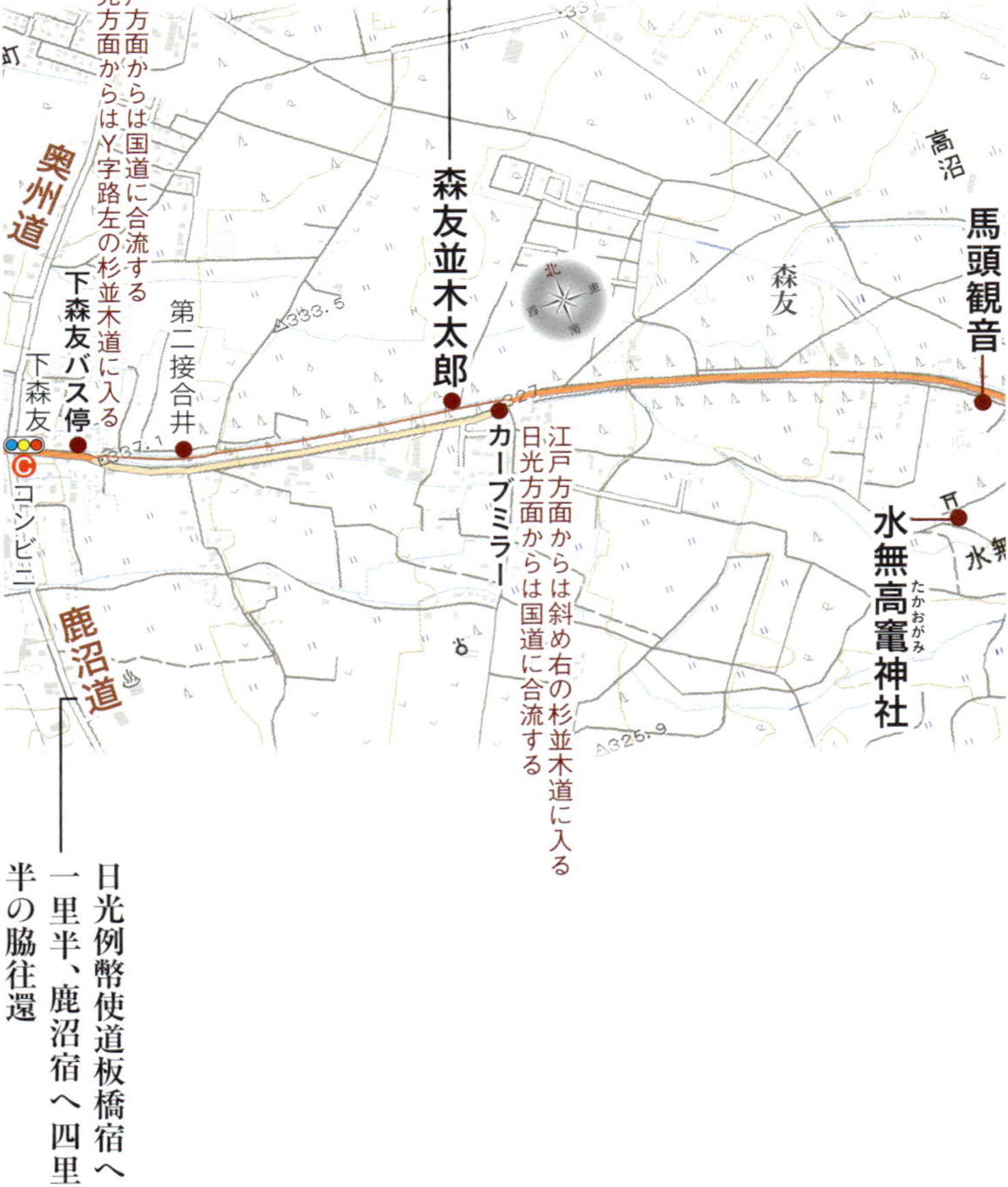
江戸方面からは国道に合流する
日光方面からはY字路左の杉並木道に入る
奥州道
下森友バス停
下森友
第二接合井
森友並木太郎
コンビニ
鹿沼道
カーブミラー
江戸方面からは斜め右の杉並木道に入る
日光方面からは国道に合流する
高沼
森友
馬頭観音
水無高龗《たかおがみ》神社
0
250
500m

日光例幣使道板橋宿へ一里半、鹿沼宿へ四里半の脇往還

寛政九年（１７９７）の建立。「男體山（なんたいさん）」と刻まれている。男体山は山岳信仰の聖地で日光二荒山神社の奥宮が祀られている

大正五年（１９１６）の遷座。社殿には縁結び子宝の大注連縄が掛けられ、境内には「三春の瀧桜」と呼ばれる枝垂れ桜がある

大桑村へ一里半の脇往還

北側に老杉が十本ほど並んでいる。森友の旧鎮守森跡といわれ、日光杉並木植栽以前の並木

両塚を残している。北塚の大杉の根元に広い空洞があるところから「並木ホテル」と呼ばれている。塚は特別史跡、杉は特別天然記念物。江戸日本橋より三十三里目

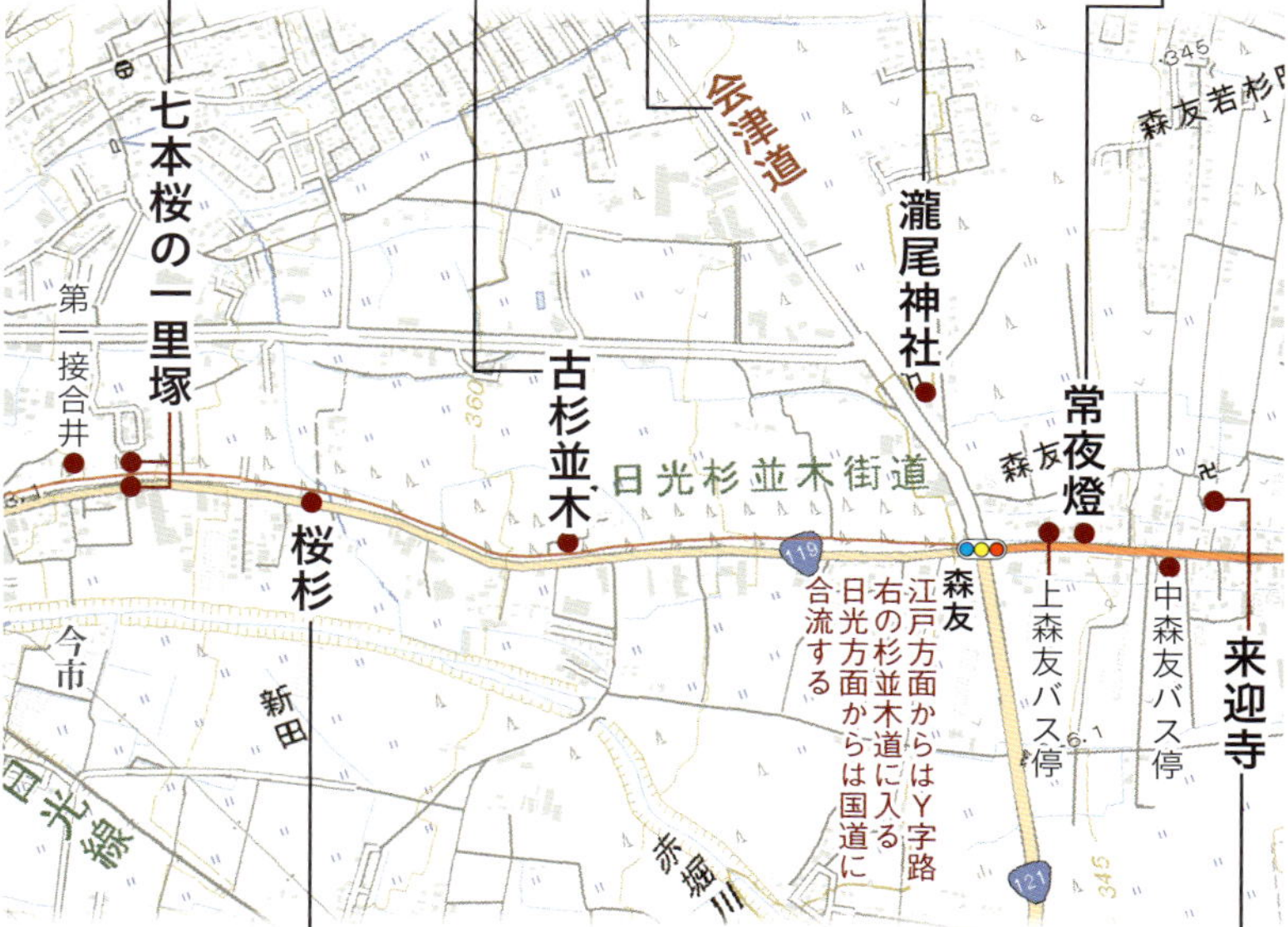

浄土宗。永正十四年（１５１７）の創建で本尊は阿弥陀如来。参道に如意輪観音像十九夜塔が四基並んでいる。うち一基は享保二十一年（１７３６）の建立

根元から１．５ｍ上の割れ目に山桜が寄生し成長したもの

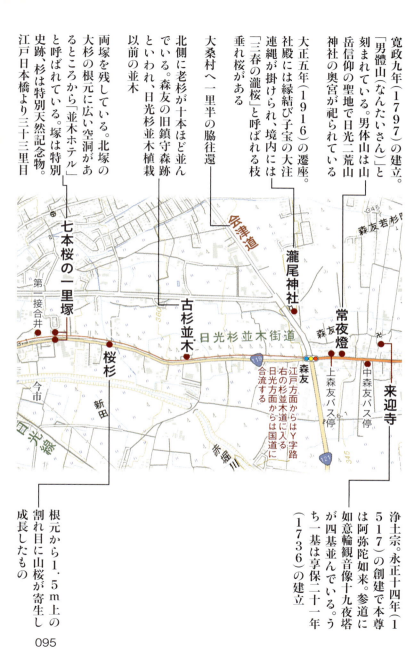

大沢

7.4km 二里

今市

8.5km 二里

鉢石

エリア＝栃木県日光市今市
最寄り駅＝JR日光線 今市駅、東武日光線 下今市駅

【今市宿】

今市宿は日光例幣使道（壬生道）、会津西街道の追分を控え、一と六の付く日に「六斎市」が立ち大いに賑わった。天保十四年（1843）の日光道中宿村大概帳によると今市宿の宿内家数は二百三十六軒、うち本陣一、脇本陣一、旅籠二十一軒で宿内人口は千百二十二人（男六百九人、女五百十三人）であった。慶応四年（1868）戊辰戦役の兵火に見舞われ、宿並の大半は灰燼に帰してしまった

墓地入口には寛延二年（1749）建立の如意輪観音像や弘治三年（1557）の造立で今市村最古の地蔵尊がある

二宮尊徳を祀っている。社殿の裏には墓がある。安政三年（1856）報徳役所で亡くなった。享年七十歳であった

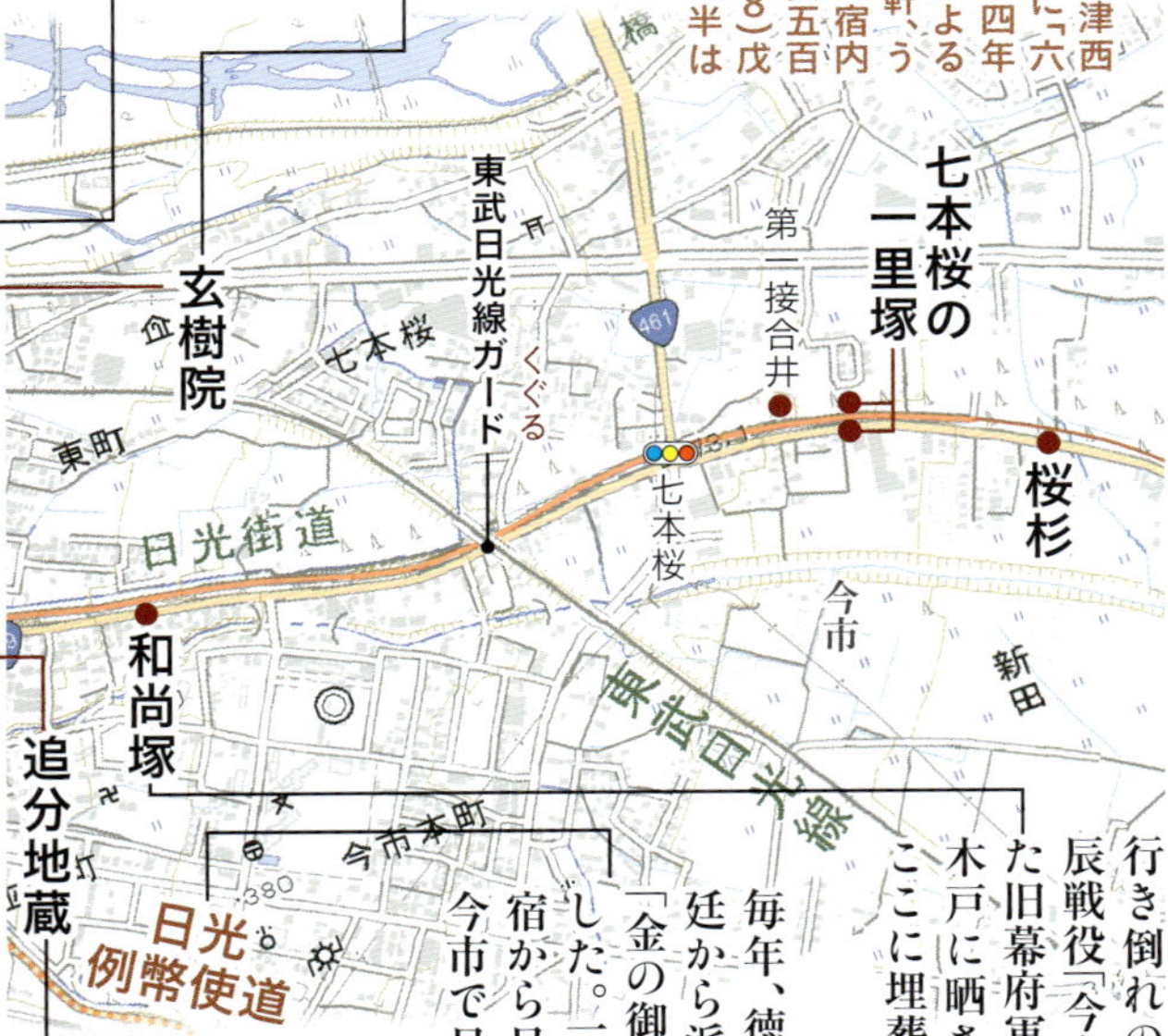

橋
七本桜の一里塚
第二接合井
東武日光線ガード
くぐる
461
玄樹院
七本桜
東町
七本桜
桜杉
日光街道
今市
新田
東武日光線
和尚塚
追分地蔵
今市本町
380
日光例幣使道

行き倒れの僧を葬った塚。戊辰戦役「今市の戦い」で戦死した旧幕府軍の首級が今市宿下木戸に晒され、里人が密かにここに埋葬した（国道側）

毎年、徳川家康の命日に朝廷から派遣される例幣使は「金の御幣」を東照宮に奉献した。一行は中山道倉賀野宿から日光例幣使道に入り今市で日光道中に合流した

この地蔵尊は大谷川《だいやがわ》の洪水で流され河原に埋もれていた。石工が単なる大石だと思い、ノミを打ったところ真っ赤な血が流れたという。背にはこのノミ跡がある

【宿泊】
H1：ホテル村上☎0288・22・6456
H2：旅館あたみ館☎0288・21・0147
H3：日光屋旅館☎0288・22・0428

0 250 500m

寛永九年（１６３２）東照宮造営の際、三代将軍家光はここに御殿を建て滞在した。門前には「戊辰役戦死者供養塔」がある

浄泉寺と玄樹院の間に会津古道があり「間の道」と呼ばれ、転訛して「相の道」となった。会津若松まで二十八里

現「今市宿市縁ひろば」。建坪は六十七坪であった。「明治天皇御小休之蹟」碑がある

三代将軍家光移葬の際に棺が安置された。境内には「そば喰稲荷」がある。そばを供えると「夜泣き」に霊験あらたかという

江戸方面からはＹ字路右の杉並木道に入る
日光方面からは国道に合流する

瀬川村の総鎮守。境内には嘉永七年（１８５４）建立の石燈籠や寒念仏供養塔等がある

地蔵尊や寛保三年（１７４３）建立の十九夜供養塔等がある

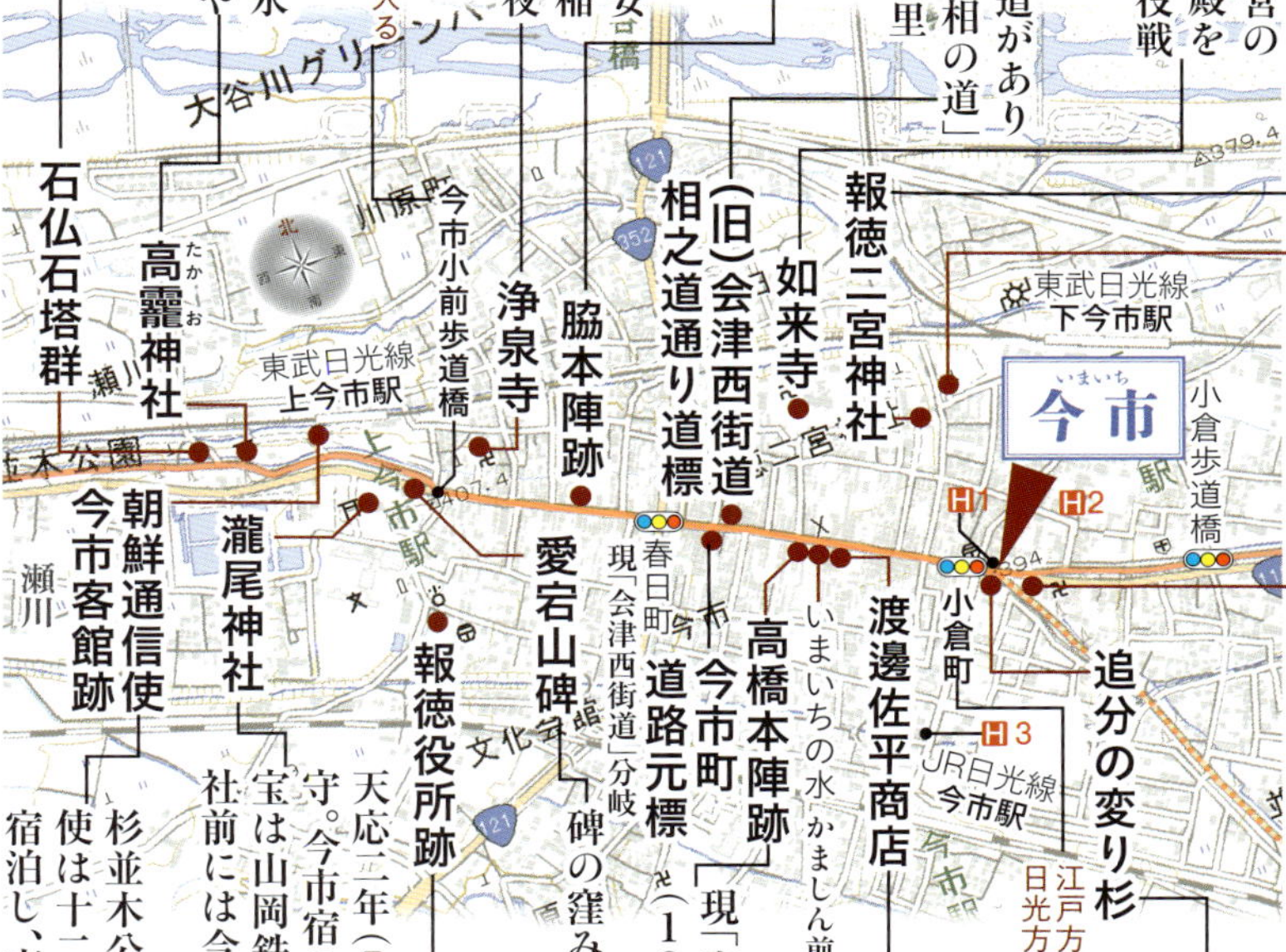

報徳二宮神社
如来寺
（旧）会津西街道相之道通り道標
脇本陣跡
浄泉寺
今市小前歩道橋
高龗《たかお》神社
石仏石塔群
東武日光線 下今市駅
今市《いまいち》
小倉歩道橋
東武日光線 上今市駅
大谷川グリーンパ
川原町
瀬川
杉並木公園
朝鮮通信使今市客館跡
瀧尾神社
報徳役所跡
愛宕山碑
春日町
現「会津西街道」分岐
今市町道路元標
高橋本陣跡
いまいちの水 かましん前
渡邊佐平商店
小倉町
追分の変り杉
H1
H2
H3
JR日光線 今市駅
文化会館

日光例幣使道西側最後の杉枝の切り口に別種の杉が寄生している

江戸方面からは国道に合流する
日光方面からは三差路左の杉並木道に入る

創業天保十三年（１８４２）銘酒「日光誉」の蔵元。仕込みには日光山麓の名水を使用している

現「鹿沼相互信金」。天保十四年（１８４３）焼失してしまった

碑の窪みの中に愛宕山のお札を祀る

晩年の「二宮尊徳像」と「尊徳碑」がある

天応二年（７８２）の創建で今市の総鎮守。今市宿の市神が移設されている。社宝は山岡鉄舟書の大幟と正宗の太刀。社前には今市宿の北木戸があった

杉並木公園内に碑がある。朝鮮通信使は十二回来日し、うち三回ここに宿泊し、東照宮の参拝を行った

【瀬川村】

日光神領、元は瀬尾村といった。慶長年間（1596〜1615）大谷川の洪水で川の瀬が二つに分かれ、瀬尾と瀬川に分村した

天保元年（1830）築の世襲名主「江連家」住宅と慶応元年（1865）二宮尊徳の日光神領農村復興に伴って建築された報徳仕法農家が移築されている。「報徳庵」ではそば、うどんが賞味できる

七本の杉の根幹が癒着し一株になった杉。老朽化により伐採されたが切株を残している

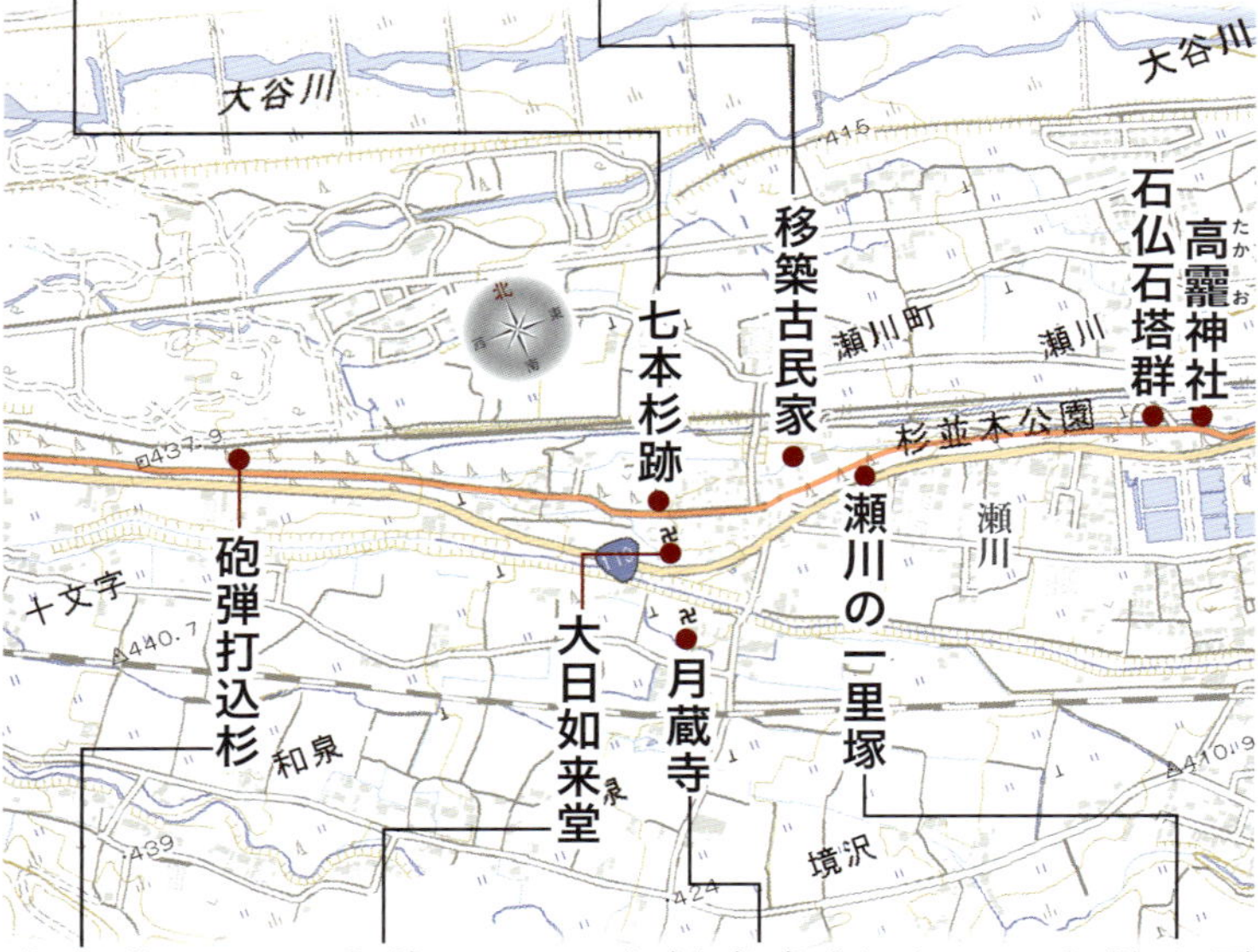

0 250 500m

両塚を残している。国道119号線側に標柱「日光街道瀬川一里塚」がある。江戸日本橋より三十四里目

天台宗で本尊は阿弥陀三尊仏。江戸末期彦根藩主井伊家日光参詣の際の休泊所となり井伊直弼も三度宿泊している。井伊家の家紋「丸に橘」が付いた衣装箱が残されている

境内には十九夜塔、庚申塔、寒念仏供養塔等がある

戊辰戦役の激戦地。杉の幹に官軍が放った砲弾が当たって破裂した痕跡がある

大正三年（1914）の建立

宇都宮を追われた大鳥圭介率いる旧幕府軍は十文字に陣を張ったが大敗し日光山に退却した。翌日官軍のもとに日光山の僧二名が訪れ「日光は険難の地ゆえ、もしここで戦になれば多くの犠牲者を出し、神廟東照宮も焼失してしまう」と止戦を懇請した。総督の板垣退助はもっともと停戦を決断した

東武日光線ガードをくぐる筋、七里村筋違橋の脇に通じていたが大谷川の洪水により損壊してしまった

日光古道分岐点に馬頭観音等が多数祀られている

寛政三年（1791）建立の日光型常夜燈で「生岡山王」と刻まれている

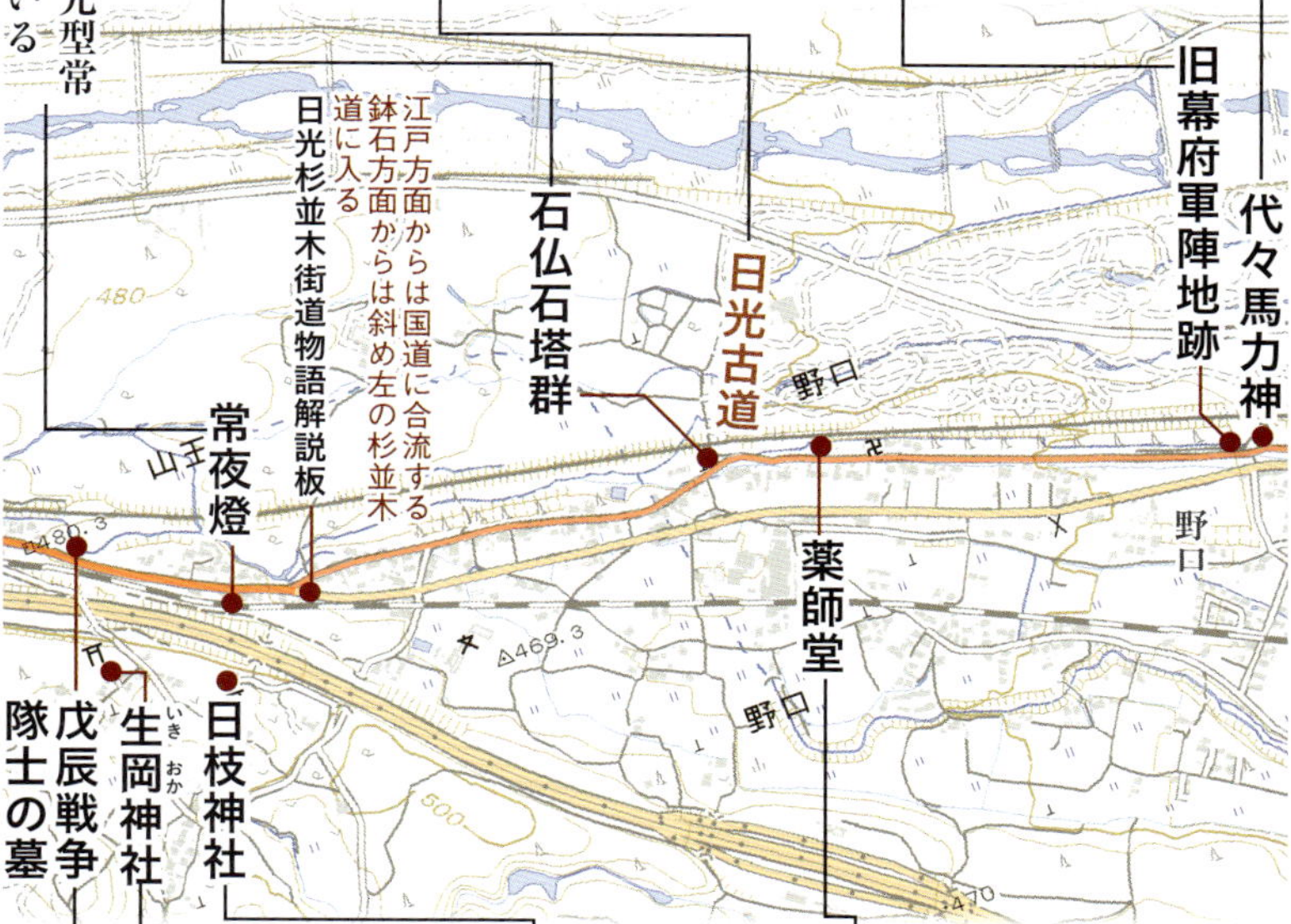
代々馬力神
旧幕府軍陣地跡
日光古道
石仏石塔群
江戸方面からは国道に合流する
鉢石方面からは斜め左の杉並木道に入る
日光杉並木街道物語解説板
常夜燈
薬師堂
日枝神社
生岡《いきおか》神社
戊辰戦争隊士の墓
野口
山王
480
△480.3
△469.3
500
△470

【野口村】日光神領、この先生岡まで人家がなく荒野であった。この野の入口に当たるところから「野口」となった

龍蔵寺跡。薬師堂には当初寛文六年（1666）円空作の木像閻魔王坐像が安置されていた。境内の石釣鐘は明和五年（1768）の建立。重みで竜頭《りゅうず》が壊れ以来放置されてきた

日光山王七社のひとつで近郷八ヶ村の総鎮守。社殿は貞享元年（1684）の建立で県指定文化財

七里村の鎮守。神事の「強飯《ごうはん》式《しき》」は市指定文化財。境内には推定樹齢五百年の杉や三百年のエゾエノキがある

泉光寺跡。「宇都宮の戦い」で戦死した旧幕府軍大草保助、広田銕太郎の墓がある

今市 ― 8.5km 二里 ― 鉢石

【七里村】地名は生岡から神橋まで六町を一里として七里あるところに由来している。麻の「七里頭巾」が名物であった。八代将軍吉宗による「享保の改革」の殖産振興の一環として「朝鮮人参」の栽培が行われた

並木太郎
杉並木の中で一番大きく美しいといわれる。この木一本で二十坪の家が三軒建つという

銀杏杉
根張りが銀杏の葉の形をしている。根張りの良さから「人生杉」とも呼ばれる

七里
七里村と鉢石村の境で「改所」があり、参詣者の国許等を取り調べた

筋違橋
江戸方面からは橋を渡り、斜め左の杉並木道に入る

明治時代、杉並木をこよなく愛した外国人が石工に椅子を彫ってもらい毎日鑑賞したという

戊辰戦争隊士の墓
生岡神社前バス停
並木太郎
志渡淵川
中妻
銀杏杉
七里
筋違橋
志度淵川
七里バス停
尾立岩
七里
大砲止め杉伐跡
明治天皇七里御小休所碑
生岡大日堂道標
生《いき》岡《おか》神社
上野
119
北
東
南
西

生岡大日堂道標
向いに「生岡神社」社標がある

大砲止め杉伐跡
元治元年（１８６４）水戸天狗勢は日光東照宮参詣を名目に占拠を図った。日光奉行は杉を切り倒して街道を塞ぎ「大砲止め」とした

明治天皇七里御小休所碑
明治九年（１８７６）東北巡幸の帰途に休息所となった。四方垂木の旧家を残している

尾立岩
日光杉並木街道丸太道標の奥。二荒山神話の霊地、日光山のご神体が宇都宮へ遷るときに大蛇となってこの岩上で尾を立てたという。岩の麓には庚申塔、如意輪観音像十九夜塔、元禄十四年（１７０１）造立の地蔵尊等がある

【七里の一里塚】日光道中最後の一里塚で宝殿交差点辺りにあったともいうが位置は不明、江戸日本橋より三十五里目

エリア＝栃木県日光市下鉢石町
最寄り駅＝ＪＲ日光線 日光駅
東武日光線 東武日光駅

0　250　500m

【鉢石宿】鉢石宿は日光道中最後の宿。元和三年（1617）家康を日光東照宮に祭り、日光参詣が盛んになると門前町として発展し栄えた。天保十四年（1843）の日光道中宿村大概帳によると鉢石宿の宿内家数は二百二十七軒、うち本陣二、脇本陣一、旅籠十九軒で宿内人口は九百八十五人（男五百十六人、女四百六十九人）であった

いずれの方面からも国道を横断し、ガードをくぐり斜め右の杉並木道に入る

江戸方面からは国道に合流する
鉢石方面からは斜め左の杉並木道に入る

享和二年（1802）男体山、出羽三山の講中が建立した日光型常夜燈

稲荷町の鎮守。境内に「西行戻石」がある。西行が石の上にいる童に「どこに行く」と問うと見事な歌で返され、この地での「歌くらべ」は無理だと悟り引き返した

現「手打生蕎麦魚要」。「御宮御菓子屋本陣兼帯」跡。入江家が勤め家伝の蒸菓子、麩和餅は日光御宮御用達であった

異人石
JR日光線ガード
常夜燈
稲荷神社
入江本陣跡
東和町
相生町
宝殿
JR日光線
日光駅
東武日光線
東武日光駅
稲荷町
霧降大橋
コンビニ
H1
御幸町
石屋町
松原町
相生町
東和町
杉町
志渡淵川
主山トンネル
麻疹地蔵
石仏石塔群
日光杉並木碑
木戸門跡
龍蔵寺
日光市郷土センター

江戸方面からは三差路の中央を進む
鉢石方面からは国道に合流する

この地蔵尊に願を掛け、筋違橋の橋下《はしか》をくぐると麻疹《はしか》が軽くすむといわれた

馬力神、馬頭観音、勝善神等が祀られている

「史蹟日光並木街道及並木寄進碑」「特別史跡特別天然記念物日光杉並木街道」碑がある

【日光由来】二荒山《ふたらさん》を二荒《にこう》と呼び、いつしか「にっこう」となり、弘法大師が「日光」の字を当てたという

木戸と番所があり参詣人を取り調べた。ここには高札場があった

天台宗。建保元年（1213）源頼朝の忠臣畠山重忠の子重慶の創建。境内には戊辰戦役で戦死した芸州藩士の墓がある

芸州藩士の墓がある

【宿泊】（H2・H3はP102）
H1：日光ステーションホテルクラシック ☎0288・53・1000
H2：大野屋旅館☎0288・54・1166
H3：上州屋旅館☎0288・54・0155

創業天明七年（1787）練羊羹の老舗。日光山輪王寺御用で寺紋章「鎹山《かすがいやま》」を掲げている

「日本生命」脇を下る。「鉢を伏せたような石」で地名の由来になった霊石

日光開山の祖勝道上人が発見した清水。天海は比叡山で天台宗の奥義を極め、家康に仕え日光山の貫主となった。家康亡き後は遺言を守り、久能山から遺骨を日光に移し東照宮の創建に尽くした

勝道上人が大谷川の激流に行く手を阻まれると、対岸に二匹の蛇が現れて橋となった。滑る背に山菅を敷いて渡ったところから「山菅《やますげ》の蛇橋《のじゃばし》」と呼ばれ、寛永十三年（1636）「神橋」が架橋された。将軍社参、勅使、例幣使等の参詣のみに使用された。橋手前に「下乗石」がある。将軍もここで駕籠から降り、徒歩で日光山内に入った

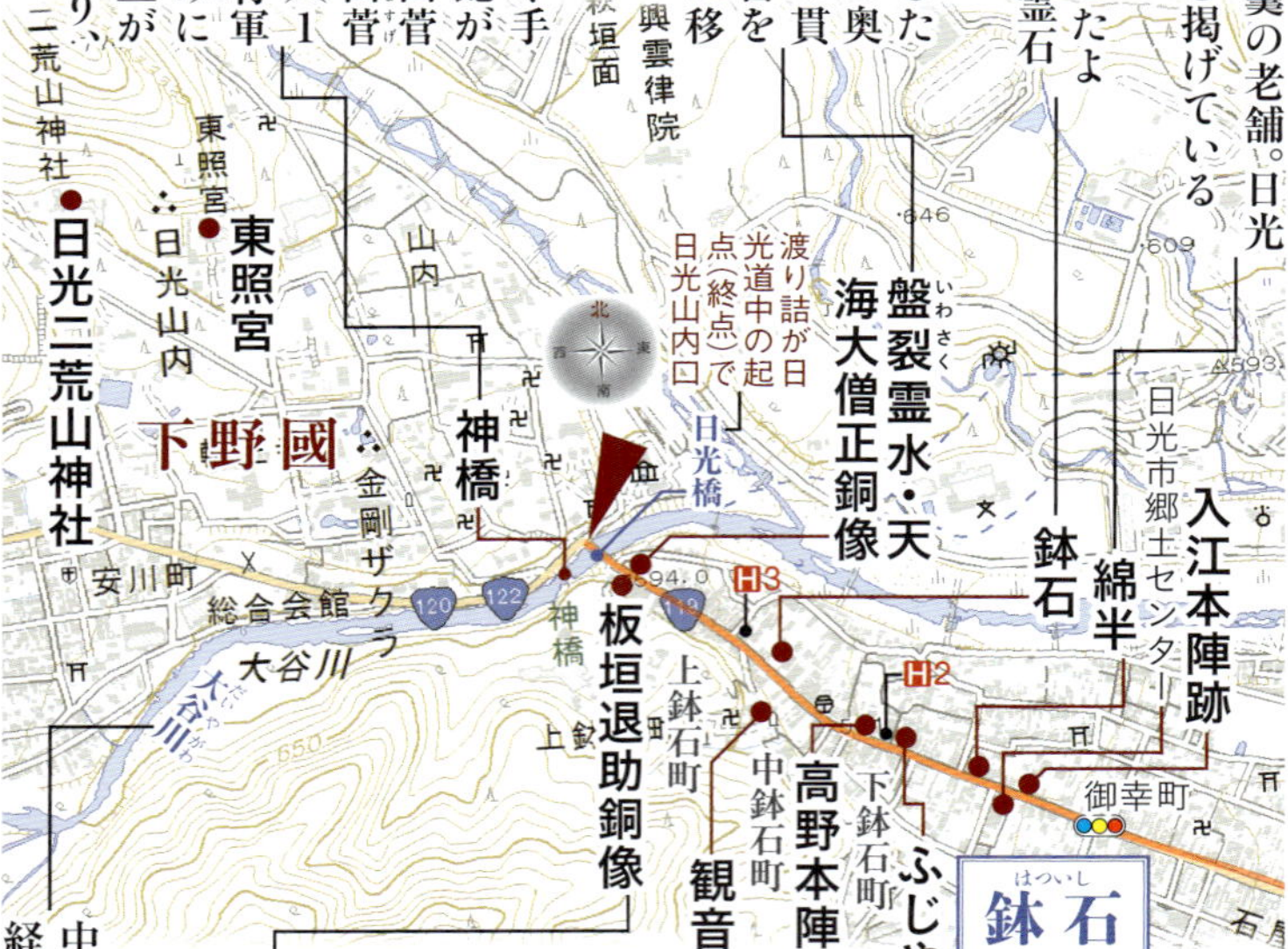

名物日光湯波の老舗。日光山輪王寺御用で寺紋章「鎹山《かすがいやま》」を掲げている

現「さんフィールド」。庭内には日光山本坊納戸役を勤めた高野道文が江戸末期に建碑した芭蕉句碑「あらたふと木の下闇も日の光」がある

弘仁十一年（820）弘法大師空海の開基。観音堂には自刻の千手観音を安置している

総督府参謀の板垣退助は日光廟に立て籠もった大鳥圭介等の旧幕府軍を説得し、日光山内を兵火から守った

中禅寺湖に源を発し、華厳滝を経て、流末は鬼怒川に落合う

0 250 500m

奥州道中

宇都宮宿→白河宿

宇都宮

11.1km 二里二十八町余

白沢

エリア＝栃木県宇都宮市伝馬町三丁目
最寄り駅＝ＪＲ東北新幹線・ＪＲ東北本線 宇都宮駅 東武宇都宮線 東武宇都宮駅

標識がある。日光道中と奥州道中の追分

江戸方面からは左折する
白河方面からは右折する

町内に桧や杉板を曲げて櫃《ひつ》や桶を作る曲物師が多数居住していた

釜川は弁天沼に源を発し、流末は田川に落合う

江戸方面からは突当りを左折する
白河方面からは右折する

おしどり塚公園内に「史蹟おしどり塚」碑がある

本尊の普賢菩薩坐像は文和三年（１３５４）の造立。鐘楼門の「およりの鐘」は宇都宮八代城主貞綱が寄進したもの

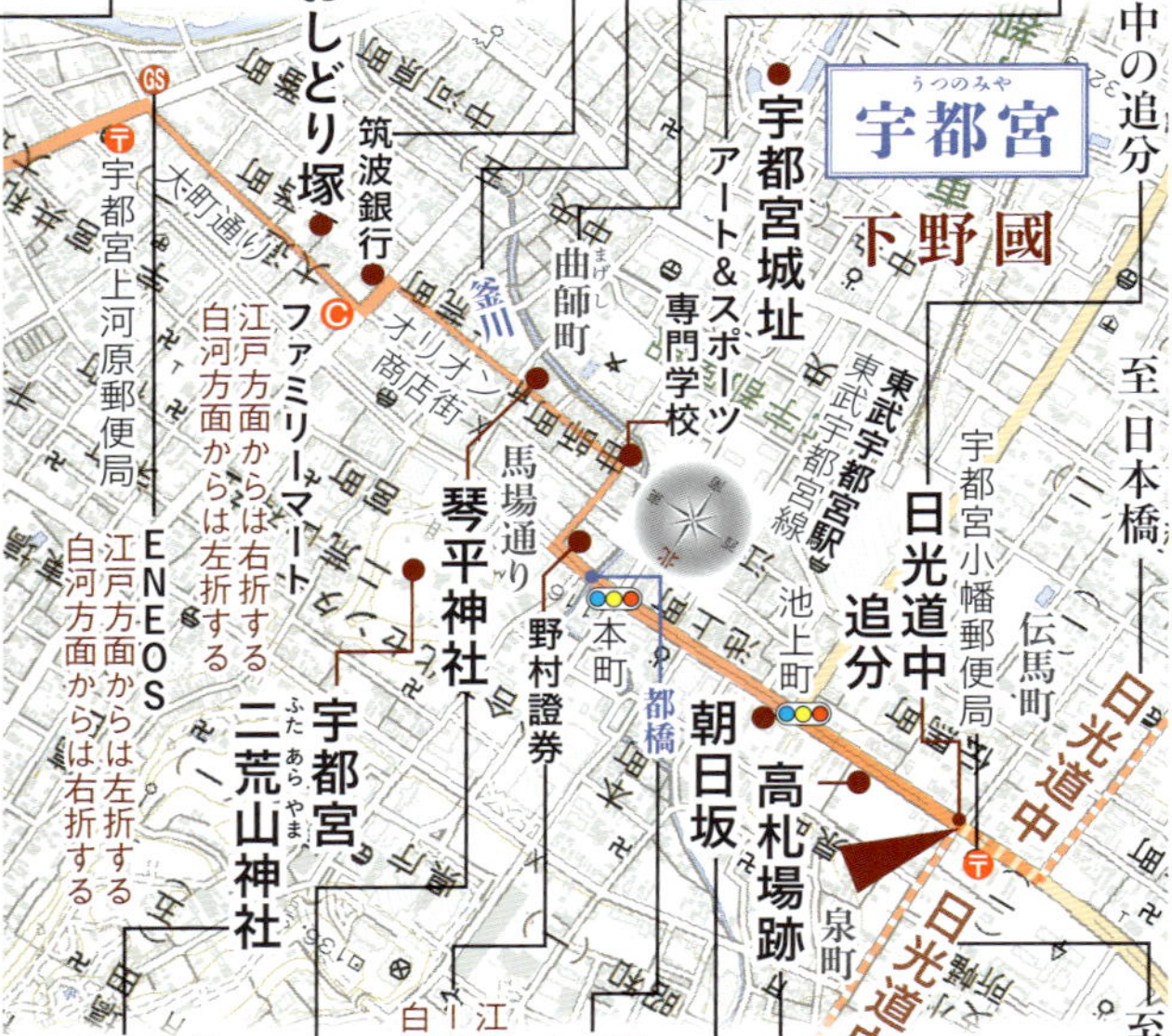

至 日光鉢石宿

標識がある。この辺りは城下で最も賑やかな所であった

標識がある。坂の上に朝日があたる観音像があった

旧池上橋で橋材は領主が負担し、維持管理は宿場が担った。

江戸方面からは右折し、オリオンアーケードに入る
白河方面からは突当りの県道を左折する

江戸中期の創建

代々武将の崇敬を受け、家康は社領千五百石を寄進し社殿を再建したが戊辰戦役で焼失してしまった

篠原家は戦後まで醤油醸造業、肥料業を営んだ。嘉永四年（1851）築の石蔵や明治二十八年（1895）築の店蔵は国指定重要文化財

康平六年（1063）宇都宮城の鬼門除けとして創建された神明社、伝統の神楽は市無形文化財指定

【宇都宮城】康平六年（1063）藤原宗円《ふじわらのそうえん》が築城し、以降宇都宮氏を名乗った。慶長二年（1597）第二十二代城主国綱は秀吉の怒りに触れ、所領を没収され宇都宮家は断絶した。徳川の世になると譜代の家臣が藩主を勤め、将軍日光社参の際には宿城となった。幕末官軍に組みした為、土方歳三率いる旧幕府軍の攻撃により落城炎上となった

【おしどり塚】猟師が雄のおしどりを射止め、首を切り落とし胴体を持ち帰った。翌日同じ場所でうずくまっている雌のおしどりを撃つと翼の下に雄の首をしっかり抱きかかえていた。猟師は深く心を打たれ、これまでの殺生を悔い、石塔を建てて供養したという

宝蔵寺
旧篠原家住宅
JR東北本線
JR東北新幹線
宇都宮駅
宇都宮今泉町郵便局
今泉四丁目バス停
妙正寺
清巌寺
幸橋
今泉町
今泉一丁目バス停
今泉二丁目
八坂神社
今泉五丁目バス停
JR東北新幹線高架
くぐる
県道125号線
白沢街道
今泉交番前
今泉四丁目
興禅寺
今泉町
陽北中学校入口バス停
ホテルセレクトイン宇都宮
烏山道追分
今泉八丁目バス停
竹林十文字バス停
竹林町
竹林町
長屋門
宝蓮院
田川

那須氏の烏山城に至る

宇都宮五代城主頼綱の創建。堂内の「鉄塔婆」は八代城主貞綱が亡き母の供養に建立したもの（国重文）。梵鐘は寛延四年（1751）の鋳造で音が美しいところから戦時中の供出を免れた

日蓮上人の開基。参道口の題目碑「南無妙法蓮華経」は嘉永四年（1851）の建立

日光七里に源を発し、流末は鬼怒川に落合う

旧上河原橋で宇都宮宿の白河口（北口）であった

正和三年（1314）宇都宮八代城主貞綱の創建。寛文八年（1668）二代宇都宮藩主奥平忠昌の法要で起こった家臣同士の刃傷事件が四年後の「浄瑠璃坂の仇討」となった

【竹林の一里塚】左右の塚共竹林村地内にあったが位置は不明。江戸日本橋より二十八里目

白山神社の社殿裏に処刑された根来衆の胴体を埋葬した根来塚（胴塚）があった

宇都宮藩の刑場跡。根来衆はここで斬首された。享保八年（1723）造立の「首切り地蔵」は根来塚（首塚）に安置されたもの

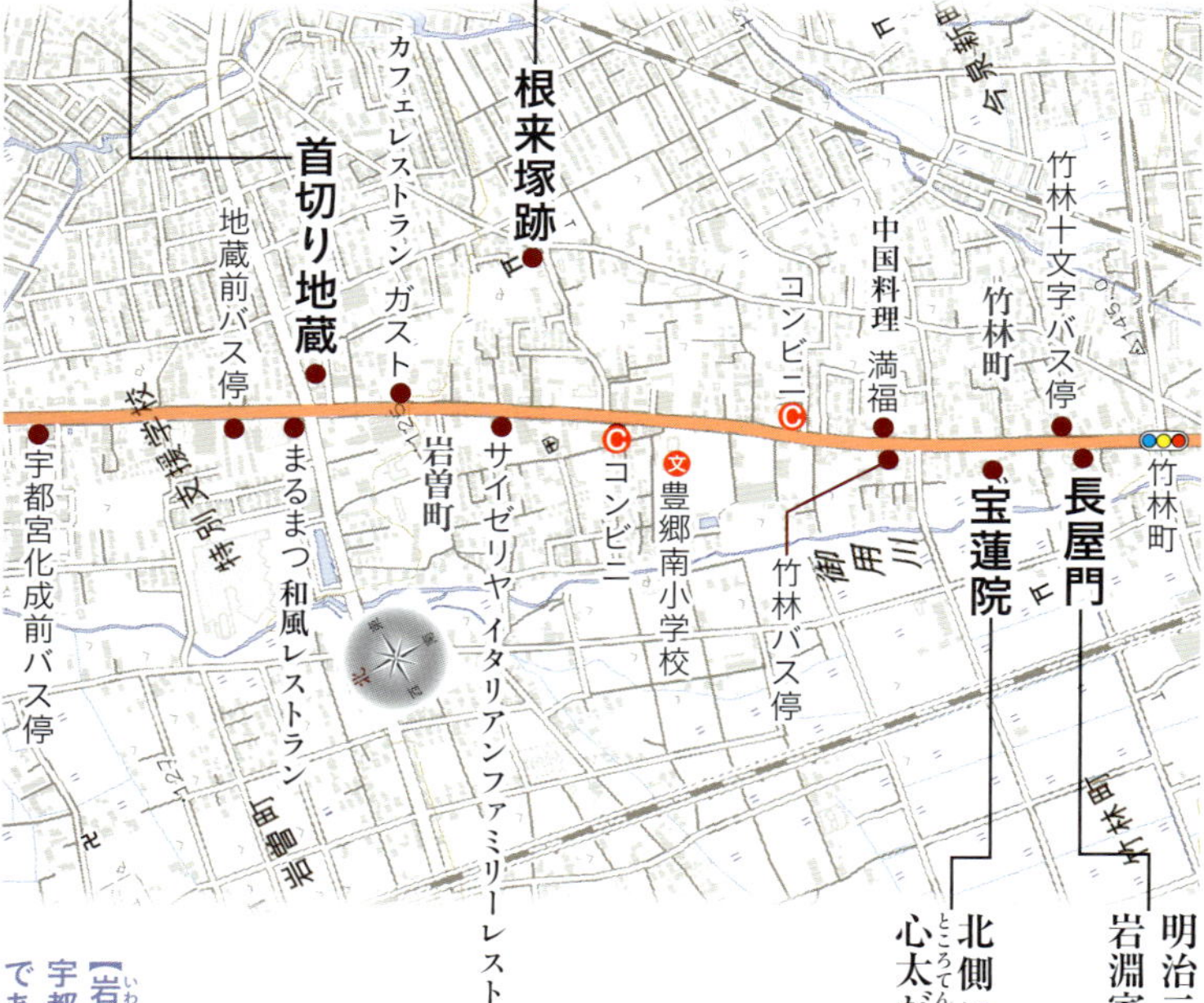

明治二十七年（1894）築の岩淵家屋敷門。豪農であった

北側に竹林村の立場があり心太《ところてん》が名物であった

【宿泊】(P105)
H1：ホテルセレクトイン宇都宮 ☎028・625・1717

【岩曽村《いわぞ》】宇都宮藩領で宇都宮宿の助郷村であった

0 250 500m

【根来衆事件】

元和元年（1615）二代将軍秀忠の日光社参に先立ち、警護の為に「鉄砲組根来同心百人衆」が宇都宮に派遣された。宇都宮藩主本多正純は一行に城普請を命じたが、「お役違い」と拒否した為全員を斬首した。「宇都宮釣天井事件」の遠因となった

昭和十五年（1940）建立の馬頭尊

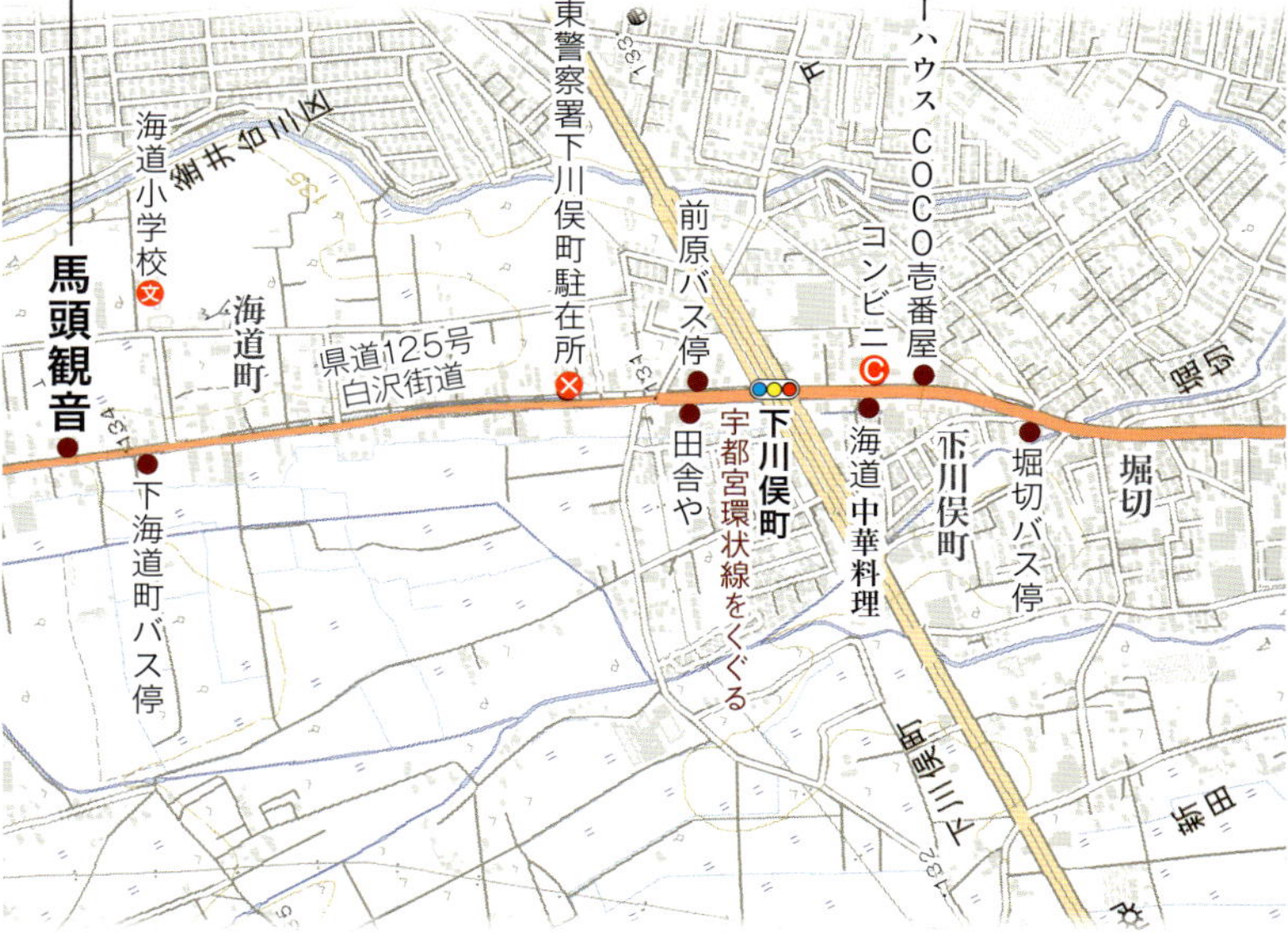

【下川俣村】
宇都宮藩領で宇都宮宿の助郷村であった

【海道新田の一里塚】左右の塚共海道新田村地内にあったが位置は不明。江戸日本橋より二十九里目

海道新田村の鎮守で、海道小学校の敷地となった「平野神社」を合祀している

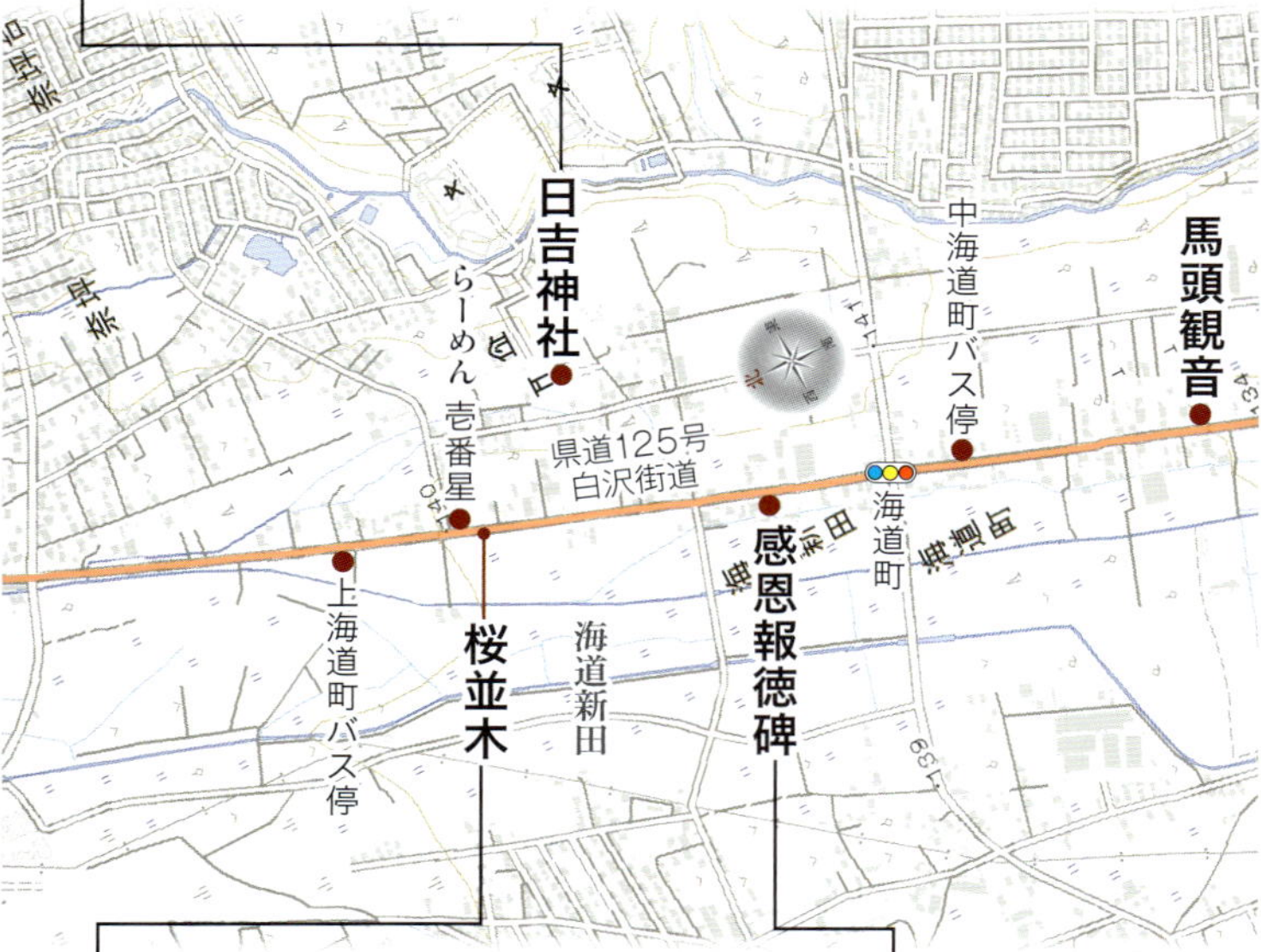
日吉神社
馬頭観音
中海道町バス停
県道125号
白沢街道
らーめん
壱番星
上海道町バス停
桜並木
海道新田
感恩報徳碑
海道町

慶応二年（１８６６）の建碑寛政十一年（１７９９）下川俣村で生まれた小林清次郎は安政五年（１８５８）海道新田村に水路を開き、自ら水田開拓に努め、村の発展に尽力した。村民は「豊栄神社」を建立して翁を祭った

杉が混じっている。北西に日光連山の男体山、女峰山《にょほうさん》、赤薙山《あかなぎさん》が望める

0 250 500m

建久元年（1190）源頼朝の命により伊沢家景が奥羽総奉行として任地に赴任する途中、同行した稚児が病により、この坂で亡くなった。以来「稚児坂」と呼ばれるようになった

【白沢宿】

慶長五年（1600）徳川軍の上杉攻めの際、先陣を白沢村庄屋宇加地家と上岡本村庄屋福田家が道案内をし、無事に鬼怒川を渡河させた。この功により両村が宿駅となり、宇加地家が本陣、福田家が脇本陣を勤め、共に問屋を兼ねた。天保十四年（1843）の奥州道中宿村大概帳によると白沢宿の宿内家数は七十一軒、うち本陣一、脇本陣一、旅籠十三軒、宿内人口は三百六十九人（男百七十九人、女百九十人）で鬼怒川の鮎と牛蒡汁が名物であった

稚ケ坂バス停
稚児坂
稚ケ坂坂上バス停
白沢町
石割塚バス停
王子マテリアル
かつよし 御食事処
コンビニ
とんとん とんかつ
白沢街道
白沢宿標識
白沢歩道橋
直進する
白沢宿標識
ほていや旅館

「ここから白澤宿内」と記されている

河内地域自治センター前バス停の所にある。「白澤宿ここは江戸より三十里」と記されている

宇都宮

11.1km 二里二十八町余

白沢

7.5km 一里半

氏家

エリア＝栃木県宇都宮市白沢町
最寄り駅＝宇都宮駅西口より関東自動車バス 岡本街道口バス停下車

白沢《しらさわ》
白沢宿
西鬼怒川
九郷半橋
西鬼怒川橋
九郷半川
H1
0
250
500m

旅籠高砂屋跡 「明治天皇御休之所」碑がある。近江商人定宿の看板等を残している

白沢宿標識 江戸方面からは突当りを左折する 白河方面からは右折する

住吉屋跡 蔵一棟は明治二十八年（1895）の建築

番所跡 現「宇都宮東警察署白沢駐在所」

宇加地本陣跡 秋田藩、大田原藩、盛岡藩の関札等を残している

經力稲荷大明神 白沢宿の北枡形に祀られる

白沢宿標識 ここが白沢宿の北口

井上清吉商店 創業明治元年（1868）下野地酒「澤姫」の蔵元

江戸方面からは右折する 白河方面からは左折する

勝善神《そうぜんしん》―神道系の馬頭観音

白沢地蔵堂 境内には五輪塔、宝篋印塔等がある。伊沢家景の子をここに葬ったという

馬頭観音 馬頭観世音前の坂の曲がり具合が、薬研に似ているところから「やげん坂」と呼ばれた

公衆便所跡 江戸時代の公衆便所跡で地中の構造は往時のもの。田畑の肥料とした

白髭《しらひげ》神社 白沢の鎮守。寛治年間（1087~94）の創建

明星院 文明十八年（1486）の創建。本尊は地蔵菩薩

薬師堂 本陣宇加地家の持仏堂。墓所には歴代の墓がある

【宿泊】
H1：ほていや旅館☎028・673・4293

西鬼怒川は元和六年（1620）に開削された鬼怒川の分流で流末は鬼怒川に落合う。往時は鬼怒川本流に匹敵する流量があり「舟渡し」であった

江戸方面からは突当りの土手を上り、舗装路を左に進む
白河方面からは土手を下る
この先公園区域につき通り抜けできません標識

日光の鬼怒沼（奥鬼怒）に源を発し、流末は利根川に落合う。流れが穏やかなところから「絹川」とも呼ばれたが、一旦増水すると「鬼が怒る」暴れ川であった

江戸方面からは二本目の斜め右の舗装路を下る
白河方面からは舗装路を上り土手道に合流する

木製標識がある。春から秋にかけては舟渡し、冬の渇水期は仮橋であった

安政四年（1857）製の屋台には菊の彫刻が施されている

白沢の一里塚跡
新川橋
押切新川
西鬼怒川からの分流
三本杉跡
分岐
鬼怒川
鬼怒川の渡し跡
分岐
白木地彫刻屋台庫
与作稲荷道標
阿久津大橋
築堤紀念碑
下ケ橋町

この川が九ケ郷と半郷の田を潤した。橋袂には道祖神、馬頭観音等が祀られている

「白澤一里塚址」碑がある。本来の位置は鬼怒川渡船場の河原にあったが洪水により流失してしまった。江戸日本橋より三十里目

鬼怒川の洪水で勝山の与作稲荷が三本杉の根元に流れ着いた。その後上阿久津の地に移された。代わりの稲荷が祀られている

江戸方面からは砂利道を上り、土手道に合流する
白河方面からは斜め左の砂利道を下る

土手下に二基ある

宇都宮市、さくら市の境
江戸方面からは渡り詰の土手道を右に入る、一本目を左折して砂利道に入り、先をコの字状に進む
白河方面からは渡り詰の土手道を左に進む

江戸方面からは右折する
白河方面からは左折し、先をコの字に進む

三本杉に流れ着いた稲荷社がここに移された。村人、旅人、鬼怒川の船頭等が詣でると様々な霊験や奇瑞が起こり、稲荷信仰が盛んになり、門前には稲荷町ができ参詣者で賑わい飲食遊興の地となった

上阿久津の産土神、水神玉井護神を祀り河岸衆の崇敬が篤かった。延宝六年（1678）建立の総欅造りの社殿は明治三十九年（1906）に焼失してしまった

鬼怒川の渡し跡
白木地彫刻屋台庫
与作稲荷道標
築堤紀念碑
阿久津大橋
江戸方面からは左折する
白河方面からは右折する
上阿久津
船玉神社
浮島地蔵尊
さくら市上阿久津歩道橋
與作稲荷神社
上阿久津簡易郵便局
上阿久津
男女双体道祖神
高尾神社
逢坂
勝山
コンビニ
名物お食事処 勝山食堂
さくら警察署勝山駐在所
上阿久津村と氏家村の境をなす急坂

阿久津河岸の守護神で「船魂」を祀っている。船頭の信仰が篤く、豪奢な本殿に往時の繁栄がしのばれる。境内にある弘化二年（1845）建立の常夜燈には「左江戸道 右奥州道 此方河岸道」と刻まれている

【阿久津河岸】勝山城の廃城により禄を失った宇都宮氏の旧臣若目田氏が河岸を発展させ、仙台、米沢、二本松、大田原諸藩や天領の廻米を江戸に送る舟運の一大拠点となった。河岸は「小江戸」と呼ばれ、その繁盛振りは「入船千艘、出船千艘」といわれた

元文四年（1739）の造立。洪水にも流されず浮いて踏み止まり、人々を救済する霊力がある

0 250 500m

源義家が奥州征伐に向かう途次、鬼怒川の悪蛇に進路を阻まれた。そこで宗円法師が念じると「将軍地蔵」が現れ悪蛇を退散させてしまった。室町の頃、日光山に修行に行った僧が修験者の「そうめん責め」に遭うと、将軍地蔵が現れてそうめんを平らげたところから「そうめん地蔵」とも呼ばれる

【氏家宿】

勝山城が廃城になると禄を失った旧臣「平石佐渡守等三十六人衆」が宿形成に尽力した。阿久津河岸の集積地で宿内には諸藩の蔵が並び、会津中街道、会津西街道、原方街道の要衝を控え大いに賑わった。天保十四年（1843）の奥州道中宿村大概帳によると氏家宿の宿内家数は二百三十五軒、うち本陣一、脇本陣一、旅籠三十五軒で宿内人口は八百七十九人（男四百四十九人、女四百三十人）であった

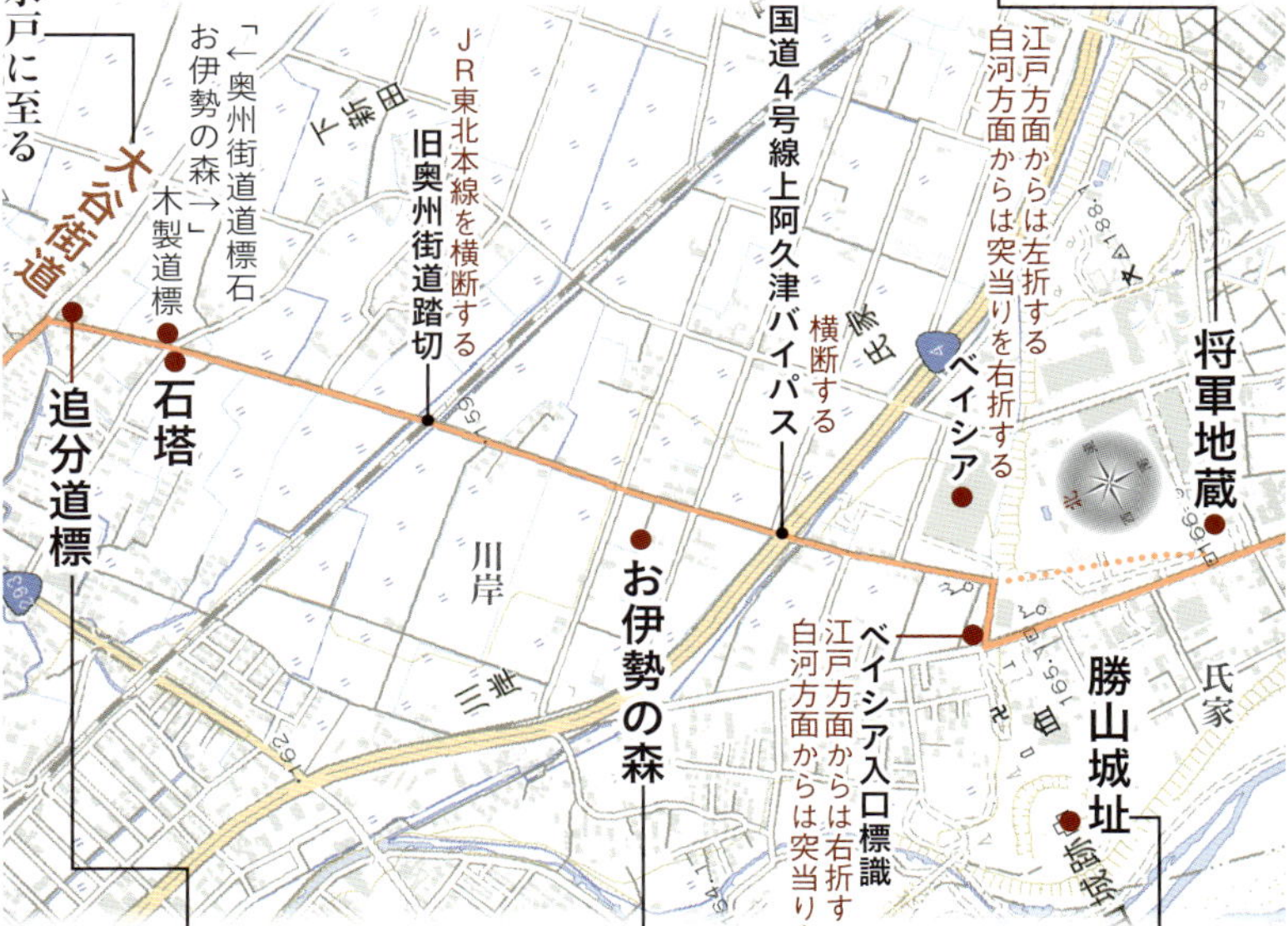
白河方面からは突当りを左折する

氏家氏の築城にはじまり、宇都宮氏一族の芳賀氏の居城となった。鬼怒川の崖を天然の要害とした崖端城で那須勢との攻防を繰り返した。慶長二年（1597）宇都宮氏の改易に伴い廃城となった

伊勢神宮を勧請したもの。氏家の宿役人は氏家以北三十七家の参勤大名や公用役人等の送迎をここで行った

江戸方面からは左折する
白河方面からは右折する

大谷街道との追分道標には「右江戸海道 左水戸かさま下だて 下づま」と刻まれている。馬頭観世音は天保九年（1838）の建立。ここには氏家宿の南木戸があり番所があった

白沢

7.5km 一里半

氏家

7.7km 二里

喜連川

エリア＝栃木県さくら市氏家
最寄り駅＝ＪＲ東北本線 氏家駅

薬師如来が安置されている。追善供養の石塔婆六基や十九夜塔、天保九年（１８３８）建立の馬頭観世音等がある

元禄十七年（１７０４）造立の千手観音立像を安置している

「黒須病院」敷地裏に祀られている。小児の咳に霊験あらたかという

旧「烏山信用金庫」。代々孫兵衛を襲名した

現「村上自動車商会」。村上保助が勤めた。一時期脇本陣の交代があった

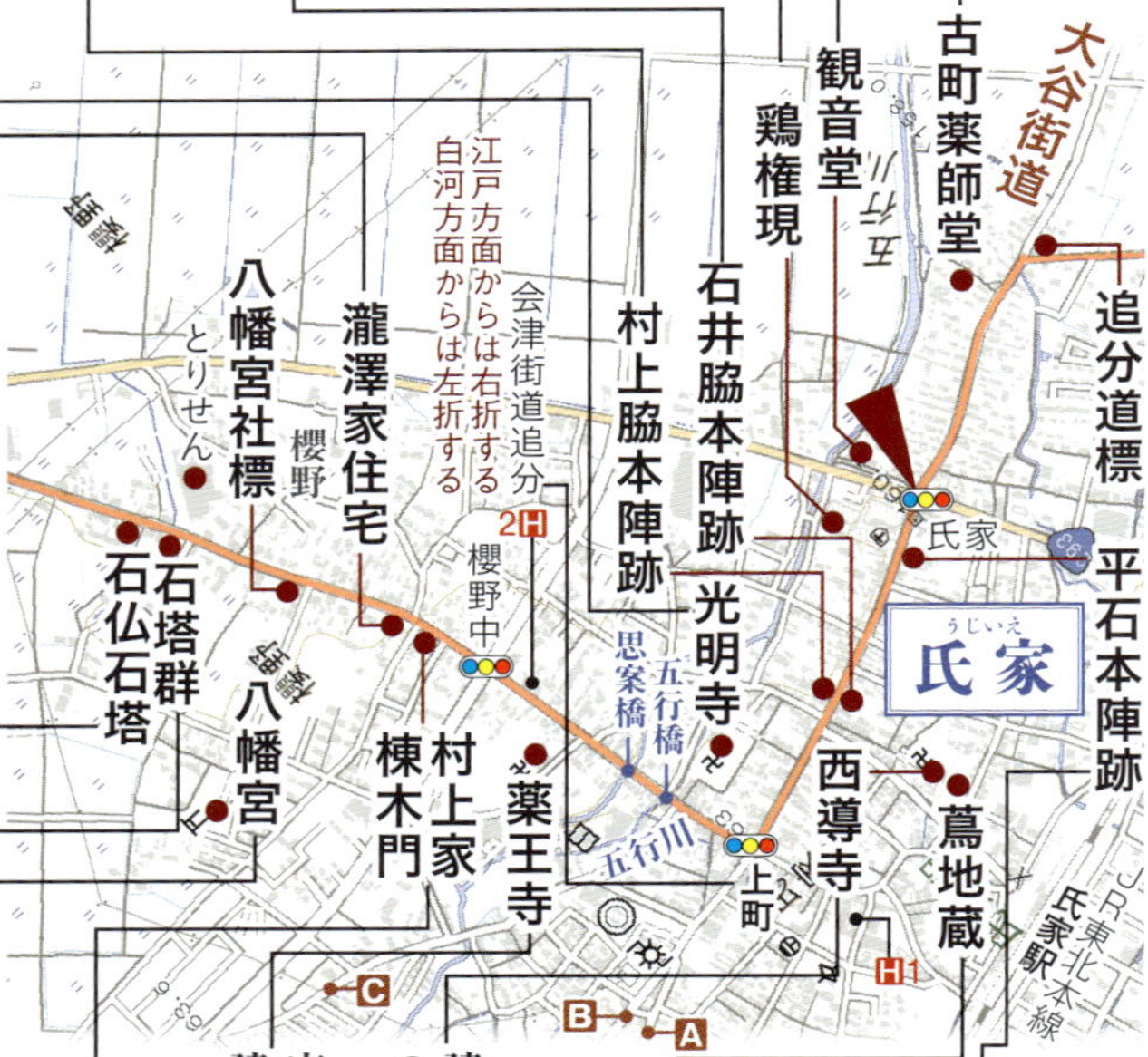

0 250 500m

現「平石歯科」。「御本陣平石六右衛門」跡で氏家村の名主を兼ねた。邸内には弥五郎坂にあった領界石「従是西宇都宮領」が移設されている

この地は地方歌壇であった。藤原定家の七回忌に面影を模した地蔵が造立された

建久二年（１１９１）氏家公頼の創建で氏家氏の菩提寺

応永三十一年（１４２４）の創建。本尊は金剛界大日如来

櫻野村の庄屋を勤めた。門には五十里湖決壊による洪水の水位が残されている

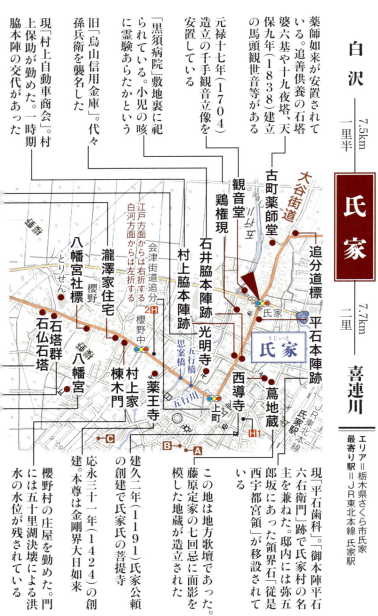

宝暦九年（１７５９）の鋳造。高さ３ｍの青銅不動明王像が岩上に鎮座している

紡績業で財を成した旧家で鐵竹《てっちく》堂は明治天皇の休息所となった。蔵座敷には望楼がある

江戸方面からは国道に合流する
白河方面からはＹ字路を右に進む

百三十五本の松並木であったが、戦時中「松根油」搾取のために伐採されてしまった

【五十里湖《いかりこ》洪水】

天和三年（１６８３）日光大地震で葛老山《かつろうさん》が崩壊し、男鹿川《おじかがわ》を堰き止め五十里湖が出現した。四十年後の享保八年（１７２３）豪雨により五十里湖が決壊、瞬く間に鬼怒川岸の村々を飲み込み未曽有の大災害となり、死者は一万二千人余りに達した

A会津西街道―会津の若松城下から下野の今市に至る

B会津中街道―五十里湖の出現によって通行不能となった会津西街道の代替として整備された

C原方街道―白河に至る、諸藩の廻米を阿久津河岸へ移送する搬入路であった

櫻野村の鎮守。本殿は総欅白木造りで見事な彫刻が施されている

二十六夜塔、弘化二年（１８４５）建立の二十三夜塔、明治三十七年（１９０４）建立の十九夜塔が並んでいる

十九夜塔と寛政七年（１７９５）建立の馬頭観音像が並んでいる

【氏家の一里塚】
両塚共氏家宿地内にあったが位置は不明。江戸日本橋より三十一里目

【宿泊】
H1：ホテル清水荘☎028・682・1122
H2：ビジネスホテルサンヒル☎028・682・0303

狭間田新田村地内で「坂本宅」内に南塚が現存している。北塚は下松山村地内であったが取り壊された。江戸日本橋より三十二里目

廃仏毀釈で廃寺となった。境内には文政二年（1819）建立の名号碑「南無阿弥陀仏」等がある

大黒天が二体祀られている。土台には明治時代の水準点の記号が刻まれている（標高158m）。当時この辺り一体は水田で不朽物が大黒天以外に見当たらなかった

坂一帯は「早乙女坂古戦場」跡。天文十八年（1549）宇都宮尚綱軍と那須氏喜連川塩谷軍が激突し、鮎瀬弥五郎実光が尚綱を討取り勝利を収めた。弥五郎は祠を建て、尚綱を供養する五輪塔を安置した。以来祠は「弥五郎殿」、早乙女坂は「弥五郎坂」と呼ばれるようになった

狭間田の一里塚
薬師堂
コンビニ
谷中入口バス停
大黒天
弥五郎殿
弥五郎坂
石仏石塔
勝善神《そうぜんしん》
早乙女温泉案内標識
江戸方面からはY字路を直進する
白河方面からは国道に合流する
松山
松山
琴平神社
市堀用水路
田中橋

幕末の勧請で祭神は大物主命《おおものぬしのみこと》

明暦二年（1656）の竣工

街道沿の奥に大中小三基の勝善神が祀られている

馬頭観音像と寛政五年（1793）建立の二十三夜供養塔が祀られている

「江戸よりここまで平地也、これより山路に成る」といわれた

【狭間田《はさまだ》新田村】当初宇都宮藩領であったが下総佐倉藩領となり、その後幕府領となった。家数は二十三軒であった

0 250 500m

日帰り温泉。かけ流しの高品質濃厚硫黄泉で糖尿病、皮膚病、神経痛、冷え性、うちみ、慢性消化器痛などに効能がある

段上に四基の庚申塔が並んでいる

元羽黒山神社で地名の由来となった。境内には天保十年（1839）建立の御神燈がある

「←桜並木　→河東碧梧桐の句碑」

【喜連川宿】喜連川宿は喜連川藩の陣屋町として発展した。藩主の喜連川氏は足利尊氏の流れを汲む「古河公方」の為、幕府はその格式を認め参勤を免除した。天保十四年（1843）の奥州道中宿村大概帳によると喜連川宿の宿内家数は二百九十軒、うち本陣一、脇本陣一、旅籠二十九軒で宿内人口は千百九十八人（男六百十一人、女五百八十七人）であった

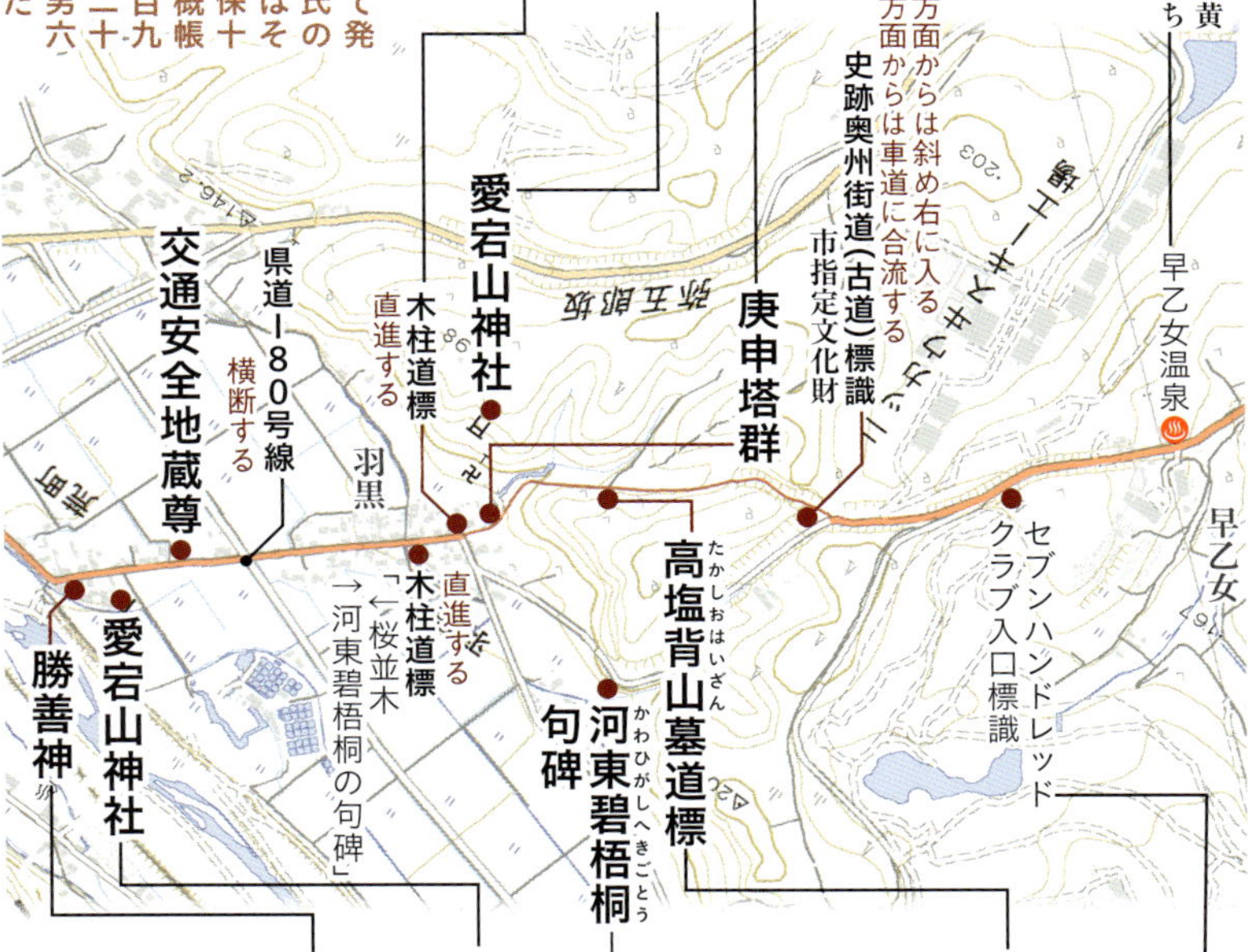
早乙女温泉
早乙女
セブンハンドレッドクラブ入口標識
史跡奥州街道（古道）標識
市指定文化財
江戸方面からは斜め右に入る
白河方面からは車道に合流する
庚申塔群
高塩背山《たかしおはいざん》墓道標
河東碧梧桐《かわひがしへきごとう》句碑
弥五郎坂
愛宕山神社
木柱道標
直進する
羽黒
木柱道標
「←桜並木
→河東碧梧桐の句碑」
直進する
県道180号線
横断する
交通安全地蔵尊
愛宕山神社
勝善神

ゴルフ場入口。この辺りが弥五郎坂の頂上

代々喜連川神社の神職を勤める家の生まれ。歌人を志し若山牧水と親交があった

「阪を下りて左右に藪あり栗おつる」碧梧桐は正岡子規門下の秀才であった。傍らには「弥五郎坂開削の碑」がある

参道口に二十三夜塔がある

大小様々な勝善神が祀られている。ここにあった樹齢百四十年の「枝垂れ桜」は伐採されてしまった

【喜連川の一里塚】喜連川宿地内中町にあったともいうが位置は不明。江戸日本橋より三十三里目

氏家

7.7km 二里

喜連川

二里三十町三十六間 11.6km

佐久山

エリア＝栃木県さくら市喜連川
最寄り駅＝JR東北本線 片岡駅
片岡線バス 喜連川支所前バス停下車

寛延元年（1748）建立の道標「右江戸道 左下妻道」がある

足利尊氏の開基で喜連川氏の菩提寺。墓所には歴代藩主の墓がある

現「かぶらぎ時計店」。

「旅籠屋山田屋徳平」跡

現「割烹芳川屋」。永井家が勤め、裏に「明治天皇御小休所」碑がある

現「街の駅本陣」。上野太郎平が勤め問屋を兼ねた。現建物は大正十五年（1926）築の旧喜連川警察署

銘菓落雁「樺山錦」の老舗

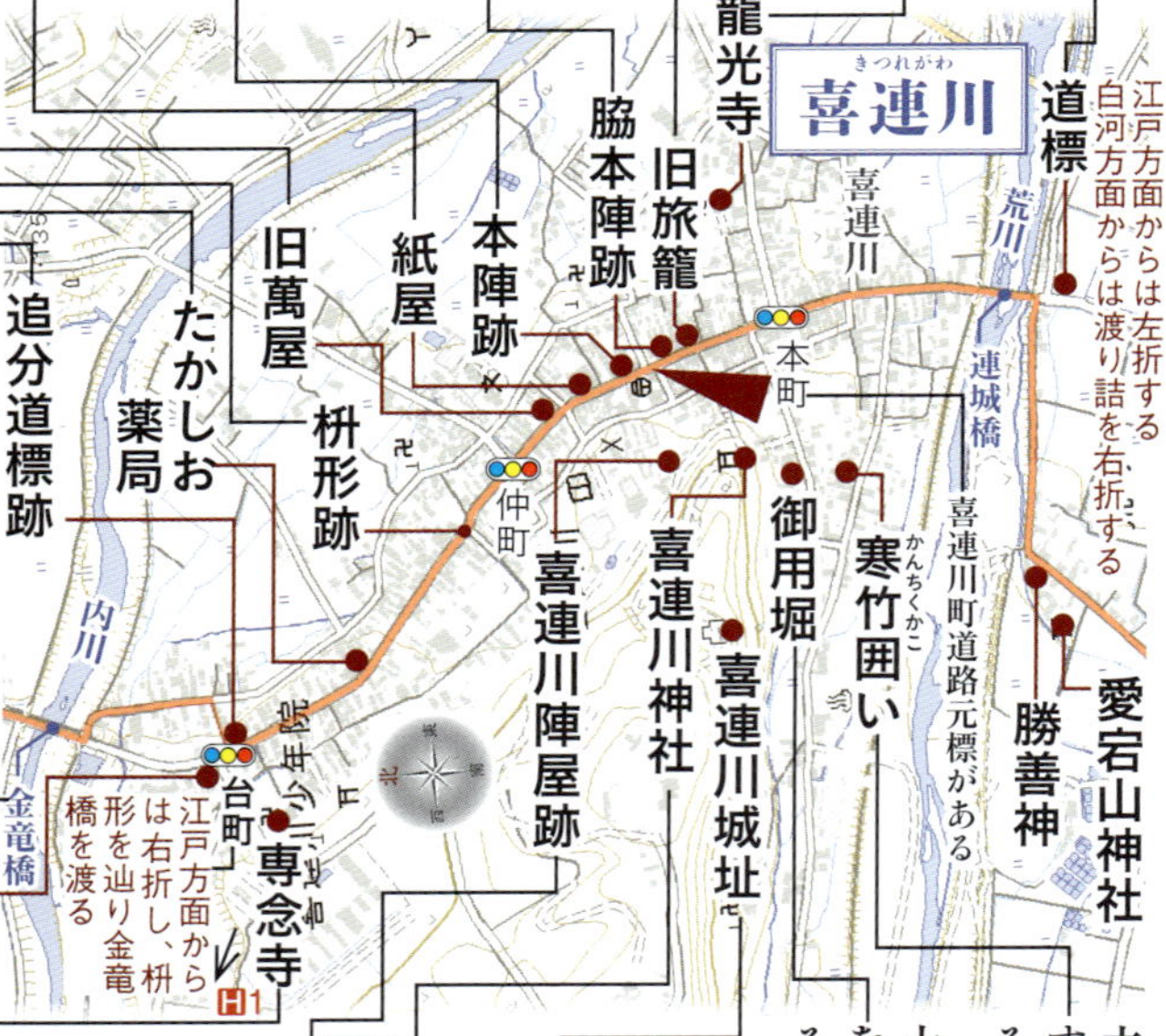
喜連川《きつれがわ》
道標
龍光寺
脇本陣跡
旧旅籠
本陣跡
紙屋
旧萬屋
たかしお薬局
枡形跡
追分道標跡
江戸方面からは左折する
白河方面からは渡り詰を右折する
荒川
連城橋
喜連川
本町
仲町
台町
内川
金竜橋
喜連川町道路元標がある
愛宕山神社
勝善神
寒竹囲い《かんちくかこ》
御用堀
喜連川城址
喜連川神社
喜連川陣屋跡
専念寺
江戸方面からは右折し、枡形を辿り金竜橋を渡る
H1

六代藩主喜連川茂氏は傷みやすい板塀から、周辺に自生する寒竹の垣根を奨励した

十代藩主喜連川熙氏《ひろうじ》は陣屋町を挟む内川、荒川から取水する用水を開削した

現「お丸山公園」。「壇ノ浦の戦い」に功があった塩谷五郎惟広は源頼朝からこの地を与えられ、大蔵ケ崎城を築き、以降十七代まで続いたが秀吉の命により改易となった

喜連川の総鎮守。塩谷氏、喜連川氏の崇敬社であった。南参道階段口には若山牧水と高塩背山の歌碑がある

0 250 500m

現「ささや呉服店」。創業二百五十年の呉服商

東漸寺参道口前に痕跡を残している

野口雨情の妻ひろの実家。後に離婚して戻った

享保九年（１７２４）建立の追分道標「右奥州海道　左在郷道」跡。この道標は台町集会所に移設されている

昭和十二年（１９３７）の建立「日支事変之為軍馬出征」と刻まれている

【喜連川由来】

古くは「狐川」と称した。荒川上流に狐の影を映す大木があり、何度切り倒しても元の姿に戻ってしまう。ある夜「焼かれたら終わりだ」と大木が呟くのを聞いた者が焼き払ったところ二度と姿を現さなくなった

江戸方面からは赤鳥居前の旧道に入る
白河方面からは渡り詰を左折し、枡形を辿り台町交差点を左折する
常は橋渡しであったが、流失すると「蓮台越し」になった
台町集会所敷地内に「追分道標」が移設されている
JAしおのや
ヤマギシズム生活那須実顕地

喜連川藩は五千石の旗本寄合であったが、米沢の上杉侯は謙信以来の旧主の末裔とあって、ここを通る際は笠を取った

本尊は弘安六年（１２８３）鋳造の鉄造阿弥陀如来立像（県文化財指定）

祭神は猿田彦命で鶏権現ともいう

昭和六十三年（１９８８）建立の男女双体祝言道祖神

【喜連川藩事情】

喜連川藩は五千石の小藩で財政は困窮を極めた。そこで十代藩主喜連川熙氏《ひろうじ》は「養蚕」を奨励したところ、盛んになった

江戸方面からは砂利道に入る
白河方面からは突当りを左折し、県道に合流する

【宿泊】
H1：亀の井ホテル喜連川☎028・686・2822

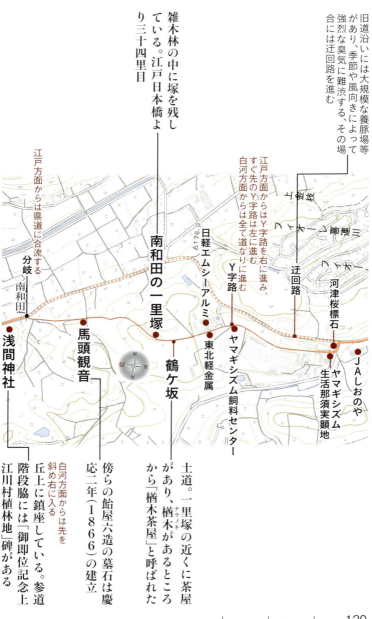

旧道沿いには大規模な養豚場等があり、季節や風向きによって強烈な臭気に難渋する、その場合には迂回路を進む

雑木林の中に塚を残している。江戸日本橋より三十四里目

江戸方面からはY字路を右に進み、すぐ先のY字路は左に進む
白河方面からは全て道なりに進む

江戸方面からは県道に合流する

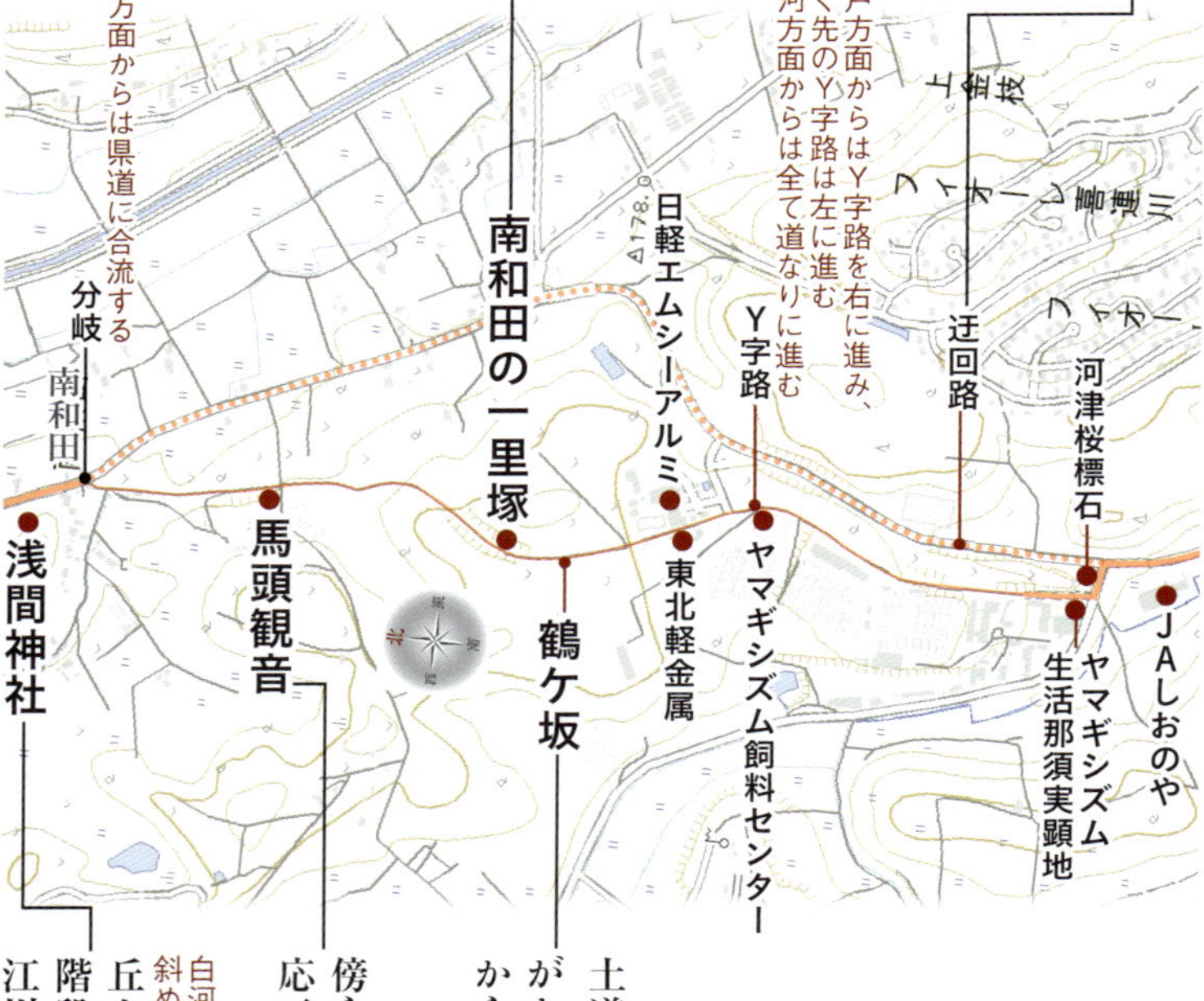
迂回路
河津桜標石
JAしおのや
ヤマギシズム生活那須実顕地
Y字路
ヤマギシズム飼料センター
東北軽金属
日軽エムシーアルミ
南和田の一里塚
鶴ケ坂
馬頭観音
分岐
南和田
浅間神社
Δ178.0

土道。一里塚の近くに茶屋があり、楢木《ナラノキ》があるところから「楢木茶屋」と呼ばれた

傍らの飴屋六造の墓石は慶応二年(1866)の建立

白河方面からは先を斜め右に入る

丘上に鎮座している。参道階段脇には「御即位記念上江川村植林地」碑がある

0 250 500m

【河戸村】江川(河)の戸口にあたるところから「河戸」となった。中世以来福原氏の領地で寛永三年(1626)上下河戸に分村した

明治九年(1876)明治天皇巡幸の際ここで休息した。傍らに男女双体祝言道祖神がある

往時の川幅は五間(約9m)で架橋されていた

源氏蛍の幼虫は平家蛍より清冽な流れを好み、成虫の体長は大きい

公園入口に「史蹟明治天皇引田原御小休所阯」碑、奥に「明治天皇御休輦之處」碑がある。明治九年(1876)巡幸の際ここで休息した

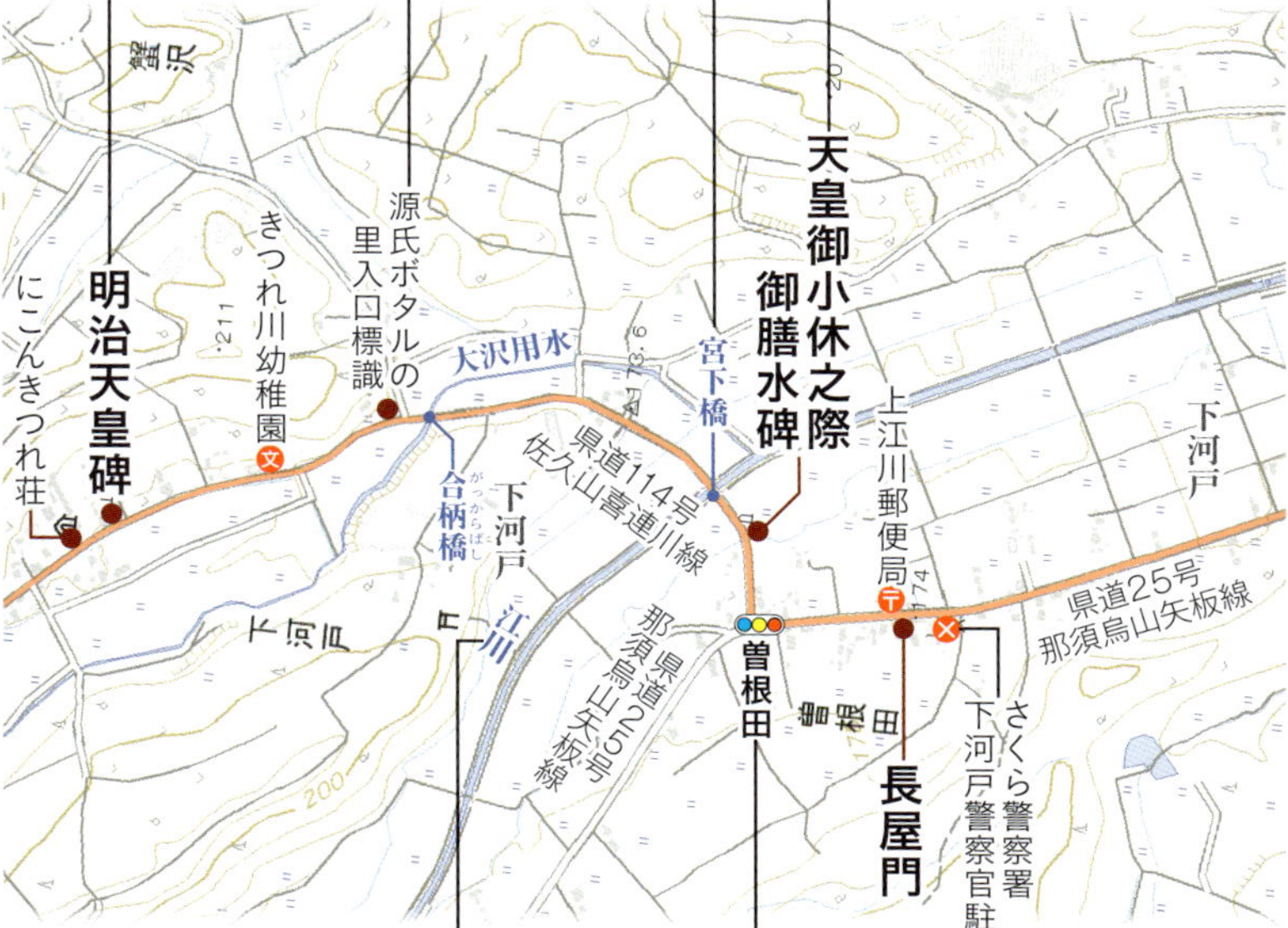

さくら警察署下河戸警察官駐在所

江戸方面からは右折する
白河方面からは左折する

喜連川丘陵に源を発し、この辺り一帯の田畑を潤し、流末は荒川に落合う

江戸時代後期の創業。裏庭に元は市境辺りにあった延享三年(1746)建立の馬頭観音像がある

文治三年(1187)那須湯本の温泉神社を勧請し、この地の鎮守とした

明治天皇碑
にこんきつれ荘
引田
223
武藤酒店
温泉神社
引田
川
下河戸の一里塚
ほほえみ仏
市境標識
0
250
500m

下河戸村地内で手塚宅の敷地内に西塚の痕跡を残している。戦時中に防空壕として利用された。江戸日本橋より三十五里目

小さな石仏が三体並んでいる

さくら市と大田原市の境

「与一の里名木選」推定樹齢二百年

柵内に庚申塔が三基祀られている。内一基には「万延元年以来合碑」と刻まれている

丘上に鎮座している。境内には五輪塔、享保十七年(1732)建立の石燈籠、享保十八年(1733)建立の石塔等がある

江戸方面からはY字路を左に進む

農産物直売所きらり佐久山

那須氏の居城福原城へ至る

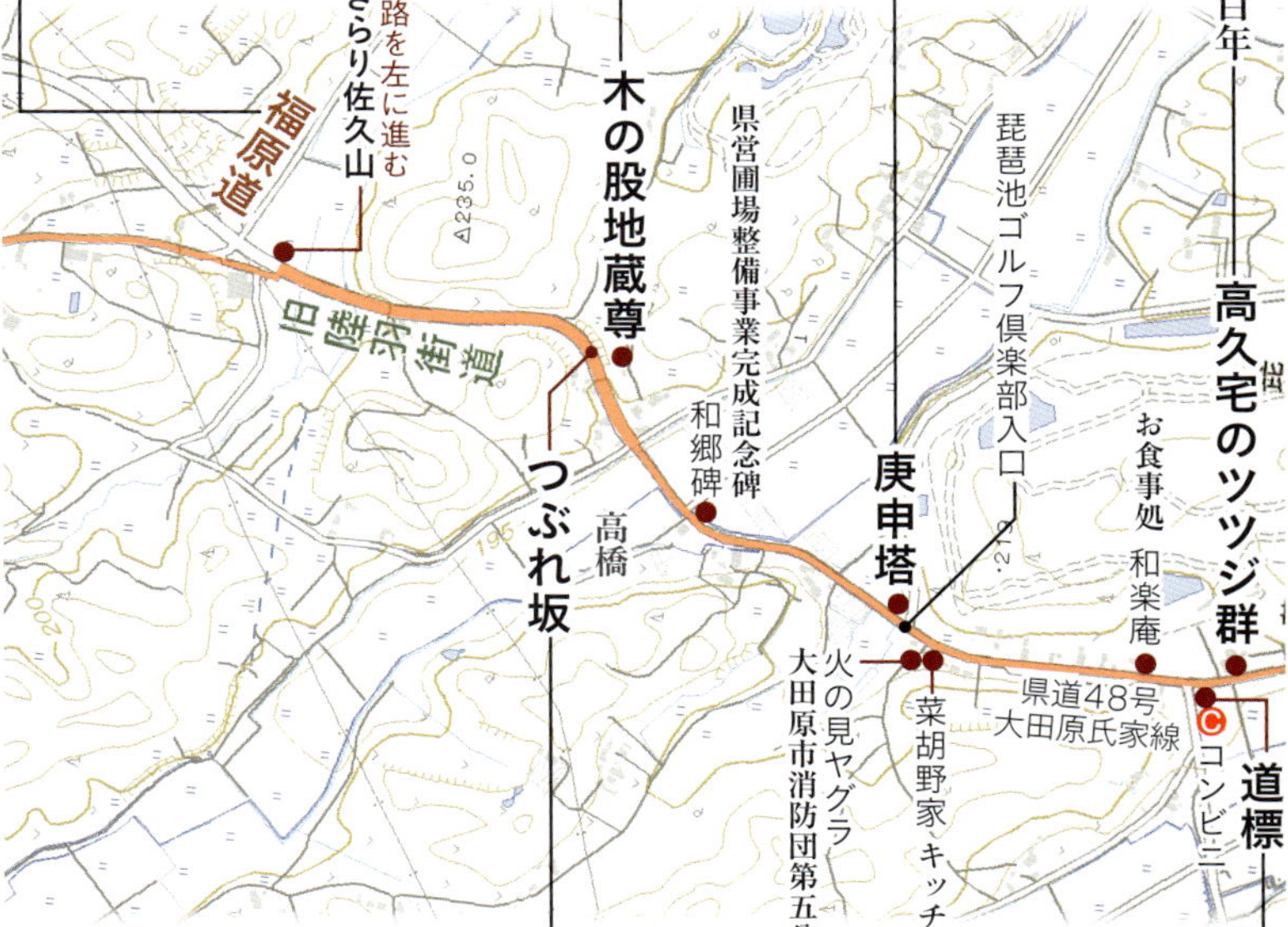

高久宅のツツジ群
琵琶池ゴルフ倶楽部入口
お食事処
和楽庵
庚申塔
県営圃場整備事業完成記念碑
和郷碑
木の股地蔵尊
福原道
旧陸羽街道
Δ235.0
つぶれ坂
高橋
火の見ヤグラ
大田原市消防団第五分団第三部
菜胡野家 キッチン
県道48号
大田原氏家線
コンビニ
道標

自然石に「大田原 㐂連川 片岡」と刻まれている

観音坂とも呼ばれた

【佐久山宿】

旗本福原《ふくわら》氏五千石の陣屋町として発展した。天保十四年(1843)の奥州道中宿村大概帳によると佐久山宿の宿内家数は百二十一軒、うち本陣一、脇本陣一、旅籠二十七軒で宿内人口は四百七十三人(男二百三十人、女二百四十三人)であった

喜連川

11.6km 二里三十町三十六間

佐久山

7.3km 一里半七町四十一間

大田原

エリア＝栃木県大田原市佐久山
最寄り駅＝JR東北本線 野崎駅 大田原市営バス佐久山野崎駅線 佐久山郵便局前バス停下車

丘上に鎮座している

参道口辺りが佐久山宿の江戸口（南口）で番屋があった

八木澤家。傷薬の家伝薬「運用膏」の老舗。幕末戊辰戦役の際に評判を一気に高めた

「扇の的」が描かれている。消防団前には標石「旧奥州道中 佐久山宿下町」がある

境内の「佐久山のケヤキ」は推定樹齢八百年

創業安政二年（1855）銘菓「勘兵衛饅頭」の老舗

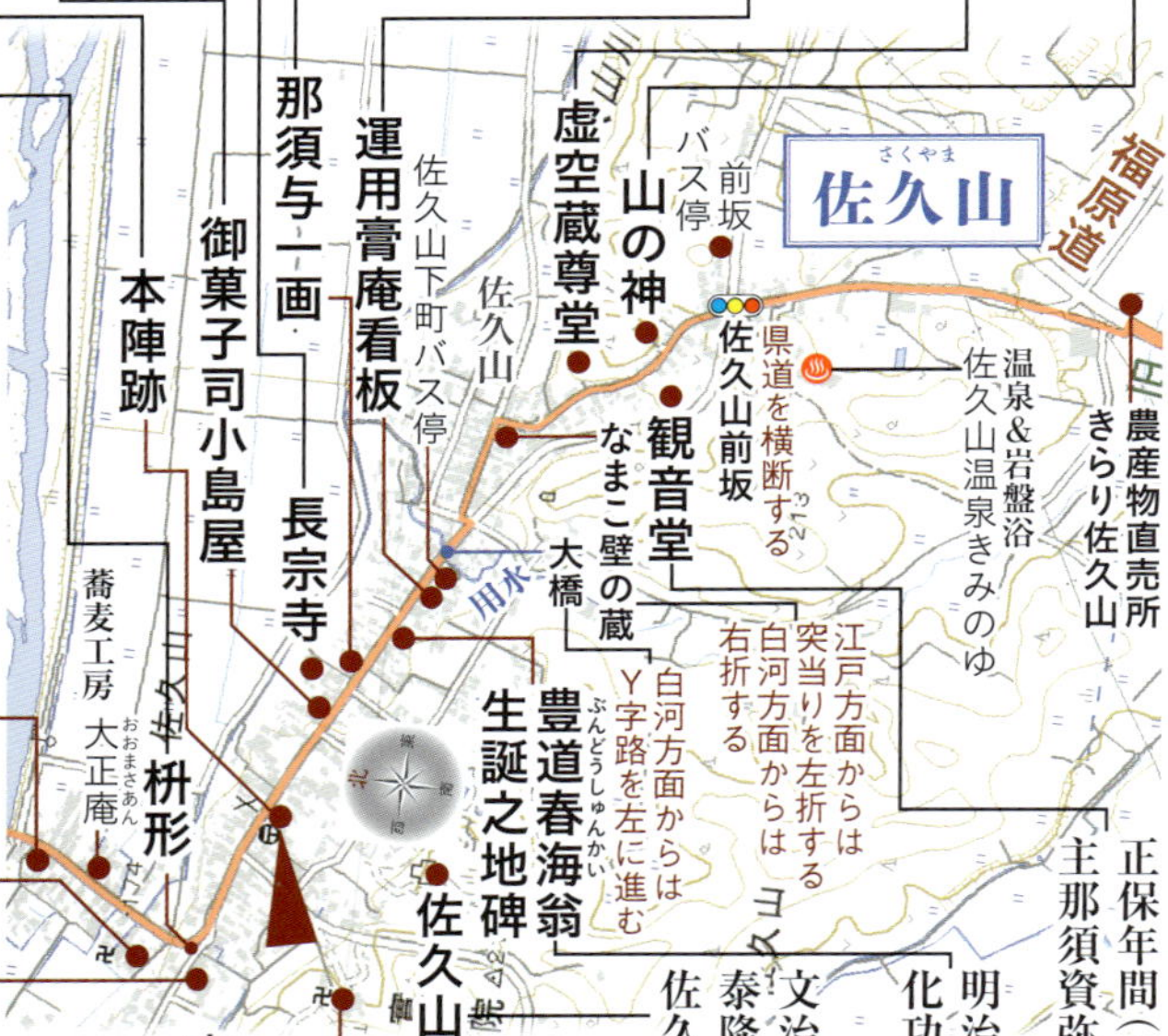

佐久山《さくやま》
福原道
前坂
バス停
山の神
虚空蔵尊堂
運用膏庵看板
那須与一画
御菓子司小島屋
本陣跡
佐久山下町バス停
佐久山
佐久山前坂
県道を横断する
温泉&岩盤浴 佐久山温泉きみのゆ
農産物直売所 きらり佐久山
観音堂
なまこ壁の蔵
大橋
用水
長宗寺
江戸方面からは突当りを左折する 白河方面からは右折する
白河方面からはY字路を左に進む
豊道春海翁《ぶんどうしゅんかい》生誕之地碑
佐久山城址
蕎麦工房 大正庵《おおまさあん》
枡形
実相院
0 250 500m

正保年間（1644〜48）福原城主那須資弥（すけみつ）の創建

明治から昭和にかけての書家で文化功労者に選ばれた

文治三年（1187）那須与一の兄泰隆（やすたか）が佐久山城を築き佐久山氏と称した。永禄六年（1563）同族の福原氏が那須氏を滅ぼし城主となり、その後旗本福原氏五千石の陣屋として幕末まで存続した

藩主福原氏の菩提寺で福原家累代墓所や赤穂義士大高源五の墓がある

「御本陣井上勘左衛門」跡。問屋を兼ねた。跡地には「村上英俊翁生誕之地」碑がある。日本初のフランス語学者であった

ここが佐久山宿の北口

江戸方面からは右折する
白河方面からは左折する

「0.6km」、湧水を集めた流れに県天然記念物の「イトヨ」が生息している。棘魚《とげうお》の一種で体長は4～5cm、オスは小枝で巣をつくり、孵化すると幼魚を守って育てる

清冽な谷田川の中島に聖徳太子碑と祠が祀られている

祠の中に石造地蔵尊が安置されている

地蔵尊
親園小学校
親園
親園小入口バス停
実取入口バス停
県道48号大田原氏家線
親園《ちかその》
深川橋
コンビニ
深川
題目碑
吉沢バス停
長屋門
聖徳太子碑
イトヨ生息地案内標識
養福院
滝沢
松原入口バス停
徒歩渡しであったが、後に「箒川土橋」が架橋された
滝沢バス停
県道48号大田原氏家線
白河方面からはY字路を左に入り、突当りを右折し、先で県道に合流する
高橋医院案内板
桜観音
正浄寺
岩井橋
箒川《ほうきがわ》
高原山に源を発し、流末は那珂川に落合う
岩井町バス停
島崎酒造

島崎覚兵衛が天明元年（1781）に創業した銘酒「友白髪」の蔵元

境内に芭蕉句碑「花の陰謡に似たる旅寝哉」がある

桜観音と呼ばれる馬頭観音が六基並んでいる

江戸方面からは右折して旧道に入り、突当りを左折し、先で県道に合流する

境内には石仏石塔群がある

祠の中に題目碑「南無妙法蓮華経」が安置されている

【滝沢の一里塚】
滝沢村地内にあったが位置は不明。江戸日本橋より三十六里目

【滝沢村】

旗本福原氏領、村内に「廻米問屋」があり諸藩廻米の駄送を扱った。津出しは鬼怒川の阿久津河岸であった

「与一の里名木選 国井宅の赤マツ」推定樹齢約二百年

「陣屋跡」標石がある。享和三年（1803）から二十年間この地は幕府領となり、代官山口鉄五郎高品《たかかず》が支配した

代々名主を勤めた国井宅内に町初碑がある。寛永四年（1627）奥州道中の整備に伴い、八木沢村が開かれ「間の宿」となった。門は八木沢陣屋から移築したもの

【荻ノ目村】大田原藩領で大田原宿の助郷村であった。中世那須氏の支配地で豪族荻野目氏の居館があった

山門脇に文政九年（1826）建立の題目碑「南無妙法蓮華経 箒川出現 日蓮大菩薩」がある

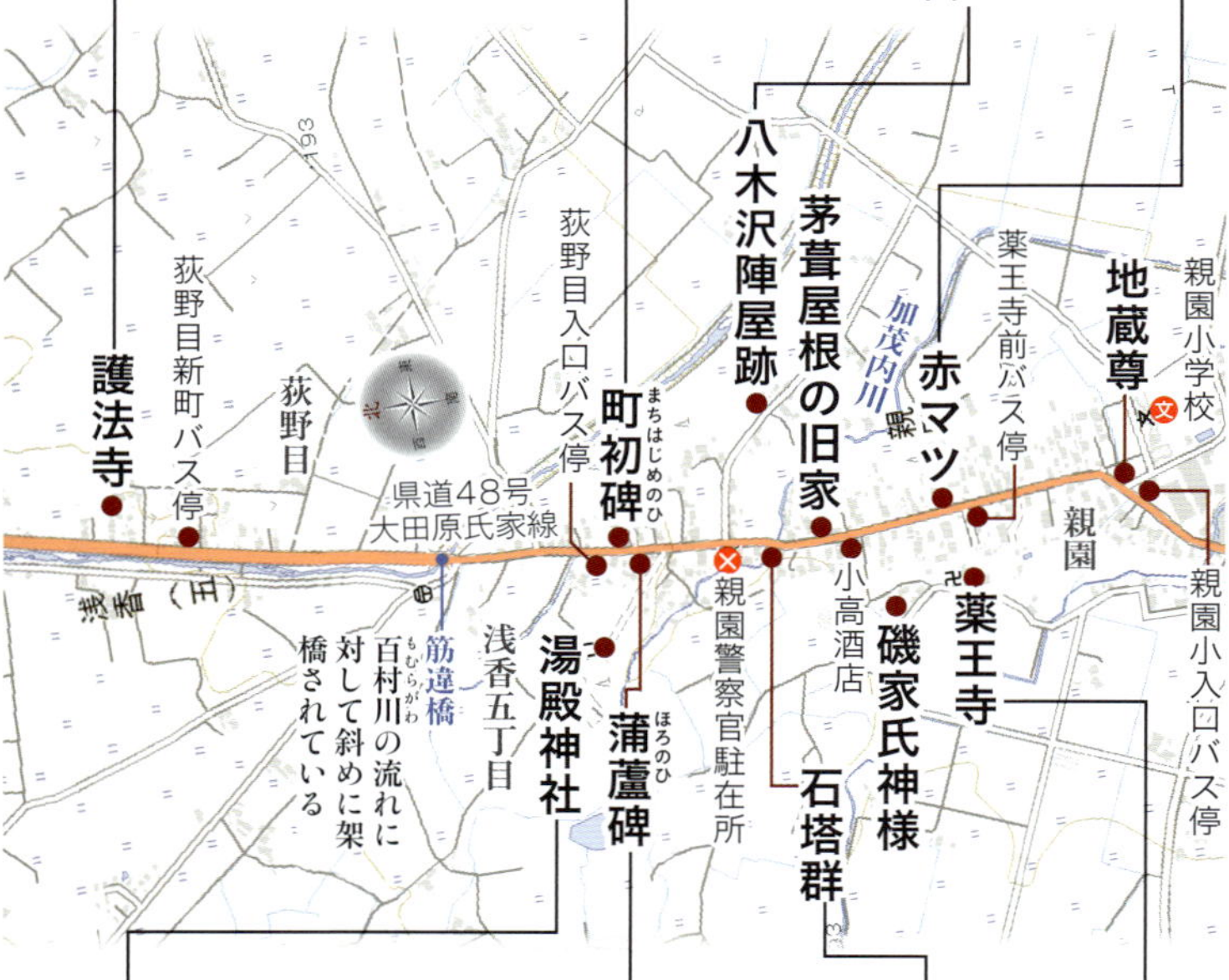

親園小学校
地蔵尊
薬王寺前バス停
赤マツ
加茂内川
茅葺屋根の旧家
八木沢陣屋跡
荻野目入口バス停
町初碑《まちはじめのひ》
県道48号
大田原氏家線
荻野目新町バス停
荻野目
護法寺
筋違橋
百村川《もむらがわ》の流れに対して斜めに架橋されている
浅香五丁目
湯殿神社
蒲蘆碑《ほろのひ》
親園警察官駐在所
石塔群
小高酒店
磯家氏神様
薬王寺
親園
親園小入口バス停

享保四年（1719）の創建。境内には庚申塔や念仏百万遍供養塔等がある

弁天祠、五輪塔、元文三年（1738）建立の大乗妙典六十六部供養塔がある

代官山口鉄五郎の善政を讃えた碑が堂内に安置されている。中国の書「中庸」の一節「善政を行えば、水辺に生えている蒲《がま》や蘆《あし》がたやすく繁茂するのと同じ」に由来している

建久六年（1195）那須与一の勧請で八木沢村の鎮守。対の石燈籠は文久元年（1861）の建立で「湯殿山」と刻まれている

0 250 500m

【松並木】

かつては八木沢村から大田原宿間に那須野原で一番美しいといわれた「松並木」があったが、戦時中「松根油」搾取のために全て伐採されてしまった

【大田原の一里塚】

八幡神社辺りにあったともいうが位置は不明。江戸日本橋より三十七里目

この地は天保十二年（1841）以来、加勢友助等によって開墾され、その鎮守として安政二年（1855）に勧請された。境内には安政六年（1859）建立の石燈籠がある

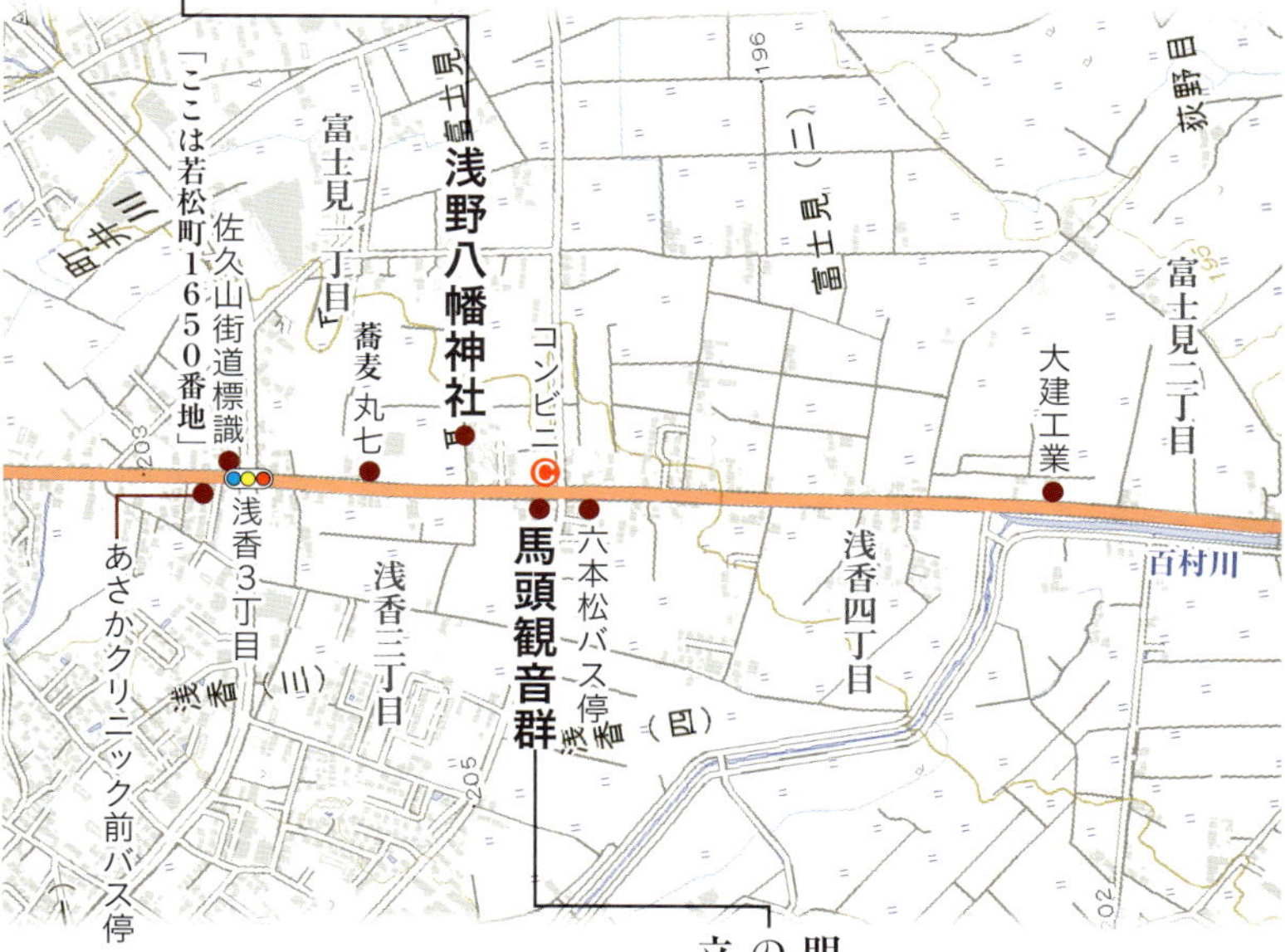

浅野八幡神社
馬頭観音群
「ここは若松町1650番地」
佐久山街道標識
蕎麦 丸七
コンビニ
六本松バス停
あさかクリニック前バス停
大建工業
百村川
富士見
富士見二丁目
富士見（二）
富士見二丁目
川井町
荻野目
浅香3丁目
浅香三丁目
浅香四丁目
浅香（三）
浅香（四）
196
203
205

【那須与一】

大田原は那須与一ゆかりの地。元暦二年（1185）源平合戦「屋島の戦い」で源氏方の弓の名手那須与一が平家方の軍船に掲げられた「扇の的」を射落とし勝利に導いた。源頼朝から褒賞として那須氏の総領（跡継ぎ）の地位と那須野の地が与えられた

明治、大正、昭和建立の馬頭尊の中に文化四年（1807）建立の馬頭観世音がある

【大田原宿】

大田原宿は大田原藩一万二千石の城下町として発展し、日光北街道、黒羽道、塩原道の要衝を控え賑わった。天保十四年（1843）の奥州道中宿村大概帳によると大田原宿の総家数は二百四十五軒、うち本陣二、脇本陣一、旅籠四十二軒で宿内人口は千四百二十八人（男六百七十二人、女七百五十六人）であった

佐久山

7.3km 一里半七町四十一間

大田原

三里一町五十七間 11.4km

鍋掛

エリア＝栃木県大田原市新富町二丁目
最寄り駅＝JR東北本線 西那須野駅
東野バス小川馬頭線 金燈籠バス停下車

大田原宿の江戸口（南口）。街道の両側に対照的な柵跡がある

文政十一年（1828）十一代藩主大田原愛清《よしきよ》の開基

印南家が勤め問屋を兼ねた。敷地九百八十坪、建坪三百八十一坪で奥州道中最大の規模を誇った。本陣脇には高札場があった

文政二年（1819）鋳造の燈籠は戦時中に供出され、現在のものは昭和五十四年に鋳造されたもの。台座は往時のもので「江戸」「白川」と刻まれ、「塩原道」との追分道標であった

大田原《おおたわら》
金燈籠《かなどうろう》
金燈籠バス停
「ここは新富町2丁目3番」
薬師通り標識
H1
本陣・問屋・高札場跡
新富町
大田原宿新田木戸跡
忍精寺《にんしょうじ》
鹿島川
佐久山街道標識
あさかクリニック前バス停
江戸方面からは右折する
白河方面からは左折する
神明町
室井病院
金燈籠
正法寺《しょうほうじ》
幸矢の与一像
中央
大田原宿標石
薬師堂
愛宕神社
日光北街道
0 250 500m

矢板や船生《ふにゅう》を経て今市へ至る。奥州諸大名の日光参詣道であった

文明三年（1471）の創建

寛政五年（1793）九代藩主大田原庸清《つねきよ》が大田原城の「四方固め」として再建した

「旧奥州道中大田原宿下町」がある

幼い頃から弓が達者で居並ぶ兄達の前でその腕前を示し、父の資隆《すけたか》を驚嘆させたという

慶長九年（1604）の創建で歴代藩主夫人の祈願寺であった

【宿泊】
H1：こめや旅館☎0287・22・2635
H2：ホテル那須大田原ヒルズ ☎0287・24・1130

現「NASUYA」。太物古着店「那須屋宇兵衛」跡。絹織物は呉服といい、綿や麻織物は太物といった

現「龍城公園」。蛇尾川を天然の要害とする平山城。天文十四年（1545）大俵《おおたわら》資清が築城し、姓を「大田原」と改称した。維新を迎えるまで大田原氏の居城であった

橋渡し、橋が流失すると人足による「徒歩渡し」となり、天保三年（1832）からは「舟渡し」となった

5km先に那須与一ゆかりの那須神社がある

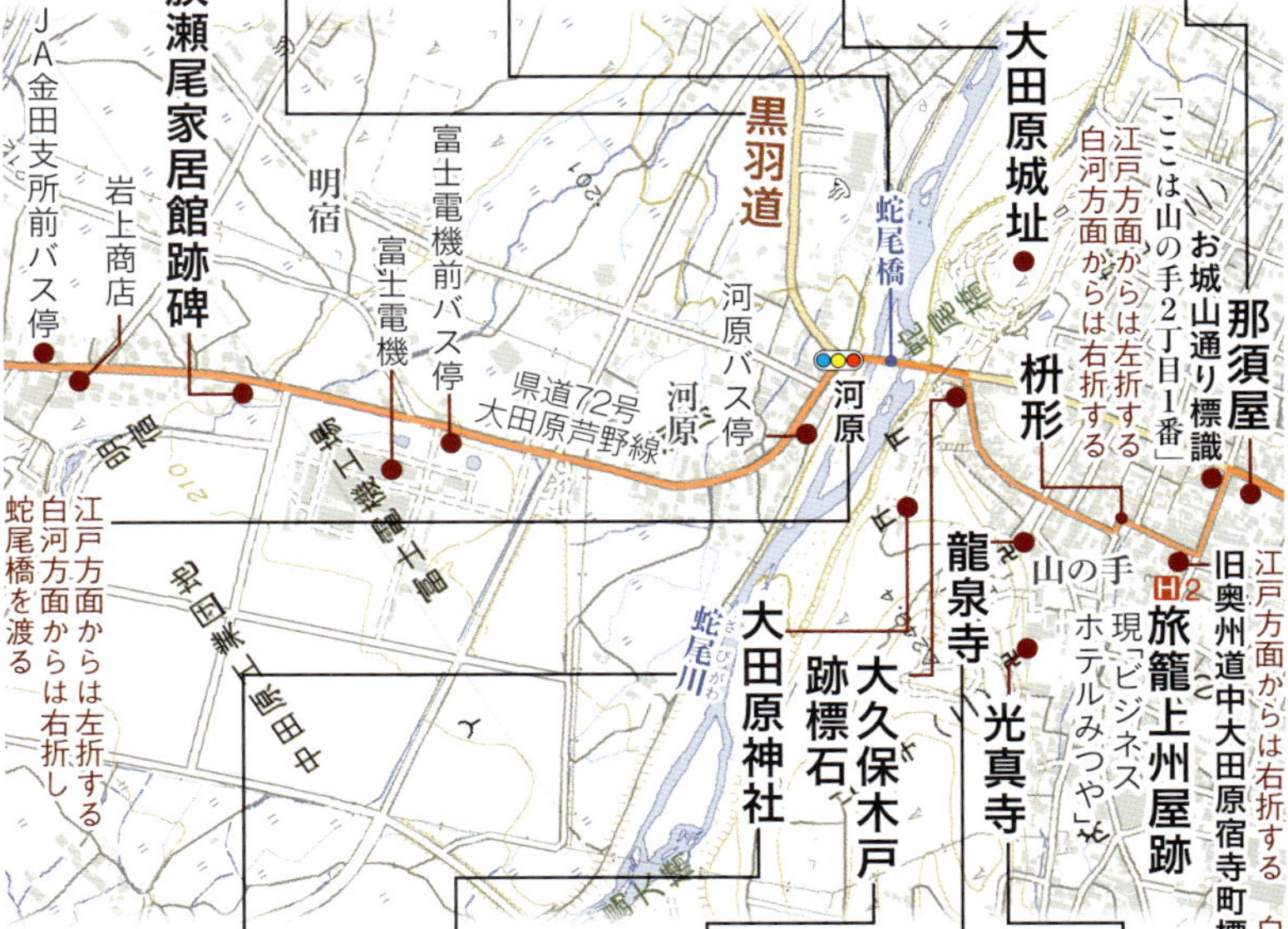
江戸方面からは右折する 白河方面からは左折する
平家之豪族瀬尾家居館跡碑

初代城主大田原資清《すけきよ》の創建。大田原氏の菩提寺で歴代の墓がある

往時は大田原城三の丸下にあり、大田原氏の祈願寺であった

大田原宿の北口

江戸方面からは突当りを左折する
白河方面からは右折する

大同二年（807）の創建。大田原の総鎮守で大田原氏歴代の崇敬が篤かった

大佐飛《おおさび》山地に源を発し、流末は箒川に落合う

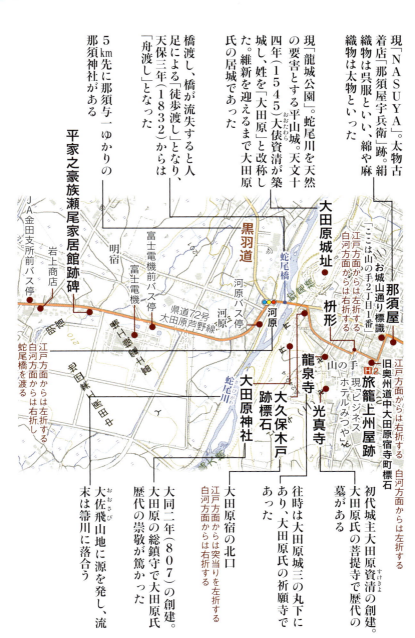

「与一みそ那須の風味」の醸造元

【紫衣《しえ》事件】朝廷は古来より徳の高い僧や尼に対して紫衣を下賜してきたが、江戸幕府は「禁中並公家諸法度」により禁じた。しかし後水尾天皇はこれを無視し、十数人の僧侶に紫衣着用の勅許を与えた。幕府が勅許状の無効を宣言すると、沢庵和尚や高僧達が抗議に立ち上がった、幕府は業を煮やし高僧達を奥羽の地に流罪とした。後水尾天皇は憤慨し三十三歳の若さで退位し、女帝を即位させてしまった

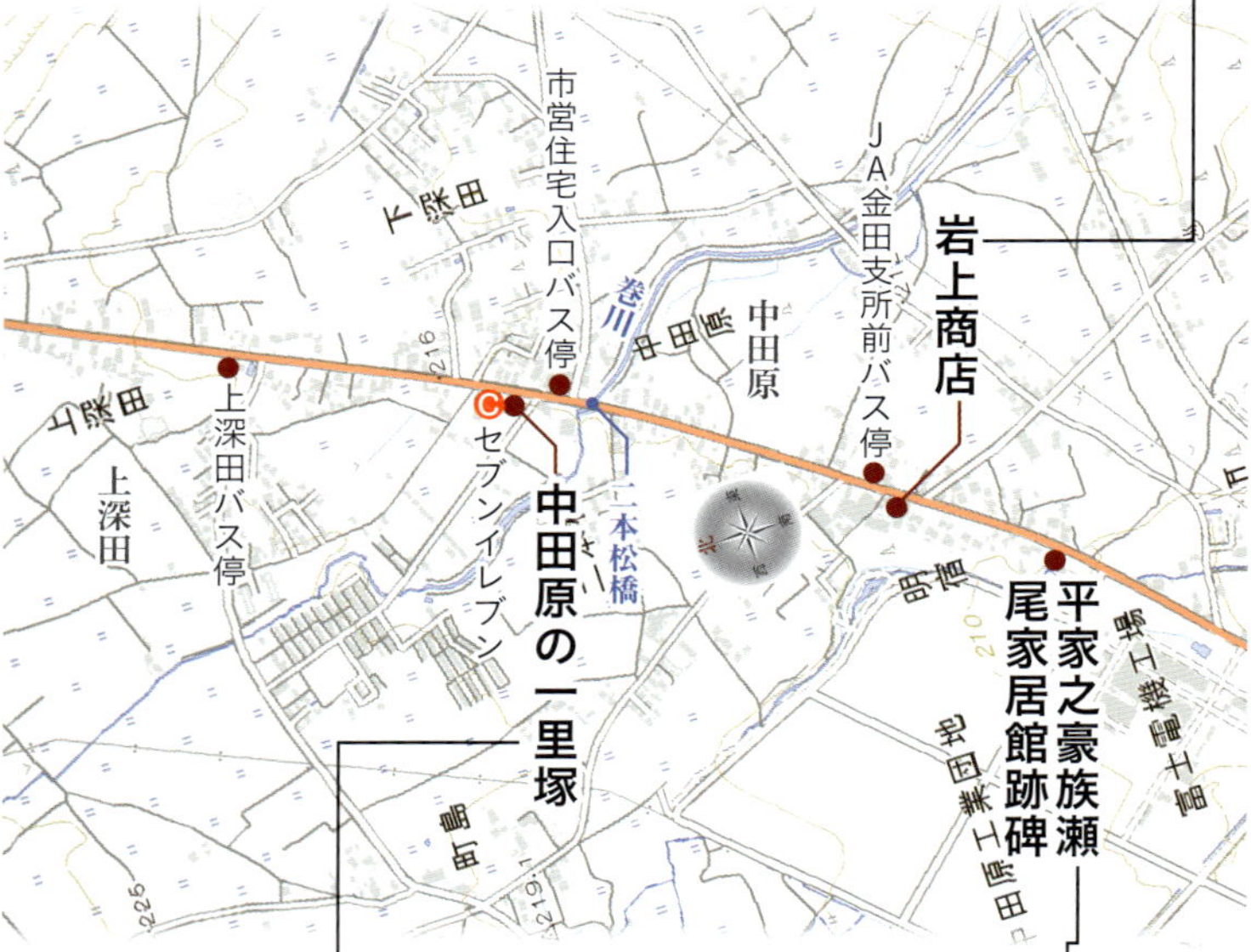

岩上商店
JA金田支所前バス停
市営住宅入口バス停
下深田
巻川
中田原
中田原
上深田
上深田
上深田バス停
セブンイレブン
中田原の一里塚
二本松橋
平家之豪族瀬尾家居館跡碑
明神
216
210
219.1
225
0 250 500m

中田原城跡。天喜五年（１０５７）源義家は奥州征伐の際、秋葉山瀬尾神社に戦勝祈願した。門脇には那須野で詠んだ曽良の句碑「かさねとは やえなでしこの なるべし」がある

中田原村地内で西塚を残している。道路拡幅のため1.5m後方に移設されている。江戸日本橋より三十八里目（市指定史跡）

元禄七年（１６９４）の建立。正面「南無阿弥陀仏」側面「右たなくら 左しらかわ」と刻まれている。寛永六年（１６２９）紫衣事件で幕府の怒りをかった。僧沢庵宗彭《たくあんそうほう》と玉室宗珀《ぎょくしつそうはく》が流罪としてここまで護送され、沢庵は奥州道中へ、玉室は棚倉道へと別れた

磐城《いわき》國棚倉へ至る

【市野沢村】当初、那須藩領であったが寛永十九年（１６４２）以降幕府領となった。鍋掛宿の定助郷を勤めたが、弘化二年（１８４５）困窮により免除となった。年貢米の津出しは九里半離れた鬼怒川の阿久津河岸であった

棚倉追分道標
市野沢小入口バス停
棚倉道
金田北中入口バス停
峯下
大田原警察署
小滝警察官駐在所
鶴子内
市野沢
市野沢バス停
市野沢郵便局
県道72号
大田原芦野線
十王堂跡
市野沢小入口
小滝
増山医院前バス停
金田北中学校
市野沢小学校
高野槙《こうやまき》
如意輪観音像
前原
市野沢
下町
弘法大師の碑

冥府で亡者の罪過を判定する十人の王を祀ったもの。境内には天和三年（１６８３）と元禄十六年（１７０３）造立の六地蔵石幢や如意輪観音像十九夜塔等がある

【小滝村】当初、大田原藩領であったが、幕末は旗本久世氏の知行地となった。大田原宿の助郷村であった

樹高１７ｍ、推定樹齢四百年で奥州道中三槙のひとつ。「与一の里おおたわら名木小滝のコウヤマキ」市指定天然記念物

この辺りは「首切り山」と呼ばれ刑場跡ともいわれる

「蓑に添う市野沢辺のほたる哉」弘法大師がこの地を訪れた時の句と伝えられているが、実際は江戸時代に詠まれたもの

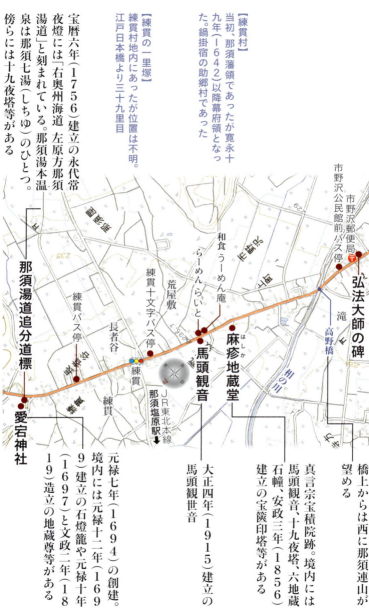

【練貫村】
当初、那須藩領であったが寛永十九年（１６４２）以降幕府領となった。鍋掛宿の助郷村であった

【練貫の一里塚】
練貫村地内にあったが位置は不明。江戸日本橋より三十九里目

宝暦六年（１７５６）建立の永代常夜燈には「右奥州海道　左原方那須湯道」と刻まれている。那須湯本温泉は那須七湯（しちゆ）のひとつ。傍らには十九夜塔等がある

市野沢公民館前バス停
市野沢郵便局
弘法大師の碑
高野橋
滝
和食 うーめん庵
らーめん らいと
荒屋敷
練貫十文字バス停
麻疹《はしか》地蔵堂
馬頭観音
長者谷
練貫バス停
練貫
JR東北本線
那須塩原駅
那須湯道追分道標
愛宕神社
練貫
那須野

橋上からは西に那須連山が望める

真言宗宝積院跡。境内には馬頭観音、十九夜塔、六地蔵石幢、安政三年（１８５６）建立の宝篋印塔等がある

大正四年（１９１５）建立の馬頭観世音

元禄七年（１６９４）の創建。境内には元禄十二年（１６９９）建立の石燈籠や元禄十年（１６９７）と文政二年（１８１９）造立の地蔵尊等がある

0　250　500m

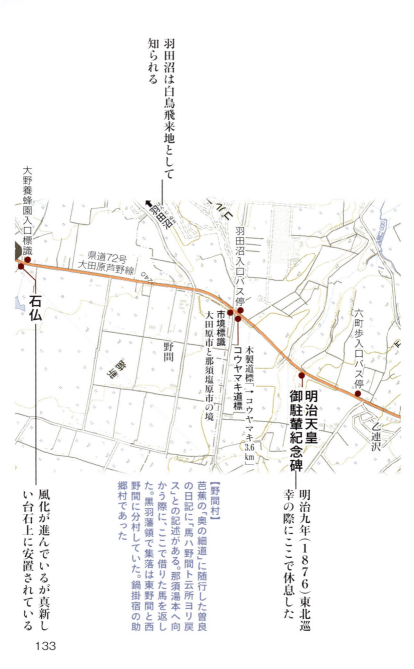

羽田沼は白鳥飛来地として知られる

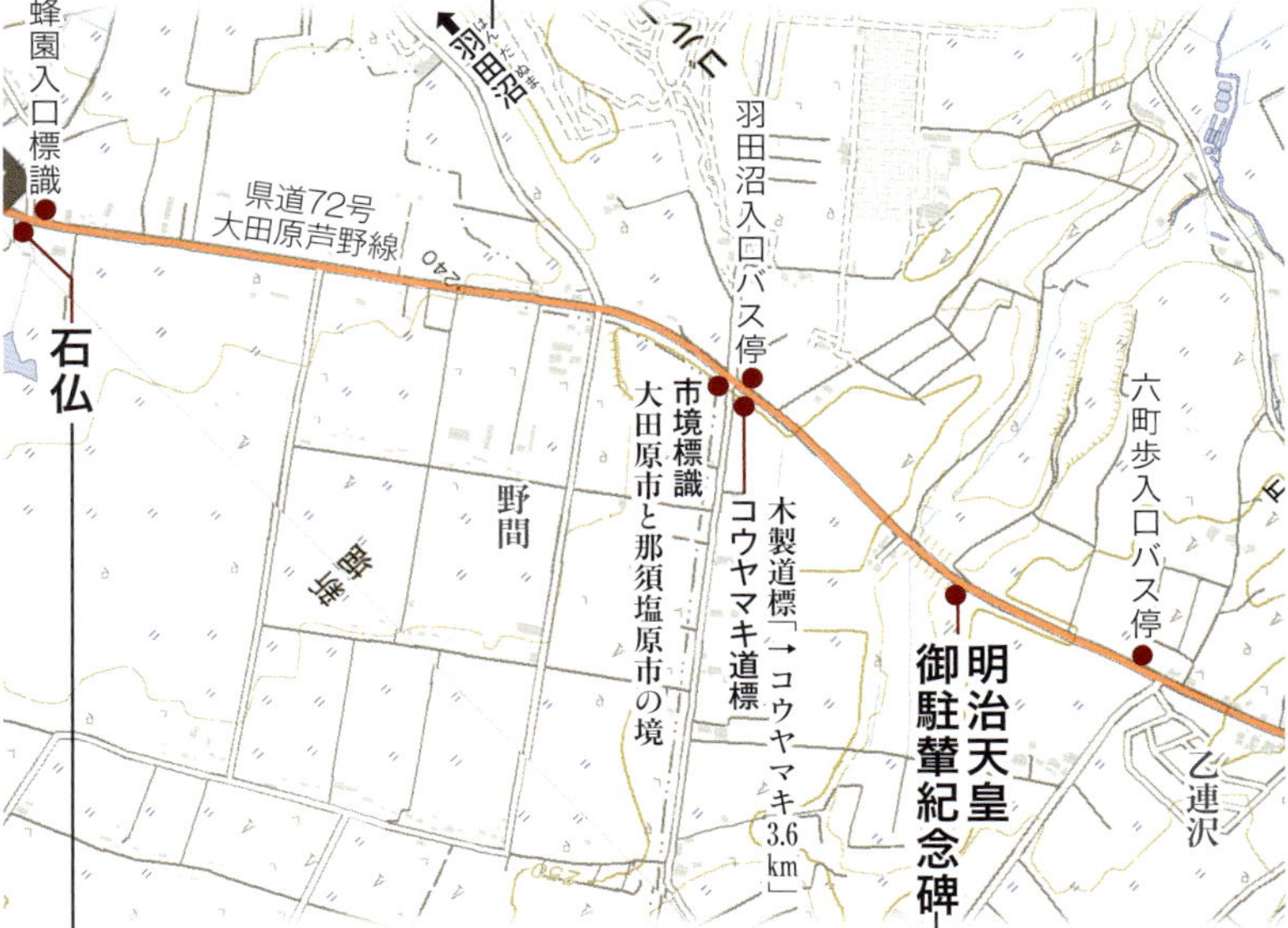
大野養蜂園入口標識
県道72号
大田原芦野線
羽田沼《はんだぬま》
羽田沼入口バス停
市境標識
大田原市と那須塩原市の境
コウヤマキ道標
木製道標「→コウヤマキ3.6km」
野間
六町歩入口バス停
乙連沢
明治天皇御駐輦紀念碑
石仏

明治九年（1876）東北巡幸の際にここで休息した

【野間村】

芭蕉の「奥の細道」に随行した曽良の日記に「馬ハ野間ト云所ヨリ戻ス」との記述がある。那須湯本へ向かう際に、ここで借りた馬を返した。黒羽藩領で集落は東野間と西野間に分村していた。鍋掛宿の助郷村であった

風化が進んでいるが真新しい台石上に安置されている

大田原
11.4km 三里一町五十七間
鍋掛
1.1km 八町四十八間
越堀
8.8km 二里十一町四十二間半
芦野

エリア＝栃木県那須塩原市鍋掛・越堀
最寄り駅＝JR東北本線 黒磯駅 那須塩原市ゆーバス鍋掛線 鍋掛十文字バス停下車

【鍋掛由来】
鍋掛の地名は那珂川の川留により旅人が溢れ、住人が総出で鍋を掛け、炊き出しを行ったところに由来している

【鍋掛宿】

鍋掛宿は難所那珂川を控え、対岸の越堀宿と二宿で一宿の機能を果たした。川留になると大いに賑わった。天保十四年（1843）の奥州道中宿村大概帳によると鍋掛宿の宿内家数は六十八軒、うち本陣一、脇本陣一、旅籠二十三軒で宿内人口は三百四十六人（男百六十人、女百八十六人）であった

延暦十六年（797）、坂上田村麻呂は蝦夷鎮圧に向かう途中、この地の住民から人を喰う「大うなぎ」の被害を聞くと、沼を掘り抜き干潟とし、二十尋もある「大うなぎ」を退治した。これによって出来上がった干沢《ひさわ》が地名の「樋沢」となった

馬頭観音
砂利道口に二基祀られている。うち一基は文政四年（1821）建立の馬頭観世音

大野養蜂園入口標識
石仏
那須脳神経外科病院入口標識
西野間
馬頭観音
火の見ヤグラ
東野間
野間十文字バス停
交通安全祈願地蔵尊
樋沢《ひさわ》
樋沢不動明王
樋沢神社
0
250
500m

樋沢不動明王
祠の中に明暦二年（1656）造立の寄木造り不動明王像が安置されている。地元では「お不動様」と呼ばれ親しまれている

樋沢神社
旧八幡社。境内に「八幡太郎義家愛馬蹄跡石」がある。陸奥平定に向かう源義家は小高い丘の上に鎮座する源氏の氏神である八幡社が目に入ると、戦勝祈願にと馬で一気に駆け上がり、余りの勢いから岩に蹄跡が刻まれたと伝わる。奥の巨岩は葛籠に似ているところから義家が「葛籠《つづら》石」と命名した

旧愛宕神社。昭和三十年（1955）諸神社を合祀し「鍋掛神社」と改称された

延宝七年（1679）の造立で「子育て地蔵」として篤く信仰されている

元は愛宕峠の頂上付近にあったが道路改修により両塚とも消滅、北塚が擁壁上に復元されている。江戸日本橋より四十里目

江戸方面からはY字路を右に入る
白河方面からは県道に合流する

江戸方面からは左折し、突当りの県道を右折して昭明橋を渡る
白河方面からは右折する

那須岳山麓に源を発し、流末は鹿島灘に注ぐ

江戸方面からは突当りを左折する
白河方面からは渡り詰を左折する

常は土橋、流失すると「舟渡し」となった

東側に石垣を残している。ここが越堀宿の江戸口(南口)

【越堀宿】参勤交代で江戸に向かう仙台藩の伊達侯が那珂川の川留めに遭い、越堀に小屋を建てたのが宿の始まり、その後正保三年(1646)正式に越堀宿が開設された。天保十四年(1843)の奥州道中宿村大概帳によると越堀宿の宿内家数は百十三軒、うち本陣一、脇本陣一、旅籠十一軒で宿内人口は五百六十九人(男二百八十三人、女二百八十六人)であった

境内に文化五年(1808)建立の芭蕉句碑「野を横に馬牽きむけよほとゝぎす」がある

山門脇の「枝垂れ桜」は推定樹齢約二百五十年。山門は本陣門を移築したもの。境内には戊辰戦役で戦死した土佐藩士と庄内藩士の墓がある

安政六年(1859)建立の馬頭観世音等の石仏石塔群がある

現「仙台屋商店」。問屋業務は大田原宿までの片継であった

現「町田屋商店」。「御本陣藤田平次」跡で建坪は百十七坪であった

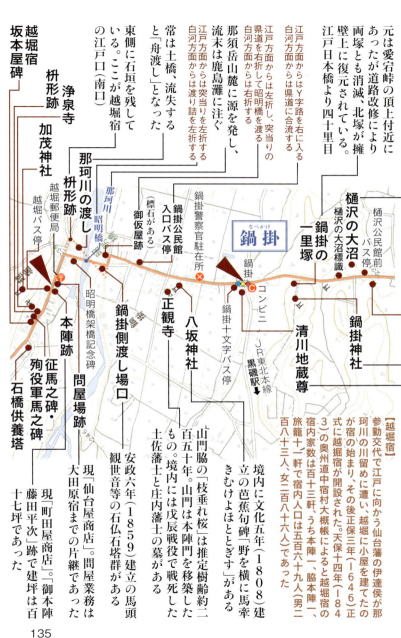

境内には「明治天皇御駐輦之碑」や渡し場の枡形にあった黒羽領境界石「従此川中東黒羽領」がある

参道階段脇に「越堀の大杉」がある

外地に出征した軍馬が内地に戻ることはなかった。元文五年（1740）造立の地蔵尊等がある

傍らの平成道標には「右これより江戸四十里　左これより白河宿七里」と刻まれている

碑は杉渡土自治公民館敷地内にある。傍らには石祠や石仏石塔がある

（標高295・5m）往時は富士が遥かに望め茶屋があった。幕末の志士清川八郎は日誌に「那珂川を越えると二十三坂、長い坂に耐えて歩き通し芦野に着く」と記している。越堀より芦野間は「二十三坂七曲り」と呼ばれる難所であった

浄泉寺
加茂神社
征馬之碑・殉役軍馬之碑
越堀宿坂本屋碑
伊勢大神宮遥拝碑
越堀《こえぼり》
杉渡土バス停
県道72号 大田原芦野線
富士見峠
馬頭観音
金刀比羅神社碑
馬頭観音
杉渡土
高久靄厓《たかくあいがい》の墓
石橋供養塔
枡形跡
湯街道
0
250
500m

「此の地奥州街道越堀宿桝形の地」碑があり、枡形の痕跡を残している。ここが越堀宿の北口

民家の庭内にある。元文二年（1737）の建立で「奉供養石橋二世安楽」と刻まれている

那須湯本温泉へ六里

渡土の出身で南画家谷文晁《たにぶんちょう》に学び渡辺崋山等との親交があった

弘化二年（1845）建立の馬頭観音像
傍らには小社が祀られている

安政二年（1855）建立の馬頭観世音と明治廿四年（1891）建立の馬頭観音像があり、傍らに農道新設記念碑がある

【杉渡土村《すぎわたど》】
杉渡戸とも書いた。黒羽藩領で文化年間（1804～18）の家数は九軒であった

【寺子村】
黒羽藩領、村内には立場があり高札場があった

寺子公民館脇の丘上に鎮座している。境内には大黒天像がある

寺子一里塚公園内に復元されている。両塚は寺子交差点の東西にあったが道路改修にともない取り崩された。江戸日本橋より四十一里目。傍らに富士見峠から移設された安永四年（1775）建立の馬頭観音道標がある

那須湯本の朝日岳に源を発し、流末は那珂川に落合う

江戸方面からは土手道に下り、先で旧道に入る

文化四年（1807）建立の馬頭観世音に弁慶が踏み抜いた草鞋跡がある。並びには二十三夜塔、青面金剛像庚申塔、畜魂碑等がある

江戸方面からは県道に合流する
白河方面からは斜め右の旧道に入る

余笹川《よささがわ》
余笹川見晴らし公園口にある、平成十年（1998）台風四号による大洪水で多数の犠牲者が出た
天皇陛下・皇后陛下行幸啓記念碑
寺子橋
那須モータースポーツランド
弁慶の足踏み石
寺子の一里塚
温泉神社
寺子
サーキット場前バス停
八雲神社
丘上に鎮座している。蛇沢の愛宕神社と湯泉神社を合祀している
石田坂
だるま石
余笹川の渡し
寺子地蔵尊
はしか地蔵
寺子
寺子十文字バス停

元亀元年（1570）創建の会三寺境内に地蔵堂がある。この地で麻疹が流行り大勢の子供が亡くなった。第十四代住職法印旺盛が百十一体の木造地蔵を彫り菩提を弔った

享保十二年（1727）の造立。享保の大飢饉による子供の餓死者を供養している。傍らには文政十三年（1830）建立の馬頭観世音や延享二年（1745）建立の念仏供養塔等がある

旧寺子橋跡辺り。往時は「笹川土橋」が架橋され、流失すると川越し人足による「徒歩越し」が行われた

元は川の中にあって、水位の目安になった

白河方面からは突当りの土手道を左に進み寺子橋を渡る

【石田坂村】
「間の宿」で立場があった

那須塩原市の生乳の産出額は全国で第四位。第一位から三位までは全て北海道

【豊岡】黒羽藩領で往時は蛇沢村といった。文化年間（1804〜18）の家数は九軒であった

青面金剛像庚申塔と元文三年（1738）建立の如意輪観音像十九夜塔がある。蛇沢村の鎮守であったが、今は石田坂の八雲神社に合祀されている

「右新田ヲ経テ黒羽ニ至 左芦野町ヲ経テ白河ニ至」と刻まれている

【夫婦石伝説】昔盗賊に追われた男女が岩の裂け目に身を隠したところ白蛇が二匹現れ、岩を動かして盗賊共を脅かし追い返した。その後二つの岩が夜な夜な互いに寄り添うところから「夫婦石」と呼ばれるようになった

「SUZUKI HOLSTEIN FARM」看板
サーキット場前バス停
農業構造改善事業記念碑
地蔵尊
豊岡
豊岡バス停
石仏石塔群
旧愛宕神社
神社
那須町標識
那須塩原市標識
湯泉神社跡
愛宕坂
旧愛宕神社に由来する
安政四年（1857）の建立
馬頭観音
番太坂
電波アンテナ塔
馬頭観音群
原眼科看板
江戸方面からは直進して旧道に入る
白河方面からは県道に合流する
黒川
黒川
282
350
0
250
500m

丘の中腹にある石祠の中に地蔵坐像が安置されている

天保十三年（1842）建立の馬頭観世音や天保十五年（1844）建立の二十三夜塔等がある

参道口には明治二十二年（1889）建立の「愛宕神社」と刻まれた対の御神燈がある。今は石田坂の八雲神社に合祀されている

【黒川村】黒羽藩領、黒川に沿うところから「黒川端《ばた》村」とも呼ばれた

新旧の馬頭観音が並んでいる

江戸方面からは突当りを左折し、先を右折して黒川橋を渡る

丘上に「明治天皇夫婦石御野立所」碑と「明治天皇駐蹕之處」碑がある。東北と北海道巡幸の際に、二度ここで休息した

夫婦石神社は「夫婦石」をご神体としている

両塚を残している。塚木は無かった。江戸日本橋より四十二里目（那須町史跡）

応永年間（1394~1427）芦野氏が切り立った岩山上に館山城を築き、芦野氏居館から移り居城とした

江戸方面からは県道に合流する
白河方面からは斜め右に入る

旗本芦野氏の陣屋（御殿山）の裏門が移築されている

江戸期以前の芦野氏の菩提寺であった。山間部には芦野氏十八代までの「芦野氏旧墳墓」がある

明治天皇碑
道標
夫婦石
夫婦石の一里塚
分岐
黒川橋
黒川
瑞穂農場
白河方面からは先を斜め右に入る
白河方面からは渡り詰を左折し、一本目を右折する
江戸方面からは「赤い屋根の平屋」の手前を斜め左に入る 白河方面からは県道に合流する
館山城址
分岐
馬頭観音群
足尾大神
菖蒲川
菖蒲橋
芦野温泉標識
ほ場整備竣功記念碑
石仏
石塔群
西坂
芦野氏陣屋裏門
最勝院
芦野橋
奈良川
芦野氏居館跡
川原町地蔵尊
H1

那須連峰三本槍岳の赤面山《あかづらやま》に源を発し、流末は余笹川に落合う。この川は黒羽藩と芦野知行地との境で、土橋は両者折半で管理維持された

天保八年（1837）建立の馬頭観世音等が三基並んでいる

明治三年（1870）の建立で「足の病」に御利益がある

馬頭観世音や馬頭観音像等がある

鎌倉幕府の命により芦野氏がここに居館を構え、地頭としてこの地を支配した（那須町史跡）

享保十二年（1727）造立の半跏座《はんかざ》地蔵で、芦野宿の江戸口（南口）を守護している

白坂に源を発し、流末は岩渕で合川に落合う。この地の灌漑や生活の用水であった

越堀

8.8km 二里十一町四十二間半

芦野

12.1km 三里四町三十五間

白坂

エリア＝栃木県那須郡那須町芦野
最寄り駅＝JR東北本線 黒田原駅 東野バス伊王野・芦野方面行き 芦野仲町バス停下車

【芦野宿】芦野氏は鎌倉時代初期からこの地を支配し、徳川の世になると三千石の旗本となった。芦野氏は那須一族の血をひくため一万石以上の待遇を受け、参勤交代も行った。天保十四年（1843）の奥州道中宿村大概帳によると芦野宿の宿内家数は百六十八軒、うち本陣一、脇本陣一、旅籠二十五軒で宿内人口は三百五十人（男百六十人、女百九十人）であった

芦野家の重臣で家老を勤めた

芦野氏の十九代資俊《すけとし》から二十七代資原《すけはら》までの墓がある。「芦野氏新墳墓」と呼ばれる

享保二年（1717）の造立。芦野宿の北口を守護している

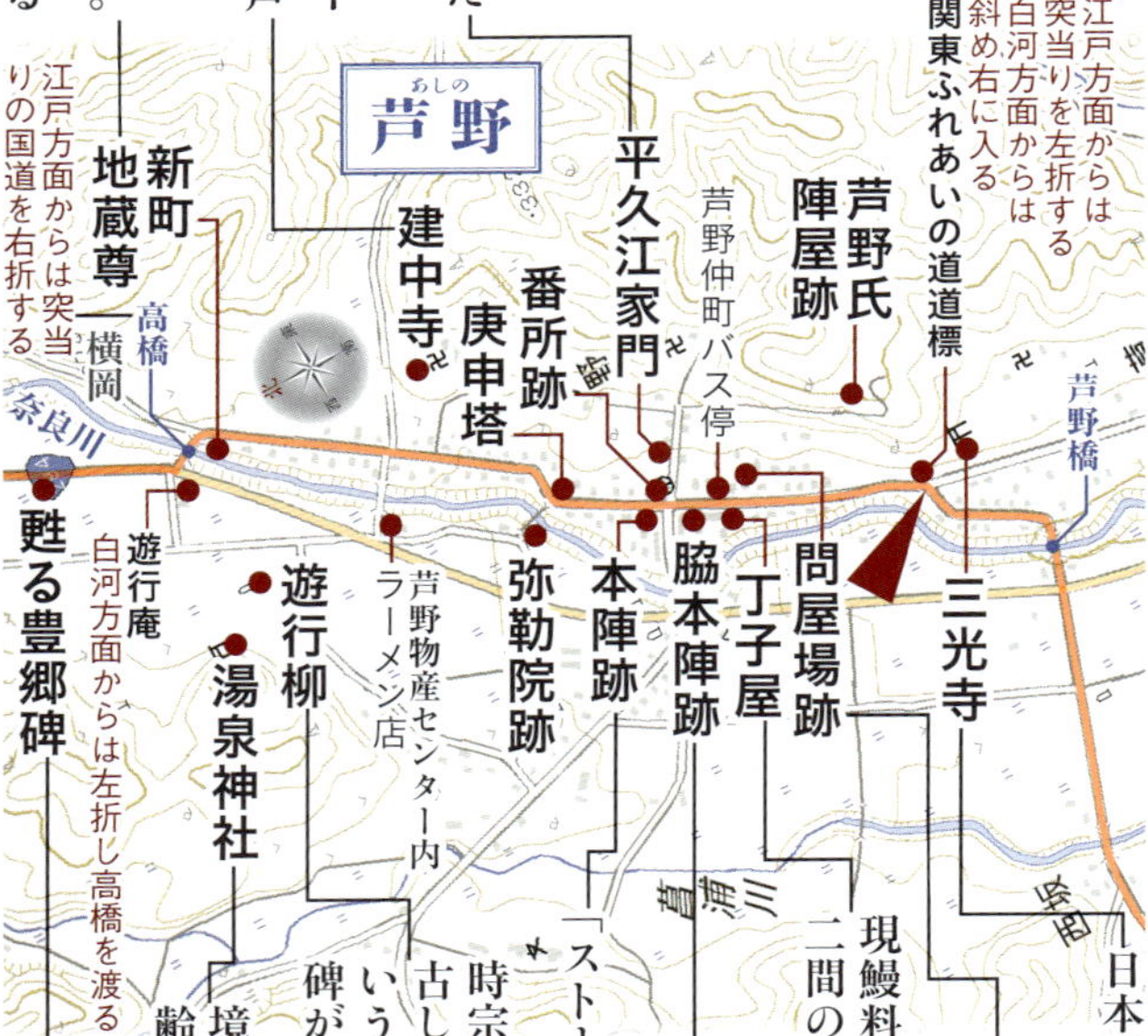
芦野《あしの》
平久江家門
芦野仲町バス停
芦野氏陣屋跡
江戸方面からは突当りを左折する 白河方面からは斜め右に入る
関東ふれあいの道道標
芦野橋
三光寺
問屋場跡
丁子屋
脇本陣跡
本陣跡
弥勒院跡
番所跡
庚申塔
建中寺
芦野物産センター内ラーメン店
遊行柳
湯泉神社
遊行庵
白河方面からは左折し高橋を渡る
甦る豊郷碑
新町地蔵尊
江戸方面からは突当りの国道を右折する
横岡
高橋
奈良川
菖蒲川

日本三聖天（浅草、妻沼）のひとつ

戸村家が勤め「明治天皇行在所記念碑」がある

現饅料理店。「旅籠丁子屋」跡で八畳二間の「安達家蔵座敷」を残している

ほていや辺りが「旅籠吉川屋」跡で金沢家が勤めた

「ストーンプラザ」辺りが臼居本陣跡

時宗開祖の遊行（一遍）上人の使い古した柳の杖が根付き芽吹いたという。西行歌碑、芭蕉句碑、蕪村句碑がある（国指定名勝）

境内の「上ノ宮のイチョウ」は樹齢四百年で「那須の名木指定」

この地は黒羽藩領で良質米の産地であった

0 250 500m

「みちのくの鄙の果てまであきらけき御代の日影を仰かぬぞなき」明治天皇東北巡幸に随行した岩倉具視が詠んだ歌

【峰岸村】黒羽藩領で芦野宿の助郷村であった

江戸方面からは国道に合流し、先を斜め左に入る

文政十三年（1830）の建立

白河方面からは国道に合流し、一本目を右折する

「←白河の関跡10・6km →芦野（遊行柳）1.1km」

江戸方面からは斜め右に入る
白河方面からは国道に合流し、先を斜め右に入る

昭和十五年（1940）建立の馬頭観世音等が四基並んでいる

【板屋村】黒羽藩領、山林が六分で田畑は四分程度であった、文化年間（1804〜18）の家数は十八軒であった

火の見ヤグラの裏に祀られている

段上に馬頭観世音、馬頭大神、生馬《いくま》大神等が並んでいる

岩倉右大臣歌碑
江戸方面からは斜め左に入る／白河方面からは国道に合流する
峰岸バス停
べこいしの碑案内
無縁塔
木製道標
石仏石塔群
二十三夜塔
枝木沢
板屋
仲橋
板屋バス停
下川原橋
地蔵尊
峯岸館従軍者之碑
べこ石の碑
愛宕神社
石仏石塔群
火の見ヤグラ
峰岸
諭農《ゆのう》の碑
板屋の一里塚
石仏石塔群
294

大黒天、文化三年（1806）建立の二十三夜塔、弘化三年（1846）建立の十九夜塔等がある

山上に鎮座している。峰岸村の守護神

嘉永元年（1848）芦野宿の問屋を勤める戸村右内忠怒《ただひろ》の建碑。道徳を振興する文書十九遍が刻まれている

戊辰戦役に黒羽藩は官軍として参戦した。農民は峯岸館で洋式の軍事訓練を受け、各地に転戦し戦功を挙げた

安永二年（1773）造立の地蔵坐像。傍らに光明真言五百万遍塔等がある

嘉永元年（1848）「べこ石の碑」と同様に戸村右内忠怒が建碑したもの。農民を諭す文章（病害虫の駆除法、飢饉の際の備蓄法等）が刻まれている（那須町書跡）

板屋村地内。道路改修で掘り下げられた道の両側高台に塚を残している。江戸日本橋より四十三目

寛政八年（1796）建立の馬頭観世音や享保十六年（1731）建立の大乗妙典六十六部供養塔等が並んでいる

【宿泊】（P139）
H1：芦野温泉☎0287・74・0211

多数の馬頭観音が斜面に祀られている

嘉永二年（1849）建立の馬頭観世音や大黒天が祀られている

参道口に「御大典記念」碑がある。大正四年（1915）大正天皇が訪れた

永禄十年（1567）の創建。境内の地蔵尊は文政二年（1819）の造立。墓地には戊辰戦役で戦死した黒羽藩峯岸館兵渡辺敬二郎の墓がある

段上に地蔵尊、文化三年（1806）建立の馬頭観世音、文久三年（1863）建立の念仏供養塔等が祀られている。火の見ヤグラ脇の五輪塔は「雨乞い場」にあったもの

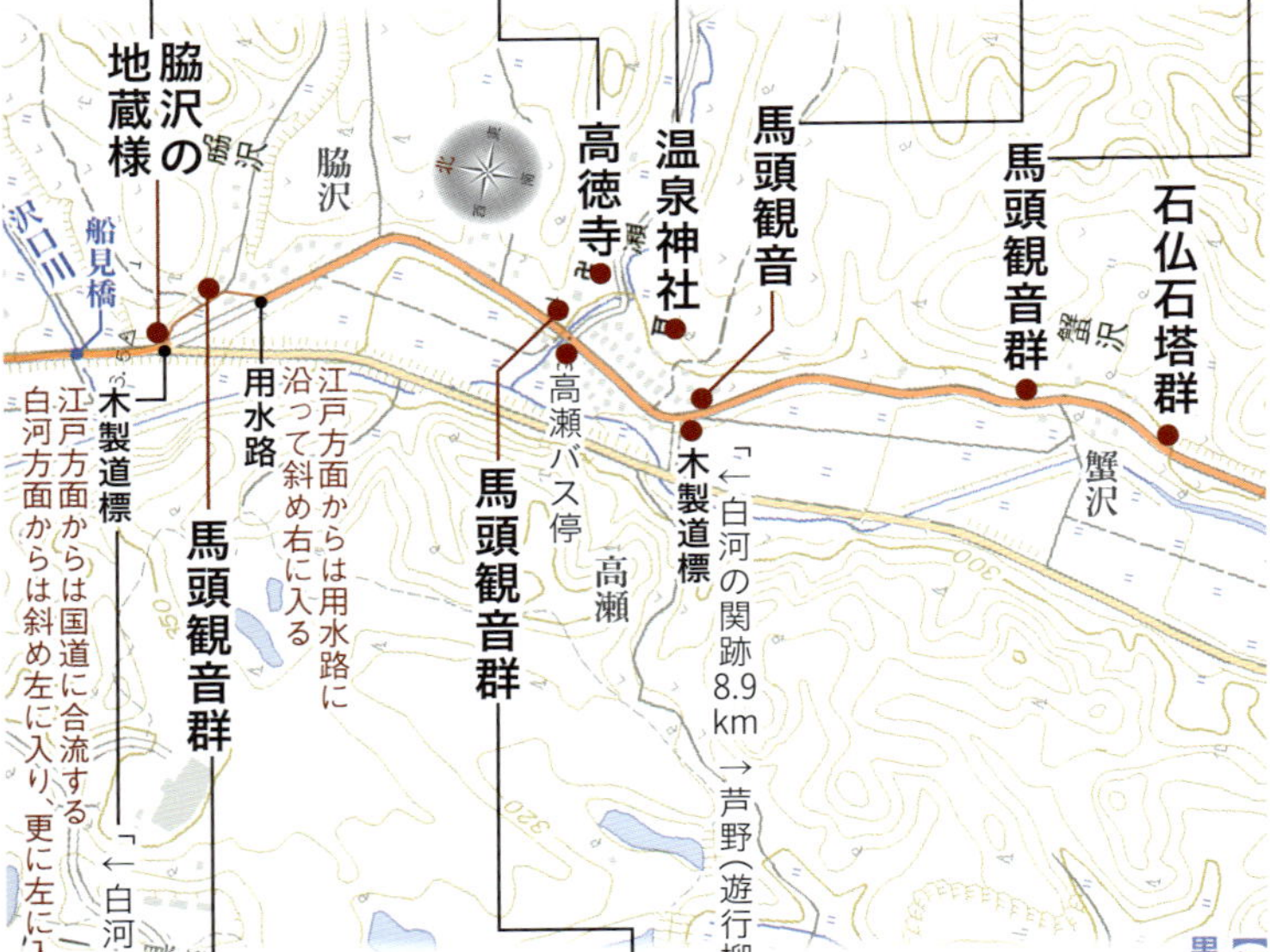
石仏石塔群
馬頭観音群
馬頭観音
温泉神社
高徳寺
脇沢の地蔵様
脇沢
蟹沢
高瀬
高瀬バス停
木製道標
用水路
沢口川
船見橋
江戸方面からは用水路に沿って斜め右に入る
江戸方面からは国道に合流する
白河方面からは斜め左に入り、更に左に入る
「←白河の関跡8.9km →芦野（遊行柳）2.8km」
「←白河の関跡8.1km →芦野（遊行柳）3.6km」
馬頭観音群

斜面に多数祀られている

斜面や墓地口に多数祀られている

【蟹沢村】黒羽藩領で横岡村の枝村であった

【高瀬村】黒羽藩領で山林六分、田畑四分程度で畑より田の方が多かった。用水は温泉川から取水した

【脇沢村】横岡村の枝村で家数は五軒であった

0 250 500m

江戸方面からは国道に合流する
白河方面からは斜め左の舗装路に入る

丘陵中腹に鎮座している。小祠の中に「奉還宮八幡大神」と「石造合掌地蔵尊立像」が祀られている

江戸方面からは「カーブ標識」と「白色パイプフェンス」の間から右の草道に入る
白河方面からは国道に合流する

江戸方面からは国道に合流する
白河方面からは「電柱」と「白色パイプフェンス」の間から左の草道に入る

六地蔵石幢や多数の馬頭観世音等が祀られている

明和八年（1771）の造立で「間の宿寄居」の江戸口に鎮座している。傍らの如意輪観音像の笠塔婆は明和九年（1772）の建立

天文十五年（1546）の創建。境内にある地蔵坐像は延享二年（1745）の造立。戊辰戦役で戦死した黒羽藩士の墓がある

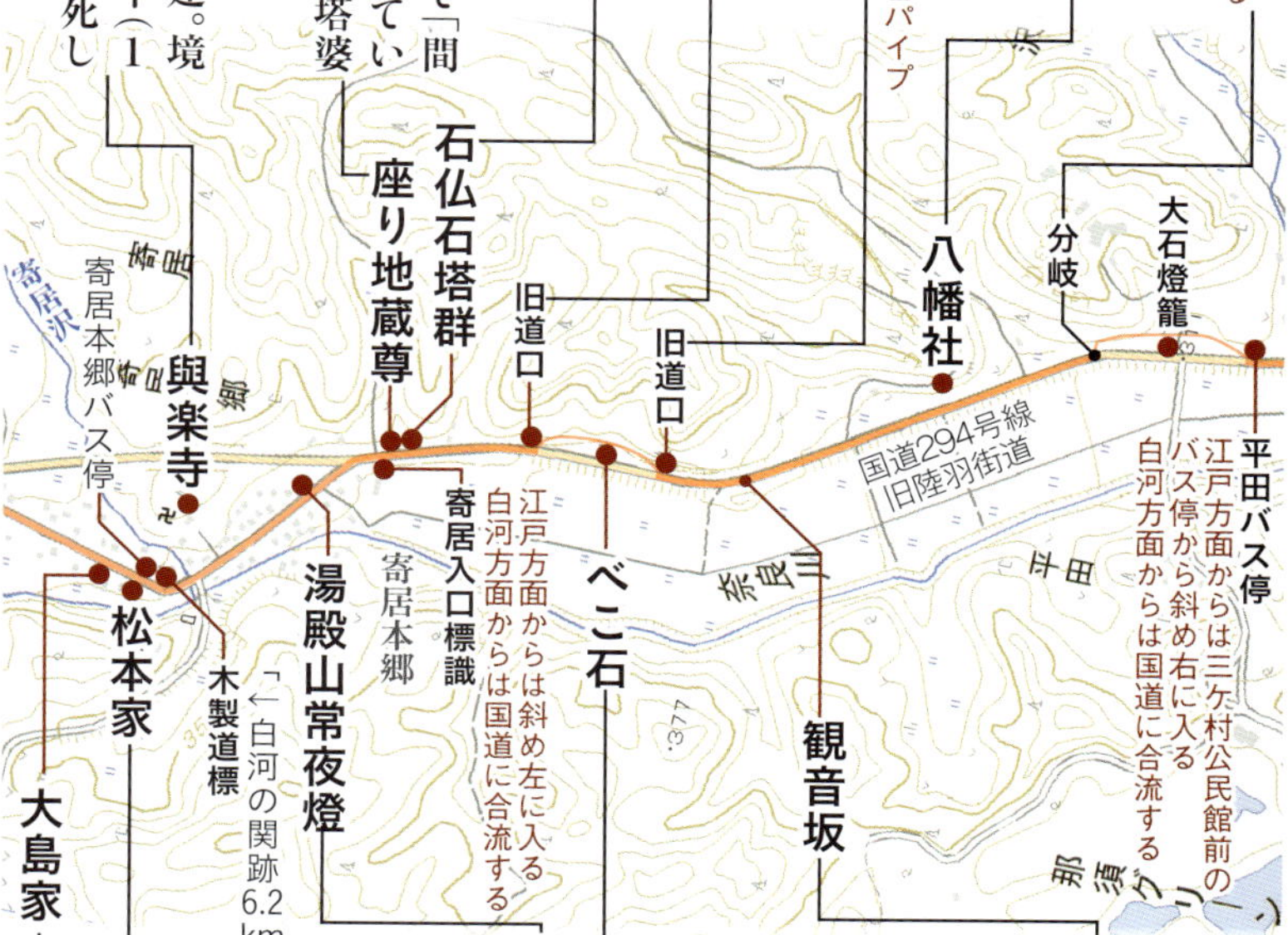

平田バス停
江戸方面からは三ケ村公民館前のバス停から斜め右に入る
白河方面からは国道に合流する
大石燈籠
分岐
八幡社
旧道口
旧道口
国道294号線
旧陸羽街道
石仏石塔群
座り地蔵尊
寄居入口標識
江戸方面からは斜め左に入る
白河方面からは国道に合流する
寄居本郷
べこ石
観音坂
奈良川
平田
湯殿山常夜燈
興楽寺
寄居沢
寄居本郷バス停
木製道標
松本家
大島家

現切通し。往時は直登の急坂であった

田の中に牛に似た大岩が横たわっている

【間の宿寄居】
この地は陸奥との國境に近く、軍事的に重要な地で「武士達が寄り集まった」ところが地名の由来となっている

天保十二年（1841）の建立

「←白河の関跡6.2km →芦野（遊行柳）5.5km」

問屋を勤め、寄居西組の名主を兼ねた

茶屋本陣を勤め、寄居町組の名主を兼ねた

「白河の関」に至る、古代奥羽三関「勿来《なこそ》、念珠《ねず》」のひとつで関東と陸奥との境をなした

江戸方面からは斜め右の白いガードレールの舗装路に入る
白河方面からは国道に合流する

江戸方面からは国道に合流する
白河方面からは斜め左の白いガードレールの舗装路に入る

江戸方面からは左折して小橋を渡り、一本目を右折する
白河方面からは国道に合流する

文化元年（１８０４）建立の念仏供養塔、文久元年（１８６１）建立の足尾山道標「従是江戸四十五里五丁」、馬頭観音、地蔵立像、二十三夜塔、如意輪観音像等がある

歌舞伎「箱根権現躄《いざり》仇討」の主人公棚倉藩士飯沼勝五郎は兄を滝口上野に殺され、同じく上野を父の仇としていた初花と夫婦となった。仇を探し求めているうちに足を病んだ勝五郎は村人に助けられ、ここに小屋を建て療養につとめた。初花は毎朝この清水で化粧を行った

與楽寺
寄居本郷バス停
木製道標
松本家
大島家
JR東北本線
豊原駅
関東ふれあいの道道標
泉田の一里塚
旧道口
旧道口
寄居沢
旗宿道
旧陸羽街道
寄居大久保標識
石仏石塔群
初花清水碑
瓢石《ふくべいし》
奈良川
戸板橋
寄居大久保
田中大久保

江戸方面からは国道に合流する
白河方面からは斜め右豊原駅方面に入る

西塚を残している、塚木は榎であった。江戸日本橋より四十四里目で下野國最北端の一里塚

【大久保村】 用水は奈良川より取水し、流末は三増川に落合う。家数は五軒であった

傍らに標石「瓢石 勝五郎旧跡 初花清水従是二丁」がある。勝五郎は療養の傍ら、手慰みに山肌に瓢石を刻んだ。無事、本懐を遂げた二人の墓は東海道箱根路東坂の鎖雲寺にある

江戸方面からは国道に合流する
白河方面からは斜め右に入る

0 250 500m

明治天皇の山形秋田両県及び北海道巡幸の際、二度鈴木家で休息した

【山中村】下野國最北端の集落で山林が四分、畑が六分で家数は八軒であった

安政六年(1859)建立の大きな馬頭観世音が台石上に祀られている

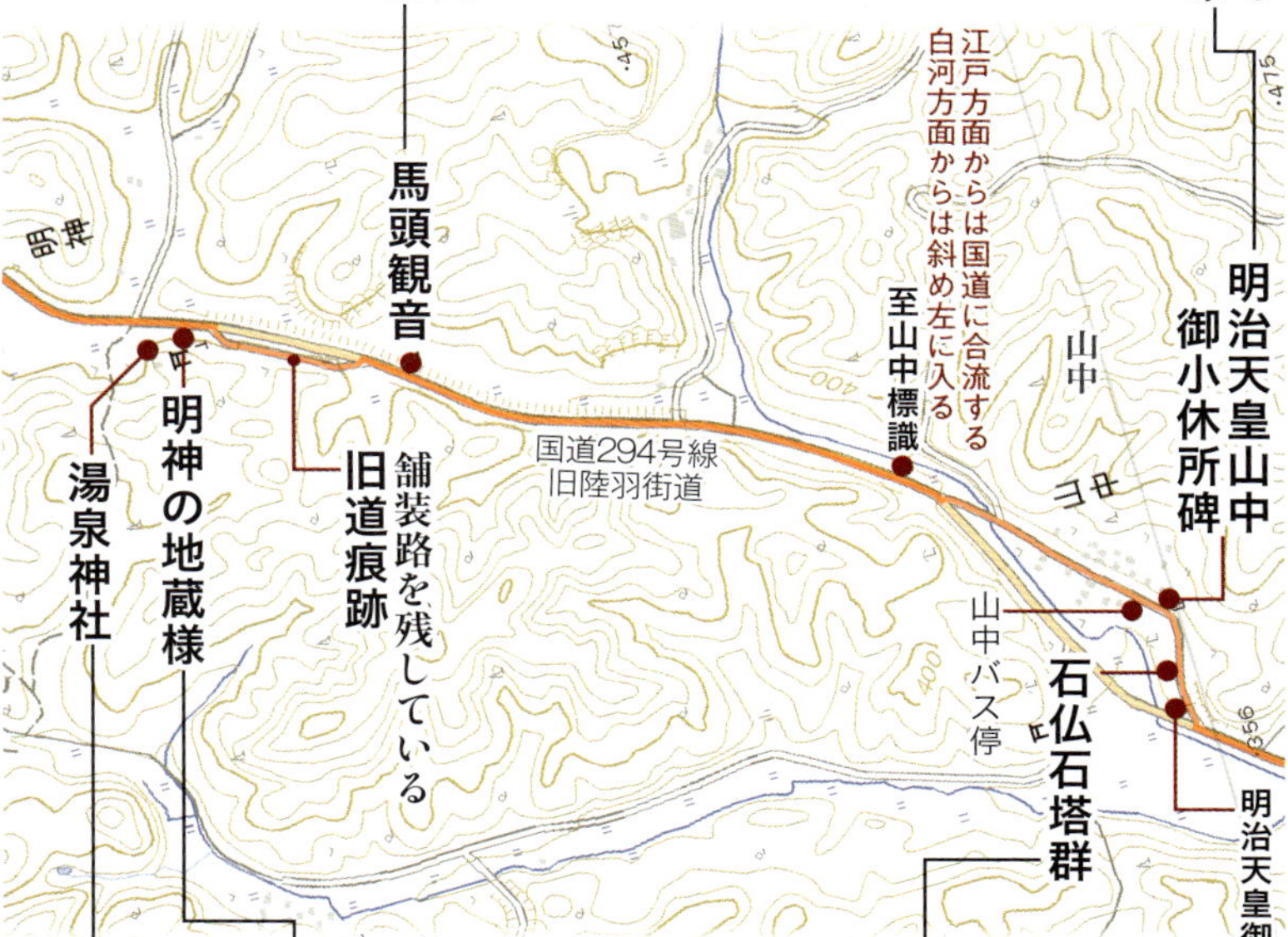

明治天皇山中御小休所碑
山中
江戸方面からは国道に合流する
白河方面からは斜め左に入る
至山中標識
馬頭観音
明神
国道294号線
旧陸羽街道
舗装路を残している
旧道痕跡
明神の地蔵様
湯泉神社
山中バス停
石仏石塔群
400

明治天皇御小休所道標

江戸方面からは斜め右に入る
白河方面からは国道に合流する

擁壁上に文久三年(1863)建立の馬頭観世音や無縁供養塔等が祀られている

段上に享保十四年(1729)と延享三年(1746)造立の地蔵坐像や如意輪観音像、光明真言三百萬遍供養塔等が祀られている

街道より奥に鳥居があり、社殿は山中に鎮座している

芦野
12.1km
三里四町三十五間

白坂

9.7km
一里三十三間
白河

エリア＝福島県白河市白坂
最寄り駅＝JR東北本線 白坂駅

「従是北白川領」白河藩主松平定信の建立。下野（黒羽藩）と陸奥（白河藩）の國境で今は栃木と福島の県境

中世の「白河関」跡。ここには「お休所南部屋七兵衛」があった。八戸藩主南部直房が参勤の度に「境の明神」に詣でた後、この茶屋で名物の「千台餅」を賞味したところから「南部屋」と称した

【境明神の一里塚】境明神村地内にあったが位置は不明、江戸日本橋より四十五里目

旗宿道の追分。芭蕉はここから「白河の関」跡を訪ねた

下野國
栃木県那須郡那須町寄居
陸奥國
福島県白河市白坂
明神の地蔵様
湯泉神社
領界石
白河二所之関址碑
馬頭観音
風化が進んだ馬頭観世音が祀られている
おくのほそ道道標
白坂バス停
石仏石塔群
山の神
衣がえの清水
住吉明神
玉津島明神
境の明神
明神
白坂

【境の明神】玉津島明神（女神）と住吉明神（男神）は共に國境の神として祀られる。女神は内（國を守る）、男神は外（外敵を防ぐ）という信仰に基づいている。この為陸奥、下野共に自らの側を「玉津島」を祀り、外側には「住吉明神」を祀っているという

天喜元年（1053）紀州和歌浦の玉津島神社から分霊勧請した峠神で寄居の総鎮守であった

文禄四年（1595）白河を支配していた会津蒲生氏の創建。現存する小祠は弘化元年（1844）の建立。境内には芭蕉句碑「風流のはじめや奥の田植え唄」がある

「衣が井」とも呼ばれた。弘法大師がこの清水で身を清め衣替えをしたという。一説には大師が持っていた杖を刺すと清水が湧き出たとも伝わる。明神村の用水であった

山に宿る神で春になると里に下りてきて実りをもたらす

0 250 500m

（標識なし）旧旅籠跡で蔵屋敷を残している

旅籠屋「かめや弥五右衛門」跡、門柱に旧屋号「かめや」を掲げている

二本の大ケヤキの間に木製鳥居がある

文久元年（1861）建立の馬頭観世音大菩薩と昭和五十七年（1982）建立の牛頭観世音が祀られている

【白坂宿】

芦野宿と白河宿間が長い為、白坂宿が新設された、「雨が降っても傘いらず」といわれ軒が連ねていた。天保十四年（1843）の奥州道中宿村大概帳によると白坂宿の宿内家数は七十一軒、うち本陣一、脇本陣一、旅籠二十七軒で宿内人口は二百八十九人（男百三十九人、女百五十人）であった

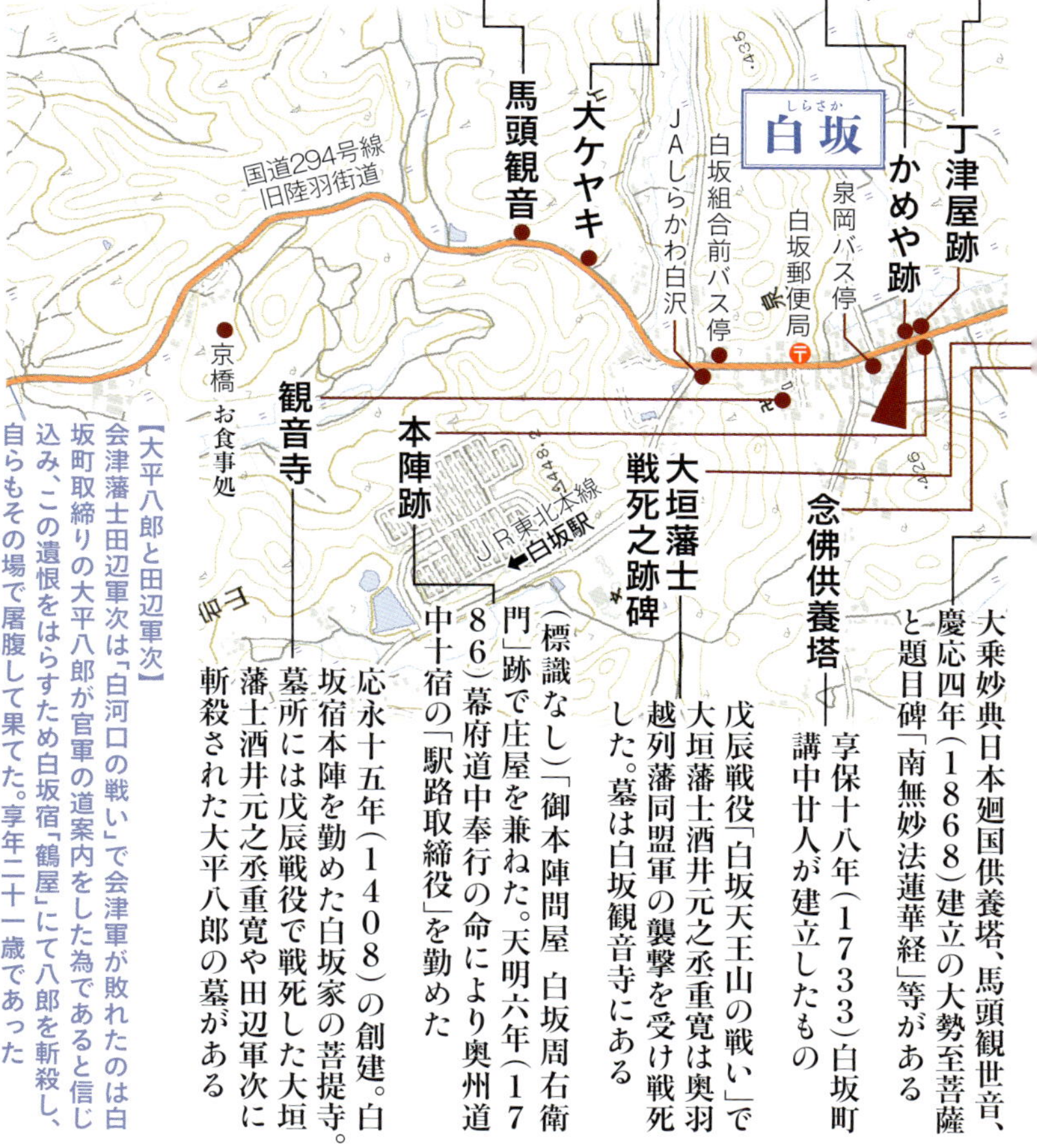
白坂《しらさか》
国道294号線
旧陸羽街道
丁津屋跡
かめや跡
泉岡バス停
白坂郵便局
白坂組合前バス停
JAしらかわ白沢
大ケヤキ
馬頭観音
京橋
お食事処
観音寺
本陣跡
JR東北本線
白坂駅
大垣藩士戦死之跡碑
念佛供養塔

大乗妙典日本廻国供養塔、馬頭観世音、慶応四年（1868）建立の大勢至菩薩と題目碑「南無妙法蓮華経」等がある

享保十八年（1733）白坂町講中廿人が建立したもの

戊辰戦役「白坂天王山の戦い」で大垣藩士酒井元之丞重寛は奥羽越列藩同盟軍の襲撃を受け戦死した。墓は白坂観音寺にある

（標識なし）「御本陣問屋　白坂周右衛門」跡で庄屋を兼ねた。天明六年（1786）幕府道中奉行の命により奥州道中十宿の「駅路取締役」を勤めた

応永十五年（1408）の創建。白坂宿本陣を勤めた白坂家の菩提寺。墓所には戊辰戦役で戦死した大垣藩士酒井元之丞重寛や田辺軍次に斬殺された大平八郎の墓がある

【大平八郎と田辺軍次】

会津藩士田辺軍次は「白河口の戦い」で会津軍が敗れたのは白坂町取締りの大平八郎が官軍の道案内をした為であると信じ込み、この遺恨をはらすため白坂宿「鶴屋」にて八郎を斬殺し、自らもその場で屠腹して果てた。享年二十一歳であった

【金売吉次伝説】吉次は奥州平泉の藤原秀衡《ひでひら》に仕え、京と砂金の交易につとめた。承安四年（1174）吉次三兄弟一行はこの地で盗賊団に襲われ皆殺しとなった

「南無阿弥陀佛」と刻まれている

池端に馬頭観世音や文化元年（1804）建立の題目碑「南無妙法蓮華経」等がある

【松並木】白河藩主松平定信は「境の明神」から白河間に松を植栽し、村境には境木として桜、そして水田の畦畔《けいはん》には越後より「タモの木」を取り寄せて植えた。並木は各村に維持管理させた。戦時中「松根油」搾取のために伐採されてしまった

【小峰城】寛永四年（1627）幕府は奥州の伊達に備え丹羽長重を初代白河藩主とした。長重は大改修を行い奥州関門の名城となった。幕府はその後も譜代大名を頻繁に入れ替えた。老中筆頭で「寛政の改革」を行った松平定信もそのひとり

皮籠バス停
廿三夜塔
名号碑
石仏石塔群
手打ラーメン 朝日屋食堂
三輪台団地バス停
ニュータウン入口バス停
東三坂山
西三坂
一里段
コンビニ
一里段溜池
題目碑
馬頭観世音が祀られている
馬頭観音
地蔵尊
金売吉次兄弟墓
八幡宮
皮籠
JR東北本線
白坂駅
380
0
250
500m

【皮籠村《かわご》】吉次が砂金を入れた「皮籠」が地名の由来となっている。白坂宿の加宿で立場があった

源義経は平泉に下る手引きをした吉次への恩から盗賊共を討ち果たし、吉次兄弟の霊を弔い合祀したところから「吉次八幡」と呼ばれた

宝篋印塔が三基あり中央が吉次の墓。石囲いは元治元年（1864）の建立

享保十八年（1733）の造立。傍らには六地蔵石幢等がある

【皮籠の一里塚】一里段の地名を残しているが位置は不明。江戸日本橋より四十六里目

寛政五年（1793）建立の「南無妙法蓮華経」。皮籠刑場跡ともいわれる

【戊辰戦役白河口の戦い】慶応四年（1868）官軍は白河を攻撃、稲荷山防塁にて迎撃した奥羽越列藩同盟軍は惨敗し、小峰城は落城。灰燼に帰してしまった

【白河宿】白河宿は白河藩十万石の城下町として発展した。天保十四年（1843）の奥州道中宿村大概帳によると白河宿の宿内家数は千二百八十五軒、うち本陣一、脇本陣二、旅籠三十五軒で宿内人口は五千九百五十九人（男三千四十一人、女二千九百十八人）であった

白河口の戦いで戦死した長州大垣藩士六名が葬られている

【白河の一里塚】一番町中程の西側にあったともいうが位置は不明。江戸日本橋より四十七里目

村の鎮守で鳥居は天明六年（1786）の建立

江戸方面からは突当りを左折する
白河方面からは右折する
カーブミラー
江戸方面からは斜め右に入る
白河方面からは国道に合流する

明治三拾二年（1899）建立の「先祖代々供養塔馬頭観世音」が祀られている

戊辰戦役白河口の激戦地。「戦死墓」は会津藩士の墓。会津藩主松平容保題字の「銷魂碑」には戦死者三百四十名の名が刻まれている。田邊軍次君之墓がある

稲荷山に鎮座している。公園には「戊辰之碑」がある。傍らの「戊辰戦争白河口の戦い戦死者」の名盤には両軍戦死者全員の名が刻まれている。段上には会津藩家老西郷頼母歌碑がある

風神山の山麓に鎮座している

境内には安政六年（1859）建立の十九夜供養塔等がある

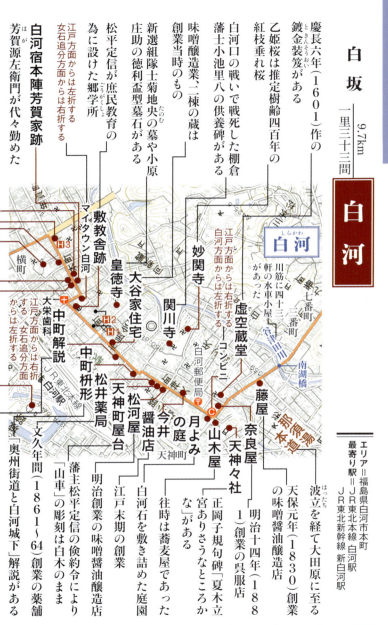

白坂 9.7km 一里三十三間

白河

慶長六年（1601）作の鍍金装笈《ときんそうおい》がある

乙姫桜は推定樹齢四百年の紅枝垂れ桜

白河口の戦いで戦死した棚倉藩士小池里八の供養碑がある

味噌醸造業、二棟の蔵は創業当時のもの

新選組隊士菊地央《たのむ》の墓や小原庄助の徳利盃型墓石がある

松平定信が庶民教育の為に設けた郷学所《ごうがくしょ》

江戸方面からは左折する
女石追分方面からは右折する

白河宿本陣芳賀家跡
芳賀《はが》源左衛門が代々勤めた

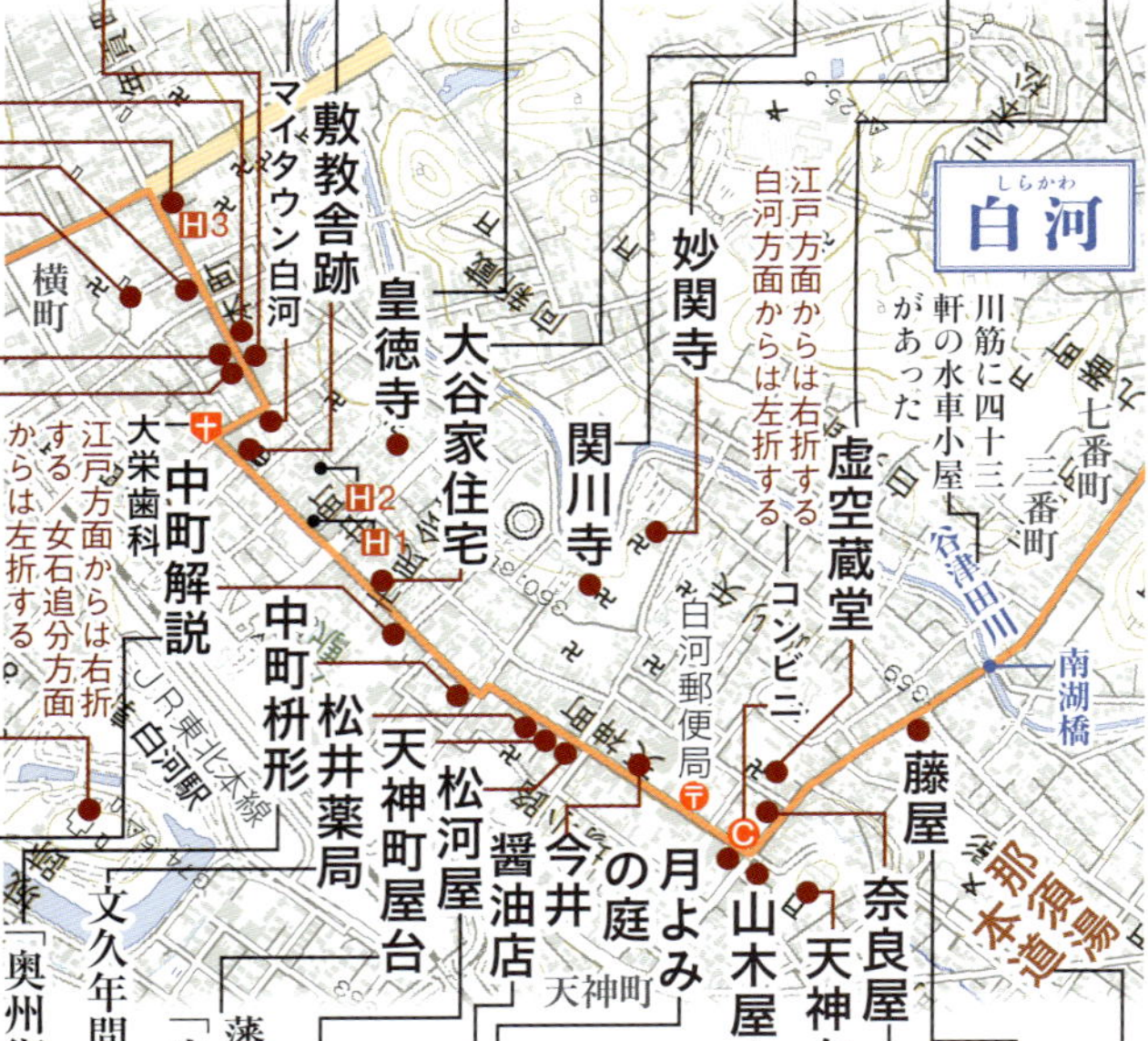
白河《しらかわ》
川筋に四十三軒の水車小屋があった
七番町
三番町
谷津田川
南湖橋
本那須道
藤屋
奈良屋
天神々社
山木屋
月よみの庭
今井
醤油店
松河屋
天神町屋台
松井薬局
中町枡形
中町解説
大栄歯科
江戸方面からは右折する／女石追分方面からは左折する
JR東北本線
白河駅
天神町
白河郵便局
コンビニ
虚空蔵堂
江戸方面からは右折する
白河方面からは左折する
関川寺
妙関寺
大谷家住宅
皇徳寺
敷教舎跡
マイタウン白河
横町
H1
H2
H3
0
250
500m

波立《はったち》を経て大田原に至る

天保元年（1830）創業の味噌醤油醸造店

明治十四年（1881）創業の呉服店

正岡子規句碑「夏木立宮ありさうなところかな」がある

往時は蕎麦屋であった

白河石を敷き詰めた庭園

江戸末期の創業

明治創業の味噌醤油醸造店

藩主松平定信の倹約令により「山車」の彫刻は白木のまま

文久年間（1861〜64）創業の薬舗

「奥州街道と白河城下」解説がある

エリア＝福島県白河市本町
最寄り駅＝JR東北本線 白河駅
JR東北新幹線 新白河駅

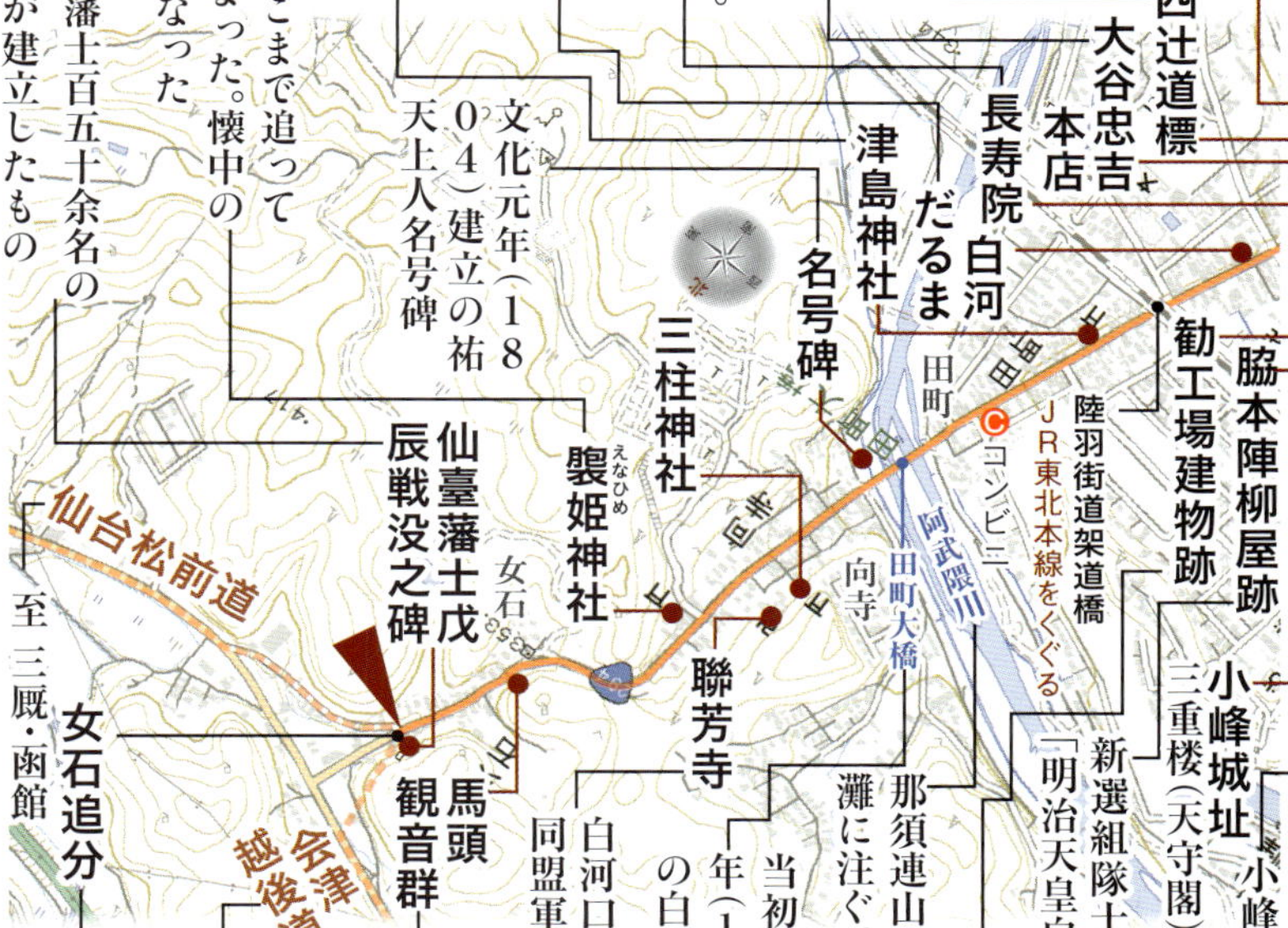

白河医術講義所跡
四辻道標
大谷忠吉本店
長寿院
だるま白河
津島神社
名号碑
三柱神社
襲姫神社《えなひめ》
仙臺藩士戊辰戦没之碑
脇本陣柳屋跡
勧工場建物跡
陸羽街道架道橋
JR東北本線をくぐる
小峰城址
阿武隈川
田町大橋
田町
向寺
コンビニ
女石
聯芳寺
馬頭観音群
女石追分
仙台松前道
会津越後道
至 三厩・函館
至 会津若松・新発田

白河医術講義所跡
明治四年（1871）に白河病院が開設された

四辻道標
嘉永二年（1849）建立の複製道標
江戸方面からは左折する
女石追分方面からは右折する

大谷忠吉本店
創業明治十二年（1879）銘酒「白陽」の蔵元

長寿院
「慶応戊辰殉国者墳墓」がある。官軍兵の墓石が並んでいる

だるま白河
顔が「松竹梅」「鶴亀」で描かれている

津島神社
この辺りに小峰城三之丸の北小路に通じる田町門があった

名号碑
文化元年（1804）建立の祐天上人名号碑

襲姫神社《えなひめ》
源義経を恋い慕う皆鶴姫《みなづるひめ》がここまで追ってきたが、病に倒れ命尽きてしまった。懐中の梅の実を蒔くと「八房の梅」となった

仙臺藩士戊辰戦没之碑
白河口の戦いで戦死した仙台藩士百五十余名の慰霊碑で旧仙台藩主伊達宗基《むねもと》が建立したもの

小峰城の玄関口で高札場があった

小峰城址
三重櫓（天守閣）、前御門が復元されている

新選組隊士斉藤一他百六名が宿営した。「明治天皇白河行在所附御膳水」碑がある

白河初の「百貨店」跡

阿武隈川
那須連山の旭岳に源を発し、流末は鹿島灘に注ぐ。古くは大隈川と呼ばれた

田町大橋
当初「徒歩渡し」であったが元禄二年（1689）大橋が架橋された。橋の白河側に大木戸があった

聯芳寺
白河口の戦いで戦死した奥羽越列藩同盟軍「福島藩十四人碑」がある

馬頭観音群
明和六年（1769）建立の馬頭観世音等が祀られている

至 会津若松・新発田

女石追分
徳川幕府道中奉行管轄の奥州道中はこの追分まで

至 三厩・函館

【宿泊】
H1：久下田屋旅館☎0248・23・3023
H2：白河ビジネスホテル☎0248・27・1231
H3：荻原屋旅館☎0248・22・0207

著者
八木牧夫（やぎ・まきお）　五街道ウォーク事務局代表
昭和 25 年（1950）生まれの神奈川育ち。25 年ほど前に体調を崩し、医師から食事療法と運動を勧められウォーキングに出会う。この延長で街道歩きに目覚め、五街道を中心に脇街道を何度も往復するなど、街道歩きのスペシャリストに。街道歩きの詳細は「五街道ウォーク」HP へ。
住所／神奈川県横浜市神奈川区白楽 5 番地の 8
電話／ 045-433-9310

カバー装丁 ―― MIKAN-DESIGN
地図製作 ―― 河本佳樹（編集工房 ZAPPA）
編集協力 ―― 八木康秋（五街道ウォーク事務局）
編集担当 ―― 藤井文子

ちゃんと歩ける日光街道 奥州街道
日光道中二十一次 奥州道中十次

2018 年 3 月 5 日　初版第 1 刷発行
2025 年 6 月10日　初版第 4 刷発行

著　者　　五街道ウォーク・八木牧夫
発行人　　川崎深雪
発行所　　株式会社 山と溪谷社
〒101-0051東京都千代田区神田神保町1丁目105番地
https://www.yamakei.co.jp/

■乱丁・落丁、及び内容に関するお問合せ先
山と溪谷社自動応答サービス　TEL.03-6744-1900
受付時間／ 11:00-16:00（土日、祝日を除く）
メールもご利用ください。
【乱丁・落丁】service@yamakei.co.jp
【内容】info@yamakei.co.jp
■書店・取次様からのご注文先　山と溪谷社受注センター
TEL.048-458-3455　FAX.048-421-0513
■書店・取次様からのご注文以外のお問合せ先
eigyo@yamakei.co.jp

印刷・製本　株式会社シナノ

ISBN978-4-635-60085-9　
※「地理院地図データ」(国土地理院)(http://portal.cyberjapan.jp/)をもとに編集工房ZAPPA作成